북한과 중국

이해타산으로 맺어진 동맹국은 **충돌**할 것인가?

고미 요지(五味洋治) 지음
김동욱 · 박준상 · 이용빈 옮김

한울
아카데미

이 도서의 국립중앙도서관 출판예정도서목록(CIP)은
서지정보유통지원시스템 홈페이지(http://www.seoji.nl.go.kr)와
국가자료공동목록시스템(http://www.nl.go.kr/kolisnet)에서 이용하실 수 있습니다.
(CIP제어번호: CIP2014033184)

北朝鮮と中国

打算でつながる同盟国は衝突するか

五味洋治

筑摩書房

KITATYOUSEN TO CHUGOKU

DASAN DE TUNAGARU DOUMEIKOKU WA SYOUTOTU SURUKA

Copyright © 2012 Youji Gomi

Korean Translation Copyright © 2014 Hanul Publishing Group

All rights reserved.

Originally published in Japan in 2012 by chikumashobo

Korean translation rights arranged with chikumashobo through CREEK & RIVER Co., Ltd.

이 책의 한국어판 저작권은 CREEK & RIVER Co., Ltd를 통하여 chikumashobo와의 독점계약으로 도서
출판 한울에 있습니다. 저작권법에 의하여 보호를 받는 저작물이므로 무단전재와 무단복제를 금합니다.

왜 중국인가?

뉴욕에 있는 국제연합UN: United Nations의 안전보장위원회에서 작성한, 북한에 관한 미발표 문서가 비밀리에 인터넷에 나돌고 있다. 안전보장이사회(안보리)에 소속된 북한제재위원회의 전문가 패널이 작성한 2011년의 연차 보고서이다. 위원회와 패널은 북한이 행한 핵실험 등을 비난하고 제재를 가하는 결의에 기초해 설치되었다. 그리고 보고서에는 북한이 국제사회의 감시를 빠져나가 어떤 위법 행위를 하고 있는지 상세히 조사한 내용이 들어 있다. 이 보고서는 공식적으로는 발표되지 않은 상태로, 미국의 ≪위클리 스탠더드The Weekly Standard≫라는 보수 성향의 잡지에서 전문을 게재했고 다른 사이트에도 연이어서 전재되었다. 지금도 인터넷에서 'UN Panel of Experts North Korea Report May 2011'이라고 검색하면 손쉽게 입수할 수 있다. 영문으로 작성되었으며 전부 60쪽이다. 직접 이름을 지목하고 있지는 않지만, 이 문서 작성에 큰 기여를 한 음지의 주인공은 북한의 우호국인 중국이다.

　그 내용을 간단하게 소개하면, "북한과 이란 사이에서 탄도미사일 개발 관련 물자가 단속이 느슨한 제3국을 경유하는 정기 항공편을 이용해 북한으로 밀수되고 있는 것으로 의심된다"라는 것이다.[1]

북한이 소유한 항공 회사인 '고려항공'에서는 평양平壤과 베이징, 쿠알라룸푸르, 블라디보스토크를 정기편으로 연결하고 있는 것 외에 부정기적으로 중동과 서남아시아에 전세편을 띄우고 있다. 전세편은 무기의 밀수입과 관련이 있는 것으로 의심되기 쉬우므로, 일부러 중국을 경유하는 것으로 보인다.

북한제재위원회의 전문가 패널에는 중국도 참가하고 있다. 보고서를 공표하려면 패널 구성원의 동의가 필요한데, 중국 측 전문가가 일부 문구文句에 강하게 반발했기 때문에 발표되지 못했다. 패널이 작성한 과거의 보고서, 구체적으로 제1차 연차 보고서는 중국의 반대에 직면해 공표가 대폭 늦어졌다.

중국은 전문가 패널 설치의 근거가 된 유엔안보리의 대북 제재 결의에 찬성하고, 나아가 패널의 임기 연장에도 찬성하고 있다. 그리고 그 모순된 태도로 말미암아 대북 제재 결의는 사실상 골자를 뺀 것이 되고 있다. 문서의 누설leak은 그러한 현황에 불만을 지닌 관계자에 의한 것임이 틀림없다.

2012년의 보고는 북한과 무기 및 사치품 거래를 전면 금지한 안보리 결의를 위반한 의혹이 있는 사례 38건 가운데 21건에 중국이 관여했으며, 중국 다롄大連 항이 주로 이용되었다고 지적했다. 위법 수출

---

1 북한·이란 관계의 최근 동향에 대해서는 다음을 참고하기 바란다. Olli Heinonen and Simon Henderson, "A North Korean in Iran," *Foreign Policy*(July 23, 2014). _ 옮긴이 주

입은 위법 화물을 다롄 항에 보낸 후 다른 선박으로 옮기고 바꿔치는 방법으로 이루어졌다. 여기에 몇몇 중개인을 통해 북한의 관여를 알 수 없게 했다.

일본인 납치 문제 등으로 말미암아 일본에서는 북한을 상대로 한 수출입을 전면 금지하고 있지만, 밀수입 사건이 끊이지 않고 있다. 예를 들면 염가의 북한제 의복은 여전히 다롄 항에서 '중국산' 라벨이 붙여져 일본에 수출되고 있다. 2011년 5월에는 북한제 여성 반바지를 다롄 항을 경유해 일본으로 밀수한 나고야名古屋와 오사카大阪의 업자를 효고 현兵庫縣 현경縣警이 체포했는데, 이는 중국이 여전히 경유지가 되고 있음을 보여준다. 물론 반대 사례도 있다. 2012년에는 일본에서 북한으로 컴퓨터를 수출하려다가 해안에서 적발된 사례도 있었다.

제재 대상에는 사치품도 있다. 서민과 동떨어진 낭비 생활을 하고 있는 북한 지도층을 노린 제재이다. 유엔안보리 가맹 각국은 독자적 기준을 작성해 북한에 대한 사치품 제재를 행하고 있다. 예를 들면 일본은 쇠고기, 광차鑛車, 보석 등 24개 품목, 러시아는 손목시계 등 6개 품목을 제재하고 있다.

그렇지만 중국은 이 금수 사치품에 관련된 리스트를 공개하지 않고 있다. 사실상 사치품의 수입을 방치하고 있다고 지적하는 전문가도 있다. 서두에 소개했던 전문가 패널의 연차 보고에는 세계 각지에서 적발된 사치품 밀수의 사례가 보고되어 있다. 요트 2척, 벤츠 12대, 피아노 37대, 고급 양주인 코냑 150병, 고급 댄스 슈즈 등도 있다. 밝혀진 것만 이 정도이기에, 실제로는 상당한 수와 종류의 사치품이 중국을 경유해 북한에 건너가고 있다고 보아도 무방할 것이다.

물론 중국에도 핑계는 있을 것이다. 북한과는 1300km의 긴 국경선으로 접해 있고, 감시의 눈은 완전히 구석구석까지 미치지 않을 것이다. 그렇지만 단호한 대책을 취하고 있는 것으로도 보이지 않는다. 중국은 북한의 무기와 그 관련 물자, 사치품의 수출입을 사실상 묵인하고 있다는 말을 듣는다고 해도 어쩔 도리가 없다.

중국이 북한에 영향력을 행사하는 것은 일대일인 경우에 한정된다. 북한의 체면을 유지해주고자 함이다. 다국 간에 벌어지는 협의의 장場에서는 오히려 북한에 대한 옹호로 돌아서서, 북한을 상대로 '중국은 당신의 이해자이며 친구이다'라는 안도감을 주려는 것처럼 노력한다.

북한을 상대로 영향력을 어디까지 발휘할 것인지를 애매하게 함으로써, 거꾸로 '조정자'로서 중국의 역할에 대한 기대가 높아진다는 것을 중국은 잘 알고 있다. 중국 방식의 만만치 않은 외교 전략이다.

북중 관계에 대해서는 제6장에서 명확히 다루고자 한다. 김정일金正日 국방위원장은 2011년 말 시찰지로 가는 열차 안에서 사망했고, 삼남 김정은金正恩이 그 뒤를 계승했다. 중국은 '이웃 나라'로서 새로운 체제를 전면적으로 지원하는 모습이다. 이미 과거에 최대 규모의 쌀과 연료를 지원한 것으로 알려졌다. 미국은 재정난으로 국방 예산의 삭감을 진행하고 있으며, 중국이 주변국에 끼치는 영향력은 갈수록 강해지고 있다.

북한과 중국은 한국전쟁(1950~1953년)에서 함께 싸웠던 동맹국이다. 역사적으로 '순치 관계' 등으로도 일컬어지는, 깊은 관계를 맺어왔다. 지금도 그 어느 일방이 다른 국가의 공격을 받게 되면 참전하는 조항을 포함하는 「중조우호협력상호원조조약」을 체결하고 있다. 형해화가 진행되고 있기는 하나, 군사동맹을 맺은 관계이다.

이제까지 중국에 북한은 '서방측과 중국을 격리하는 완충지대(버퍼

존buffer zone)'와 같은 존재로 지적되어왔다. 최근에 중국은 한 걸음 더 나아가 '매점(바이아웃buyout)'을 행하고 있는 것으로 여겨진다.

중국의 해관총서海關總署에 의하면 2011년에 중국의 대북 무역은 수출입 총액이 전년 대비 62.4% 증가한 56억 3940만 달러(약 4590억 엔)가 되면서 과거의 최고 기록을 경신했다. 수출은 39% 증가한 약 31억 6475만 달러, 수입은 107.2% 증가한 약 24억 7464만 달러였다.[2]

최근 중국의 움직임은 현대판 '책봉冊封 체제'를 상기시킨다. '책봉 체제'란 "중국의 황제가 주변 국가들의 수장을 책봉해서 여기에 왕王·후侯의 작위를 수여하고, 그 국가를 외번국外藩國으로서 통속統屬시키는 체제"를 의미한다.[3] 즉, '예속화'이다.

그 배후에는 중국의 황제를 정점으로 하는 계층적인 국제관계인, 전통적인 '화이사상華夷思想'이 있다. 고래로 중국에 있는 자신들은 우월한 문명을 지닌 세계의 중심[中華]이고 주위는 미개한 야만인[夷]이라는 사고방식이다.[4]

북한에서 탈출한 사람이 많은데, 이들이 한국과 북한 간의 통일을 방해하고 있는 것은 실제로는 중국이라고 답하는 것도 납득이 간다.

세계 제2위의 경제 규모로 성장한 중국은 자원과 영토를 둘러싸고

---

2 한국무역협회(KITA: Korea International Trade Association)의 통계에 따르면, 북중 간의 무역 규모는 2012년 59억 3054만 달러(전년 대비 5.4% 증가), 2013년 65억 4469억 달러(전년 대비 10.4% 증가)를 각각 기록했다. _ 옮긴이 주

3 西嶋定生, 『秦漢帝國』(講談社, 1997)[니시지마 사다오, 『중국의 역사: 진한사』, 최덕경·임대희 옮김(혜안, 2004)].

4 화이사상에 대해서는 다음의 책을 참고하기 바란다. 요코야마 히로아키(橫山宏章), 『중화민족의 탄생: 중국의 이민족 지배논리』, 이용빈 옮김(도서출판 한울, 2012). _ 옮긴이 주

주변국과 마찰을 일으키고 있다. 이에 따라 국제적인 비판을 회피하는 의미에서도 같은 사회주의 체제를 견지하고 있는 북한을 자국의 진영에 깊게 끌어들이고자 한다. 이를 통해 중국의 안전이 확보된다고 생각하고 있다. 북한은 중국의 노림수를 알면서도 때로는 속을 태우며 교묘하게 정치적·경제적 지원을 획득하고, 국가로서 존속하고 있다. 중국은 북한의 체제 안전을 보증하고, 경제도 뒷받침하고 있다. 우리는 점차 북한이 경제난으로 붕괴하게 될 것이라는 순진한 견해를 버려야 할 것이다.

중국은 2012년 가을에 지도부의 교체 시기를 맞이한다.[5] 중국 국내에서도 권력투쟁이 일어나서, 대외 정책이 변할 가능성도 일부이지만 존재한다. 이 책에서는 중국이 안전보장상·경제상의 현안인 북한에 어떻게 관여하고 대처해가는가, 또한 북한 측이 중국에 의존하는 의도는 무엇인가를 취재 과정에서 입수한 각종 자료와 증언에 더해 한국·미국·중국의 자료도 교차해 분석했다. 마지막에는 일본이 취해야 할 대응에 대한 필자 나름의 제언도 들어가 있다.

제1장에서는 김정일 국방위원장의 사망을 둘러싼 주변국의 동향을 정리했다. 제2장에서는 새로운 체제가 된 북한의 권력 구조를 최근의 보도 등을 기초로 새로이 분석했다. 제3장에서는 '김정은 체제' 이후의 북한과 관계국의 외교정책을 전망했다. 제4장에서는 북한의 최대 약점인 식량 및 에너지의 현황과 중국의 관여 행태를 다루었다. 제5장

---

5 2012년 11월 중국공산당 제18차 당대회를 거치면서 중국의 지도부는 시진핑 중국공산당 총서기·중국 국가주석·중국공산당 중앙군사위원회 주석을 중심으로 개편되었다. _옮긴이 주

에서는 북한이 지향하는 국가 구상이 중국형 경제 모델과 어떻게 연계되어 있는지를 고려해보았다. 제6장에서는 중국의 견지에서 바라본 북한의 존재 의의를 다루었다. 마지막 장에서는 일본이 김정은 체제와 어떻게 마주해야 하는지를 정리했다.

2012년 7월, 군의 1인자인 리영호 李英鎬 총참모장[6]이 돌연 모든 직책을 박탈당했는데, 그 배경에 관심이 모아지고 있다. 또한 김정은이 중국을 배워서 개혁·개방 정책을 제기할 것이라는 견해도 강해지고 있다. 이러한 움직임은 장기간에 걸쳐 중국이 요구해왔던, 군사 최우선에서 경제 중심으로 노선을 변경하는 것을 북한이 받아들이고 실현하고자 하는 움직임이라고 보아도 좋을 것이다.

독자분들이 이러한 점에 대해서 어떤 힌트를 얻을 수 있다면, 이 책은 목적을 달성했다고 할 수 있을 것이다. 지쿠마소보 筑摩書房의 마쓰모토 료지 松本良次 씨는 이 책의 구성부터 내용까지 함께 고려해주었다. 진심으로 협력해주신 덕분에 어쨌든 집필할 수 있었다. 출판에 동의해주신 ≪도쿄신문 東京新聞≫(≪주니치신문 中日新聞≫ 도쿄 본사)의 상사 및 동료에게도 마음으로부터 감사의 말씀을 전하고자 한다.

2012년 8월

사이타마 埼玉의 자택에서

고미 요지 五味洋治

---

6 북한의 조선인민군 총참모장은 리영호가 물러난 이후 현영철(玄永哲)이 그 자리를 승계했으며, 다시 김격식(金格植)을 거쳐 리영길(李永吉)이 이어받은 것으로 알려져 있다("北 리영길, 軍 총참모장 임명 공식 확인돼", ≪동아일보≫, 2013년 10월 10일 자). _옮긴이 주

제1장

최고 지도자의 사망 보도

사망의 통지

김정일 국방위원장의 사망이 발표된 것은 2011년 12월 19일 낮이었다. 필자는 그날 도쿄의 이케부쿠로池袋에서 ≪아카하타赤旗≫의 기자로서 평양에서 근무한 경험도 있는 지인인 작가 하기와라 료萩原遼 씨와 만날 약속을 하고 있었다.

북한의 국영 매체는 사망 발표 두 시간 전 "특별 방송이 있다"고 보도했다. 이것을 듣고 몇 명의 친구들로부터 "어떤 발표인가?"라고 묻는 전화가 걸려왔다.

창피스러운 일이지만 필자는 또 어떤 핵실험에 관한 태도 표명은 아닌가 하고 생각하며, 설마 김정일 국방위원장의 건강에 관한 것은 아닐 것이라고 보았다. 다만 '특별 방송'이라는 표현은 김일성金日成 주석의 사망 발표 시에 사용되었던 표현과 같은 것이었다.

정오를 넘어서 사람들로 혼잡한 이케부쿠로 역에서 내렸다. 문득 휴대전화를 보자 김정일 국방위원장의 사망을 발표했다고 하는, 매우 짧은 통신사의 속보 텔롭telop이 화면에 흘렀다. 이제부터의 길고 긴 격동을 예측하게 하는 내용이었다. 김일성 주석의 경우 사망한 시점에서 34시간이 지나 공표되었지만, 이번에는 51시간 반이었다. 그만큼 충격의 거대함을 엿볼 수 있다.

황급하게 하기와라 씨에게 연락해서 "회사에 가서 뉴스를 확인합니다"라고 전했다. 하기와라 씨는 그 상태로 자택으로 돌아가 맥주를 마시면서 김정일 국방위원장의 죽음에 대해 생각했다는 말을 들었다.

북한의 매체는 "17일 새벽, 현지 지도를 가던 도중 무겁게 누적된 정신적·육체적 과로로 인해 야전 열차 안에서 순직했다"라고 전했다. 김정일 국방위원장이 시찰을 위해 탑승한 차는 '야전차', 열차는 '야전

열차'라고 부른다. '미국 및 한국과 싸우고 있다'는 의미라고 한다.

그의 최후는 어떤 모습이었을까. 아직 상세한 상황은 밝혀지지 않았다.

1994년에 사망한 김일성 주석은 "인민의 생활을 좋게 하는 것", "한반도를 비핵화하는 것", "남북통일을 달성하는 것"의 세 가지를 유언으로 남긴 것으로 알려져 있다. 김정일 국방위원장은 그 이후 3년간 상복을 입었다.

북한은 2012년을 '강성대국의 대문을 여는 해'라고 설정해왔는데, 이것도 주석의 유언을 실천한 것 중 하나라고 말할 수 있다. 김정일 국방위원장의 유언에 대해서는 2011년 10월 8일에 어떤 발언이 있었다고 북한의 매체가 전하고 있는데, 정리된 형태의 것은 아니며, 비밀의 베일에 싸여 있다.

중국은 알고 있었는가?

최고 지도자의 사망을 중국은 사전에 알고 있었는가? 혹은 소식이 다른 나라에 앞서서 전해졌을까? 이것은 현재의 북중 관계를 읽는 데에 중요한 관건이 된다.

결론부터 쓰자면 중국 측은 사망을 하루 지나서 알게 된 것으로 보인다.

정황 증거는 몇 가지가 있다. 김정일 국방위원장의 사망이 발표되기 전날인 18일, 베이징에서 중국 정부 관계자와 만났던 사람이 있다. 일본 외무성外務省의 관계자이다.

그 관계자에 의하면 중국 정부 내에서는 특별히 변화는 없었고, 외국에서 온 손님을 보통 때처럼 맞아들였다. "만약 중국이 김정일 국방위원장의 사망을 알았다면 모든 예정을 취소cancel했을 것이다"라고 그 외무성 관계자는 말한다.

일부 보도에서는 중국은 18일 오후 평양에 있는 중국 대사관의 류훙차이劉洪才 대사[1]를 통해 북한 측으로부터 연락을 받았고, 그것이 본국 정부에 들어간 것은 이날 밤 늦게였다고 한다. 원자바오溫家寶 총리는 이때 지방에 가 있었다는 것이 확인되고 있다.

우선 김정일 국방위원장의 사망이 발표된 19일 밤, 중국 정부는 중국공산당 중앙과 전국인민대표대회(전국인대) 상무위원회, 국무원, 중앙군사위원회의 합동 서명으로 북한 측에 깊은 애도의 뜻을 표하는 조전弔電을 보냈다.

조전은 김정일 국방위원장을 "조선로동당과 북한의 위대한 지도자이며, 북한식 사회주의 강성국가의 건설이라는 위대한 사업에 평생힘을 쏟고, 불후의 공적을 남겼다"라고 높게 평가했다. 거기에 더해 "조선 인민은 김정일 동지의 유지를 계승하여 조선로동당 아래에 긴밀히 단결해, 김정은 동지의 지도 아래에서 사회주의 강성국가의 건설과 한반도의 항구 평화를 위해 계속 전진할 것으로 믿고 있다"라고 김정은 체제에 대한 지지를 선명하게 보냈다.

애초의 문안에 없었던, "김정은 동지의 지도 아래에서"라는 표현은 북한 측의 강력한 요청으로 덧붙여졌다고 한다.[2]

---

1 1950년 7월에 최초의 주(駐)북한 중국 대사로 부임한 니즈량(倪志亮)을 필두로 판쯔리(潘自力), 차오샤오광(喬曉光), 하오더칭(郝德青), 자오뤄위(焦若愚), 리윈촨(李雲川), 뤼즈셴(呂志先), 쭝커원(宗克文), 원예잔(溫業湛), 정이(鄭義), 차오쭝화이(喬宗淮), 완융샹(萬永祥), 왕궈장(王國章), 우둥허(武東和), 류샤오밍(劉曉明)을 거쳐 현재 류훙차이가 주북한 중국 대사를 맡고 있다. _옮긴이 주

중국 외교부도 애도의 논평을 발표했다. 마자오쉬馬朝旭 보도국장은 "김정일 동지는 조선 인민의 위대한 영도자이며, 또한 중국의 친밀한 우인友人이었다. 조선 사회주의 사업의 발전을 위해, 중조 우호 관계를 위해 커다란 공헌을 했다. 우리는 조선 인민이 비통을 힘으로 변화시키고 일치단결해 조선의 사회주의 계속을 위해 전진을 계속할 것을 믿는다. 중조 양국은 양국의 당의 발전, 인민의 전통적인 우의, 한반도를 위한 적극적인 공헌을 계속할 것이다"라고 말했다.

가장 일찍 지지 표명

북한은 외국의 조문弔問을 받지 않는다고 발표했지만, 후진타오胡錦濤 국가주석이 20일에 베이징의 북한 대사관에서 전격적으로 조문했다. 이어서 21일에는 원자바오 총리 등 지도부가 베이징의 북한 대사관에 조문을 위해 방문했다. 원자바오 총리 외에는 리커창李克强 부총리, 중국공산당 정치협상회의(정협)의 자칭린賈慶林 주석도 방문했다.

대중지인 ≪환구시보環球時報≫는 20일 자 사설에서 "북한이 맞는 비바람을 중국이 막아야 한다"라고 주장하며, 중국이 북한에 관여하는 자세를 명확히 했다. 중국 정부의 의향을 짙게 반영하고 있고, 때로는 북한을 비판하기도 하는 이 신문은 이때는 전면 지지를 내세웠다. 시기적으로도 의미가 깊다.

이 신문은 나아가 "중국은 북한이 권력의 이행을 평온하게 진행하기 위한 방패가 된다. 북한의 자주독립, 권력 이행에 대해서 외부의 간섭을 받지 않고, 스스로가 선택한 길을 걷는 것을 지킨다"라고 선언

---

2 ≪世界≫, 2012年 五月號.

했다. 이것도 중국 정부의 뜻을 고려한 내용일 것이다.

북한의 조선중앙방송은 2012년 1월 28일, 김정일 국방위원장의 사
망에 조전을 보내준 각국 정상에게 김정은이 사의를 표하는 답전答電
을 보냈다고 보도했다.

답전의 상대로서 알려진 이는 시리아, 러시아, 쿠바, 라오스, 미얀
마 등 수십 개 국의 대통령과 국왕이었다. 중국은 포함되지 않았다.

가장 두터운 조의弔意를 보였던 중국의 이름을 굳이 제외한 노림수
는 무엇인가? 필자는 김정일 국방위원장 사망에 대한 중국의 친밀도
에 불만이 있었다고 보고 있다. 30일에야 결국 북한은 중국에 대한 사
의謝意를 표명했다.

상호 통보의 전통

북한은 애시당초, 자국의 중요한 정치 일정에 대해 중국에 어느 정도
로 통지하고 있을까?

과거에는 북중 어느 쪽인가의 지도자가 사망할 경우, 즉시 상대국
에 알리고 그 이후 사망을 공개하는 것이 통례였던 듯하다.

그것을 뒷받침하는 증거가 있다. 마오쩌둥毛澤東의 조선어 통역으
로 근무하고, 그 후 주한 중국 대사가 되기도 했던 장팅옌張庭延은 최근
홍콩香港 피닉스 TV의 취재에서 당시 모습을 이렇게 증언하고 있다.

1975년 말, 김일성은 베이징에 특사를 보내, 친밀했던 중국의 저우
언라이周恩來 총리의 근황을 물었다. 당시 저우언라이는 깊은 병에 걸
려 있었기 때문이다. 문병을 가고 싶다고 청했지만, 이미 저우언라이
는 면회객을 받지 않을 정도로 중병인 상태였다. 이듬해 1월 8일, 저
우언라이는 사망했다.

중국 정부는 우선 베이징 주재 북한 대사를 불러 사망 소식을 직접 알렸다. 그 이후 중국 정부는 저우언라이 총리의 사망에 대한 조문을 천안문天安門의 동쪽에 있는 노동인민문화궁전에서 받았다. "김(일성) 주석은 평양으로부터 큰 화환을 보내왔다"라고 장팅옌은 회상한다. 나아가 "김일성은 인민을 조직하여 대규모 추도 활동을 해주었다"라고 말했다.

지도자끼리의 연계

김일성은 당시 눈이 나빴다. 그러나 "실컷 울었기 때문에 눈 수술을 연기했다"라는 말도 전해지고 있다. 그 이후 김일성이 사망했을 때에는 최고 지도자 덩샤오핑鄧小平이 개인으로서 추도의 전보를 보냈다.
덩샤오핑은 전보에서 김일성을 '전우戰友'라고 불렀다.

김일성 주석의 병에 의한 서거를 접하고 깊은 애도의 뜻을 표한다. 김일성 동지는 그 일생을 조선 인민의 해방, 인민의 행복, 또한 중조 우호 분투의 발전에 바쳤다. 조선 인민은 위대한 영수를 상실했고, 우리도 친밀한 전우와 동지를 잃었다.

두 사람은 정치적인 문제에 대해서 상당히 허심탄회하게 말을 나누고 상담했다. 덩샤오핑은 김일성을 자신의 고향인 쓰촨성四川省으로 데리고 갔던 적도 있다. 농촌의 자립된 모습을 보기도 하고, 쓰촨성의 성도省都 청두成都에서는 비행기 제조 공장도 견학했다. 그 이후 지도자 사이에서 이 정도로 친밀한 관계는 보이지 않게 되었다.
현재 북중 양국의 입장은 1975년과는 크게 달라지고 있다. 거대한 인구를 갖고 빈곤에 시달리던 중국은 현재 일본을 상회하는 경제 대국으로 성장했다. 경제적으로는 완전히 중국이 우위에 서 있고, 중국은 북한의 경제적 지원국이 되고 있다.

아들인 김정일 시대가 된 1990년대 말에 중국은 북중 간에 체결된 「중조우호협력상호원조조약」을 재검토했다. 이 조약은 상대국이 공격받을 경우 전투에 참가하기로 정한 동맹 조약이다.

당시 북한은 수해 등의 영향으로 심각한 식량난에 시달리고 있었다. 이 때문에 중국은 조약의 범위를 '일방적으로 대규모 침략을 받을 경우'로 한정하는 것을 북한으로부터 인정받은 후에 '조약의 존속과 연장에 동의했다'고 간주되고 있다.[3]

이러한 중국 측의 태도를 보고, 북한 측은 중요 사항에 대해서 중국에 솔직하게 연락하지 않게 되었을 가능성이 있다. 그 증거로 후진타오 국가주석과 김정일 국방위원장의 정상회담에서 나온 합의문에는 반드시 국제문제에 대해서 의사소통을 도모해야 한다는 내용이 들어가 있다.

2011년 5월 베이징에서 열렸던 회담에서도 "쌍방은 각 분야에서 교류와 협력, 국제문제에 대한 의사소통을 강화한다는 중요한 공동의 인식에 이르렀다"(조선중앙통신)는 내용이 발표되었다.

핵실험은 직전에 통지

지도자의 사망뿐만이 아니다. 북한은 2006년과 2009년에 두 차례 핵실험을 했다. 핵실험이 실패한다면, 중국에도 영향을 미칠 우려가 있

---

3 關志雄 外 編, 『中國が變える世界秩序』(日本經濟評論社, 2011).

다. 이것도 사전에 중국에 전했을까? 다시 한 차례 회상해볼 필요가 있다.

보도에 의하면 2006년의 핵실험에 대해서 중국 정부는 실시 수십 분 전에 북한으로부터 실험을 한다는 취지의 통지를 받았다. 또한 그 통지를 받고 중국 정부는 핵실험 수십 분 전에 베이징 주재 일본 대사관에도 연락했다고 한다. 중국 측은 큰 충격을 받았던 것으로 보인다. 중국의 왕광야王光亞 유엔 대사는 대부분의 예상을 뒤엎고 '징벌punitive'이라는 단어를 사용하면서 북한에 대한 일정한 제재를 용인하는 견해를 보였다.

한국의 연합뉴스가 2009년 5월 베이징의 외교 소식통의 말로 전한 바에 의하면, 이해에 행해진 두 차례 핵실험에 대해서 "북한은 중국에 직전에 연락을 했다"고 한다.

구체적으로는 "북한이 핵실험을 실시하기 직전 중국에는 29분 전에, 미국에는 24분 전에 핵실험의 가능성을 각각 통보했다"(연합뉴스)라고 한다.

이것이 사실이라면, "직전에 통보했다"라기보다도 핵실험과 같은 중대한 일에 대해서 북한은 빠듯할 때까지 중국에 숨겼다고 보아야 할 것이다. 북한과 중국 간의 관계는 일반적으로 생각되는 바와 같은 밀월 상태가 아니다. 북한 측은 항상 중국을 경계하고, 사전에 상담 없이 중대한 도발 행위를 하고 있는 것이다.

상호 방문

북중의 요인要人들 사이는 특별한 관계를 유지해왔다. 예를 들면 1999년부터 2009년 11월 22일 중국 국방부장의 평양 방문까지 북중 양국 간의 고위급 회담은 합계 262회 개최되었다.

그 가운데 평양에서 개최된 것이 합계 146회이며, 베이징, 충칭重慶 등 몇 개의 성省을 포함해 중국에서 개최된 것은 113회였다. 한국 경희대학교의 주재우 교수가 2010년 11월에 게이오대학慶應義塾大學에서 열린 심포지엄에서 이와 같은 수치를 밝혔다.

고위급 회담은 연평균 26회 이상 개최되었고, 회의의 주제는 경제, 외교, 군사, 문화 등으로 다양했다.

권력 계승이 행해지기 전에는 북한의 후계자가 베이징을 방문해 추인을 받았다. 북한의 경우, 과거 김일성 주석에서 김정일로 후계가 이루어지는 시기에 한 차례 행해졌다. 그것이 1983년 김정일의 방중이다. 김정은의 방중은 아직 정식으로 확인되지 않았다.

중국의 차기 지도자는 북한을 중시해왔다. 최근까지 중국의 최고 지도자는 차기 지도자로 지명되면 예외 없이 최초의 공식 해외 방문국으로 북한을 선택해왔다.

국제정치 훈련

최근에는 중앙 정치에 진출한 시진핑習近平이 2008년 6월에 북한을 공식 방문했다. 후진타오도 차기 지도자로 지명된 1993년에 평양을 방문했다. 장쩌민江澤民의 경우, 천안문사건으로 말미암아 돌연히 최고 지도자로 선임되어, 지도자로서 준비하는 과정이 없었다.

그런데도 국가주석에 취임한 이후 최초의 공식 방문국은 여전히 북한이었다. 중국의 최고 지도자들이 지도자 연수를 받는 과정에서 북한을 가장 먼저 방문하는 이유는, 북중 동맹 관계의 중요성과 가치를 몸으로 습득하고 깨닫기 위해서라고 앞에서 언급한 주재우 교수는 설명한다.

특히 후진타오와 시진핑은 한국전쟁 세대가 아니며 천안문사건을 경험한 혁명 세대도 아니므로 그들에게 북중 동맹 관계의 의미와 가치는 현실감이 없지만, 악화되면 성가신 일이 된다는 것은 잘 알고 있다.

이 때문에 중국의 차기 지도자에게 북한 방문은 최초로 받는 '국제 정치' 훈련training이 된다. 중국은 북한 문제의 조정 역할을 기대받고 있다는 이유만으로도 우선 북한 측 지도층과 대면해놓을 필요도 있다.

중국이 한국전쟁에 출병해 수많은 병사를 잃었던 것도 관계되어 있다. 북한을 포기하면 한국전쟁을 부정하는 것이 되고, 의용군[4]이라는 형태로 출병했던 병사의 가족이 침묵하지 않을 것이다.

순치 관계

중국 정부가 북한과의 관계에서 애용했던 것은 '순치屑齒 관계'라는 말이었다. 북한이 '입술'이기 때문에, 그것이 없어지면 '치아'인 중국도 시리게 되어버린다는 '특수 관계'를 나타낸다.

그러나 이러한 '특수 관계'는 '보통의 국가관계'가 되고 있다. 김일성 시대의 북한과 중국 사이에는 이념적·인적·사회적·심리적으로 강한 연계가 있었지만, 김정일 시대 동안에 점차 약화되었다. 2002년에 출범한 후진타오 정권은 실리를 추구하고 있으며, '혈맹 동맹 관계에서 보통의 이웃 나라 관계'로 전환된 것은 틀림이 없다.

중국 정부는 특히 동북東北 지방을 주장珠江 삼각지, 창장長江 삼각지, 환발해環渤海 지구에 이어 제4의 축으로 삼을 방침이다. 2003년부

---

4 공식적으로는 중국인민지원군(中國人民志願軍)이라고 불린다. _ 옮긴이 주

터 「동북 지구 등 구舊 공업기지 진흥 전략의 실시에 관한 약간의 의견」(국무원 11호 문건), 「동북 지구 공업기지를 촉진하는 건에서 대외 개방을 더욱 확대하는 약간의 실시 의견」(국무원 36호 문건) 등의 문서가 공표되어, 동북 진흥을 향한 우대 정책이 제기되었다.

차기 총리로서 간주되는 리커창[5]도 2004년 랴오닝성遼寧省 당 서기 시절에 '연해 경제 벨트 개발 계획'을 작성했다. 2009년부터 2010년까지 다롄 지역을 동북아시아의 국제 해운 및 물류 센터로 변모시키고자 하는 계획이다. 동북 3성과 북한 간의 연대 강화를 강하게 의식하고 있다.

호감도는 최저로

2009년에 행해진 두 차례의 핵실험은 변하고 있는 양국 관계에 커다란 손상을 주었다.

≪인민일보人民日報≫ 계통의 중국 대중 신문 ≪환구시보≫는 같은 해 6월 3일 자 사설에서 "북한은 중국 민중의 감정을 해치고 있다"라는 제목을 달고 상당히 직접적으로 비판했다. ≪환구시보≫는 평소에는 국제사회의 북한 비판에 반론한 적도 있었는데, 이때만큼은 중국 정부의 초조한 심정을 대변했다고도 할 수 있다.

현재 중국 민간의 북한에 대한 호감도는 역사상 최저까지 내려갔다. 최근 수년 동안, 북한은 두 차례나 핵실험을 강행하고, 국제적 합의를 몇 차례나 어겼다. 이에 대해 많은 중국 인민은 이러한 국가에 대해 '피

---

5 2013년 3월에 국무원 총리가 되었다. _옮긴이 주

로 맺어진 우정'이라고 말할 수 없을 뿐만 아니라 '망은부의忘恩負義(은혜를 모르고 의롭지 못함)'라고 보고 있다.

'환구망環球網'의 최근 조사에 의하면 71%의 민중은 북한의 2차 핵실험이 양국 관계에 악영향을 주었다고 답하고, 66%는 북한에 대한 비판을 지지한다고 응답했다.

인터넷에 있는 댓글 수백 개를 보면, 중국의 민간에서는 어느 정도 북한이 안전보장을 추구하는 심리에 이해를 보이지만, 북한의 상당히 과격한 행동 방식은 받아들이지 못한다고 하며, 수많은 민중은 "북한은 동북아시아의 평화를 파괴하고 있다"라고 생각하고, "북한의 강경 조치는 중국을 전쟁에 끌어들이고 있다"라며 우려하고 있다.

중국은 북한 외교의 거의 유일한 출구이며, 북한은 중국을 통해서 가장 귀중한 지원을 얻어왔다. 북중 간의 전통적인 (우호) 관계는 북한이 발전하기 위해서 의지하는 유일한 보급선임이 틀림없다. 중국 민중은 그렇다고 해서 이것으로 북한을 압박할 심산은 전혀 없으며, 북한이 이 것을 은의恩意로 느껴주는 것도 기대하지 않고 있다.

중국도 감쌀 수 없다

≪환구시보≫의 보도는 나아가 다음과 같이 계속된다.

그러나 북한이 행한 핵실험은 중국 민중의 바람을 전혀 고려하지 않는 것이었을 뿐만 아니라, 중국 민중의 견지에서 보면, 중북 관계를 일종의 카드처럼 꺼내어 들이대는 것으로까지 비추어진다.

•북한은 중국 민중의 기분을 해치면 중북 관계의 근본이 동요하며, 훼손되어버린다는 것을 확실히 인식해야 한다.

중국 민중의 북한에 대한 관점의 전환은 반드시 중국의 대북 정책에 영향을 미치고, 북한의 '전략 공간'을 협소하게 만들 것이다.

중국 정부도 중국 민중의 바람에 반해 제한 없이 북한을 감싸고, 중·북 간의 전략적 관계가 전혀 훼손되지 않게 유지해갈 수는 없다. 일단 중북 관계가 철저하게 훼손된다면 북한의 현재 실력으로 국제사회에서 생존을 유지하는 것은 불가능할 것임이 틀림없다.

평화, 비핵화, 6자 회담에 복귀하는 것은 여전히 북한과 국제사회 쌍방이 바라는 최대공약수이며, 중국 민중의 동북아시아 정세에 대한 최대의 바람이기도 하다.

북한은 이러한 중국 민중의 진실된 생각을 간과해서는 안 된다. 중국의 민의를 존중하는 것은 북한이 자신의 이익을 가장 존중하는 것에 결부되며, 국제사회의 존중을 돌려받는 것과도 연계되는 것이다.

냉각된 관계

김정일 국방위원장이 사망하고, 김정은 체제로 이행한 이후 북중 관계는 단적으로 보아도 부자연스러움이 두드러지고 있다.

북한 김정일 국방위원장을 위한 일련의 장의, 추도 행사 기간 중에 중국은 천안문 광장에 반기半旗를 게양하지 않았다. 1994년에 김일성 주석이 사망했을 때에는 천안문 광장에 반기를 게양했다. 이와 같은 차이점은 3대 세습에 대한 비판으로도 받아들여진다.

12월 29일에 평양에서 거행된 김정일 국방위원장의 중앙추도대회에는 류홍차이 북한 주재 중국 대사가 참가했지만, 이듬해인 2012년 4월의 김일성 주석 탄생 100주년을 기념한 각종 행사에는 중국 대표의 모습이 없었다. 일부 보도에 의하면 중국 측은 총리와 외교부장의 파견을 타진했지만, 북한 측이 거절했다고 한다.

중국은 북한의 대규모 행사에는 반드시 요인을 파견한다.

예를 들면 2010년에는 중국공산당의 저우융캉周永康 정치국 상무위원이 대규모 군사 퍼레이드 등 조선로동당의 창당 65주년을 경축하는 행사에 참가했다. 김정일 국방위원장도 저우융캉과 회담한 자리에서 삼남 김정은 등을 포함한 새로운 지도부에 대해 "젊고 에너지가 있는 동지를 기용했다"라고 자신만만하게 말했다.

이에 대해서 저우융캉은 후진타오 국가주석의 메시지로서 김정일 국방위원장과 김정은 등 새로운 지도부를 중국으로 초청했다.

김정일 국방위원장은 "나도 지도부도 빈번하게 중국을 방문하고, 시찰하고 싶다고 생각하고 있다. 후(진타오) 주석의 방북도 환영한다"라고 응했다.

저우융캉의 발언은 김정은 후계에 대한 중국의 명확한 지지 표명이었다.

비판적 여론을 방치

지도자의 사망을 계기로 의사소통이 반드시 잘되었던 것만은 아닌 북한과 중국이다. 그 감정은 중국의 인터넷 여론에서도 읽어낼 수 있다.

2011년 12월 19일, 김정일 국방위원장의 급사急死는 중국 인터넷에서도 큰 화제가 되었다.

미국 라디오 방송 '미국의 소리VOA: Voice of America'의 중국어 방송에 의하면 통곡하는 평양 시민의 화면을 본 인터넷 사용자들은 "마오쩌둥(주석)이 사망했을 때의 광경을 생각하게 한다. 그러나 중국의 붉은 태양은 다시 떠올랐다!"라거나, "북한은 앞으로 어떻게 될 것인가"

라는 등의 논의를 나누었다.

중국의 잡지 ≪신관찰新觀察≫의 정중빙鄭仲兵 부편집장은 VOA의 취재에 응해 과거의 중국에 대해 "국민은 마오쩌둥을 신격화하고 충성을 맹세했다"라고 말했다. 마오쩌둥과 김정일의 사망에는 유사한 측면이 있다. 당시 중국에서는 문화대혁명(문혁)으로 국민이 피폐해졌고, 김정일 체제에서는 북한 국민이 빈곤에 시달렸다는 것이다.

김정은은 연령상으로 1980년 이후에 출생한 '80후後'에 해당한다. 80후는 자신의 가치관을 믿고, 기존의 사고에 사로잡히지 않는 세대의 젊은이를 지칭하는 말이다.

베이징사범대학의 한 학생은 인터넷에 "사담(이라크 대통령)도 카다피(리비아 최고 지도자)도 수십 년간 정권을 계속 장악해서 문제가 일어났다. 젊은이에게 교대하는 것을 통해 긍정적인 작용도 발생하는 것은 아닌가"라고 말했다고 한다.

중국에서 이용자가 3억 명 있다고 하는 미니 블로그에도 중국인의 속내는 반영되었다.

필명 'baby face'의 "어떻게 말해도, 뚱뚱이 김씨 2세(김정일)는 우리의 맹우盟友다. 볼품은 없지만, 웃음거리로 삼아서는 안 된다"라는 글에는 복잡한 감정이 반영되어 있다. 중국에서는 방중하면서 물건과 돈을 요구하는 김정일 국방위원장에 대한 이미지가 나쁘며, 사망 후에는 중국의 인터넷에서 "국가를 엉망진창으로 만든 사람", "벌거숭이 임금님"이라는, 김정일에 대한 비판과 야유의 글귀가 두드러졌다.

암살 소문
좀 더 노골적인 일도 일어났다.

김정은이 중국에 머물다가 무장한 폭력배에게 암살되었다는 중국발 소문이 전 세계로 확산되어, 미국 정보 당국이 사실무근이라며 부정하는 소동이 일어났던 것이다.

미국 CNN과 영국 BBC 등에 의하면, 중국판 트위터인 웨이보微博에 "김정은이 2012년 1월 10일 새벽 2시 45분 베이징에 있는 북한 대사관 관사館舍에서 무장 폭력배들에게 암살되었다. 폭력배들은 경호원이 사살했다"라는 내용의 글이 게재되었다.

부친이 사망한 직후에 후계자인 김정은이 베이징에 와서, 더욱이 살해까지 되는 등 한눈에도 있을 수 없는 내용의 일이지만, 이 글은 웨이보와 트위터 등을 통해서 전 세계로 확산되었다. 나아가 베이징의 북한 대사관 근처에서 일하고 있다는 남성이 "북한 대사관에 차량이 증가해, 약 30대가 되었다", "이러한 광경은 처음 보는 것이다. 북한에 무언가 일어나고 있는가"라고 웨이보에 게재한 글이 불에 기름을 부었다.

이 밖에도 웨이보에는 북한에서 군사 쿠데타가 발생했다는 소문이 확산되었던 일이 있다.

중국의 치안 당국은 인터넷을 철저하게 감시하고 있다. 가장 민감한 것은 독립 움직임을 보이는 국내 소수민족의 동향인데, 북한과 관계된 인터넷 정보도 삼엄하게 감시하고 있다. 예를 들면 북한의 권력 계승에 관한 부정적인 댓글은 차단되고 있다.

그렇지만 이번에는 근거가 박약한 유언비어가 인터넷에서 광범위하게 돌고 있는데도 장기간 삭제되지 않았다. 중국 당국이 의도적으로 이웃 나라에 관한 소문을 방치했던 것이 아닌가 하는 견해도 납득이 간다.

발매 금지 처분

중국 국내의 북한 관련 기사에 대해서는 중국공산당의 중앙선전부가 감시하고 있는 것으로 보인다. 이제까지는 이웃 나라를 자극하는 출판 보도는 일절 금지되었다.

그 전형이 중국의 인기 작가 예융례葉永烈가 쓴 북한 여행기였다. 예융례는 호기심이 강한 사람답게 세계 각지의 여행기를 집필해 인기를 모았다. 블로그도 운영하고 있으며, 2012년 7월의 시점에서 2000만 명 이상이 방문했다.

11세 때 항미원조抗美援朝(반미 북한 지원)를 주제로 한 글을 신문에 기고해 상금을 받은 이래, 북한의 동향에 관심을 기울여왔다.

문제가 된 것은 2008년 3월에 톈진天津의 출판사에서 출판된 『진실의 북한(眞實的朝鮮)』이라는 책이다.

예융례는 2006년 7월 북한에 현지 취재를 정식 신청했는데, 북한 측에서 이를 완곡하게 거부했다. 어쩔 수 없이 아내와 같은 달 24일부터 관광 비자로 북한에 입국했다. 그 체험을 책으로 정리했다. 자극적인 부분은 출판사의 요청으로 사전에 삭제되었다.

출판 이후, 중국 내 대형 포털 사이트에서 사전에 삭제된 내용을 포함한 전문이 전재되어 소개되면서, 신랑망新浪網에서는 3일간 80만 건 이상의 조회 수를 기록하며 인기를 모았다. 대형 사이트인 수호망搜狐網에서는 300만 건의 조회 수를 넘는 등 큰 반향을 불러일으켰다. 그 이후 베이징 인민 라디오에서 전문이 방송되었다.

그러나 출판된 지 얼마 되지 않은 2008년 7월 11일, 북한 대사관의 내용 조회가 있었다. 형식은 조회였지만, 사실상 이 책의 내용에 대한 항의였다.

시기적으로도 중국이 국위를 걸고 있던 베이징 올림픽 직전이었기 때문에, 중국 정부에서는 이 책을 발매 금지 처분하고 중국 대륙의 책장에서 일제히 철거했다.

예융례는 이 정도로는 기가 죽지 않았다. 중국 대륙에서 발매 금지 처분된 이후 같은 책을 홍콩에서 『해밀조선(解密朝鮮: 북한의 비밀을 파헤치다)』이라는 제목으로 출판했다.

삭제된 부분

예융례는 일본의 잡지 ≪세카이世界≫ 2010년 9월호에 등장해 이 기간의 사정을 말했다. 책의 내용 중 삭제된 부분에 대해서 스스로 설명하고 있다.

예를 들면 1990년대에 세계의 좌익 정당을 평양에 모아 '중국 공산주의는 수정주의이다'라고 비판했던 것이나, 2000년에 중국이 베이징 올림픽 개최를 신청했던 당시의 투표에서 북한이 반대표를 넣었다는 것이다.

또한 한국전쟁이 발발한 경위, 2004년 김정일 국방위원장이 방중을 마치고 돌아오는 길에 탔던 특별 열차가 북한 국내의 룡천역龍川驛을 통과한 이후 폭발 사건이 일어난 내부 사정, 북한에서 중국으로 도주한 탈북자에 관한 내용 등이 삭제된 부분이다. 중국에서 북한으로 들어갈 때에 북한 당국이 삼엄한 신체 검문을 하는 것 등은 출판사에서 사전에 삭제했는데도 발매 금지 처분을 벗어날 수 없었다. 당시 이러한 내용은 중국 당국의 허용 범위를 초과했다.

이 책을 인터넷 등에서 읽은 사람 중에는 북한을 '망은부의의 국가', '돈을 주면 웃고, 돈이 없으면 소동을 일으키는', '김씨 1세, 김씨 2세,

김씨 3세, 김씨 가문의 제4대는 언제 등장할 것인가' 등으로 표현하며 신랄한 의견을 표출하는 사람도 있었다. 제4대를 의미하는 출사出四는 사고를 의미하는 출사出事와 음이 가깝기에, "4대째의 세습이 이루어지면 틀림없이 긴급 사태가 일어난다"라는 의미를 암시하며 조롱하고 있는 것이다.

예융례는 "우리 세대와 달리, 젊은 세대는 북한에 대한 특수한 감정이 없다. 북한에 대한 원조에도 의문을 느끼는 사람이 증가하고 있다"고 지적했다.

느슨해진 보도 규제

북한에 관한 보도는 과거에는 국영 통신사인 신화사新華社가 독점했는데, 해가 지남에 따라 보도 내용이 다채로워지고 규제도 느슨해지고 있다.

그것은 중국인의 북한에 대한 감정이 정부가 억누를 수 있는 수준을 훨씬 초과해버린 것을 말해주고 있다.

필자는 2012년 1월에 필자와 김정일 국방위원장의 장남 김정남 사이의 교류를 기록한 『안녕하세요 김정남입니다: 방탕아인가, 은둔의 황태자인가? 김정남 육성 고백(父·金正日と私 金正男獨占告白)』을 출판했다. 이 책에 대해서는 세계 매체들의 문의가 있었는데, 특히 매우 흥미로웠던 것은 중국 매체였다.

자유주의적인 논조로 알려진 중국의 주간지 ≪남방주말南方週末≫은 필자에게 직접 전화를 걸어왔다. 이 책에 관해서 기사를 쓰고 싶다는 것이었다.

장시간 전화로 인터뷰하고, 2주 정도가 지나 2월 2일 자로 기사가 게재되었는데, 잘 살펴보니 필자에 대한 인터뷰가 아니라 책 소개가 중심이 되었다.

또한 소개문은 《남방주말》 기자가 아니라 외부 작가가 집필한 것이었다. 기사는 발행 직전에 일부 삭제되어 광고로 대체했다고 한다. 삭제된 것은 김정남이 북한의 세습 반대와 개혁·개방을 강하게 주장했던 미묘한 발언 부분이었다. 그렇지만 책의 내용 자체는 게재되었으므로 일보 전진한 셈이다.

김정남은 장기간 베이징과 마카오澳門에 머물고 있으며, 김정남의 발언을 전하는 신문 기사가 게재되는 것은 '이례적인 일'(교도통신共同通信)로 받아들여진다.

후계자에 대한 부정적인 소문은 방치하고, 장남의 발언을 기사로서 인정한 배경에는, 김정은에 대한 중국 정부의 자세가 반영되어 있다는 것으로 보아야 할 것이다.

중국의 주간지 《남방인물주간南方人物週刊》에서는 기자와 카메라맨을 일본에까지 파견해왔다. 이 기자는 "북한에 대해서는 우리도 관심을 갖고 있다. 신화사가 보도의 모델이지만, 다양한 시도를 해보고자 한다"라고 말했다. 별도로 권력에 저항하고자 하는 비장한 결의는 아니다. '북한에 대해서만 고려해 기사로 내지 않는 상태가 부자연스럽다'는 정서일 것이다. 기자와 매체 자체의 '대북관對北觀'도 변화하고 있다는 것을 실감했다.

제 2 장

3대 세습과 권력 구조

후계자를 뒷받침하는 간부와 중국의 관계

왜 세습인가?

사회주의국가라고 주장하는 나라에서 권력 세습을 실현한 예는 옛 소련은 물론, 옛 소련을 구성했었던 다른 국가 중에도 거의 없다. 기껏해야 카스피 해에 면한 아제르바이잔 정도이다. 옛 소련공산당 정치국원이었던 헤이다르 알리예프Heydar Aliyev가 소련 붕괴 후에 아제르바이잔으로 돌아가 독재자로서 군림했다. 그리고 아들인 일함 알리에프Ilham Aliyev가 세습했다.

사회주의국가에서는 어째서 세습이 불가능한 것인가? 이유는 간단하다. 무엇보다도 사회주의국가에서는 토지를 포함한 생산 수단은 국가 소유가 된다. 기업도 기본적으로 국유이다. 개인이 토지를 지닌다든가, 주식을 지닌다는 것도 불가능하다. 중국은 주택의 경우 70년간 국가에서 빌리는 시스템으로, 마지막에는 국가에 반환하는 것이 원칙이다.

권력이 세습되지 못했던 것은 권력자라고 해도 개인적으로 재산을 모을 수 없는 사회적 시스템에 기인한다고 할 수 있을 것이다. 그만큼 파벌을 만들고, 상대를 박차서 떨어뜨리는 권력투쟁이 격렬해진다.

그렇다면 북한에서는 3대에 걸친 세습이 어떻게 가능했던가? 그것을 설명하는 핵심은 북한이라는 국가의 사정과 북한을 둘러싼 환경에 있다고 해도 좋을 것이다.

북한의 김일성 주석은 1970년경부터 후계자 문제를 본격적으로 생각하게 된 것으로 보인다. 김정일은 처음부터 후계자로 간주되었던 것은 아니다. 유력한 라이벌을 떨어뜨리고 부친에 대한 충성을 맹세한 것이 평가되었던 것이다. 예를 들면 김일성 주석의 동생으로 김정일의 삼촌에 해당하는 김영주金英柱는 김일성에 이은 2인자의 자리에 있었고, 권력에 가장 가까운 곳에 있었다.

그리고 김정일의 계모인 김성애金聖愛의 아들 중 하나인 김평일金平日은 군에서 좋게 받아들였고, 김일성 주석과 비슷한 풍모로 후계자가 될 가능성이 있었다.

김정일은 우선 숙부의 사상을 '낡았다'고 비판하고, 김성애파도 서서히 추방했다.

소련과 중국

아마 그 당시에 김일성 주석도 우호국인 소련과 중국의 사례를 살펴보았을 것으로 생각된다. 사회주의국가에서는 구조적으로 후계자 문제가 일어나기 쉽다. 옛 소련의 최고 권력자는 공산당의 '서기장'이다. 그 서기장(혹은 제1서기)을 맡았던 것은 최초가 이오시프 스탈린Joseph Stalin이고, 다음으로는 게오르기 말렌코프Georgy Malenkov(단기간), 니키타 흐루쇼프Nikita Khrushchev, 레오니트 브레즈네프Leonid Brezhnev, 유리 안드로포프Yuri Andropov, 콘스탄틴 체르넨코Konstantin Chernenko, 미하일 고르바초프Mikhail Gorbachev로 일곱 명이 된다.

모두 세습은 아니다. 특히 스탈린이 사망하고 뒤를 이은 흐루쇼프가 최고 지도자로서 등장한 것은 스탈린이 사망한 지 3년이나 지난 후의 일이었다. 그 사이 소련의 정국政局은 매우 혼란스러웠다.

흐루쇼프는 후에 절대적 지도자였던 스탈린에 대해 "스탈린이 말한 것은 무엇이든 옳았다. 그것은 천재의 말이었다"라고 그 절대 군주의 모습을 회고했다. 그런 한편으로 스탈린의 사망 이후에는 그 체제를 뒷받침하기 위한, 문자 그대로 100만 명의 스파이가 적발되었다고 말하고, "한 명의 스파이가 또 한 명의 스파이를 감시하고, 그들의 모든 것에 대해 보고한다. …… 형무소는 가득 차게 되고, 거기에 더해 모든 스파이의 비용을 조달해야만 했다"라고, 그의 회고록 『흐루시초프, 봉인되어 있던 証言(Khrushchev Remembers: The Glasnost Tapes)』[1]에서 이야기했다.

2인자의 쿠데타

중국에서 국가주석이 되었던 인물은 마오쩌둥, 류사오치劉少奇, 리셴녠李先念, 양상쿤楊尚昆, 장쩌민, 후진타오 등이다.[2]

물론 2세는 없다. 자신이 권력투쟁에서 승리를 거두었던 것이다. 이러한 지도자의 아들이 정부에서 일정한 직책을 얻는 사례는 있었다. 예를 들면 마오쩌둥의 손자[3]는 인민해방군에서 소장으로 출세해 화제가 되었다. 그러나 국가주석 등 최고 지도자의 직책이 세습된 일은 한 차례도 없었다.

중국에서는 중국 최대의 권력투쟁으로 간주되는 '린뱌오林彪 사건'과 유사한 사태가 지금도 일어나고 있다.

문화대혁명 시기, 마오쩌둥을 지지했던 린뱌오 중국공산당 부주석 겸 국방부장이 1971년 9월 마오쩌둥 주석 암살 계획을 기도했지만, 성

---

1 원서에서는 이 책의 일본어판인 『封印されていた證言』(草思社)으로 소개되어 있다. _ 옮긴이 주
2 2013년 3월, 시진핑이 국가주석에 취임했다. _ 옮긴이 주
3 2010년에 중국인민해방군 소장(少將)이 된 마오신위(毛新宇)를 지칭한다. 마오신위는 1970년 1월 17일에 베이징에서 태어났다. 이 밖에 마오쩌둥의 외손자로서 중국인민해방군 총참모부(總參謀部)에서 활동한 바가 있는 쿵지닝(孔繼寧) 등이 있다. _ 옮긴이 주

공하지 못하고 도망하던 도중에 몽골에서 추락사한 사건이다.

당시 린뱌오는 유일한 부주석으로, 누가 봐도 마오쩌둥의 후계자로 간주되었다. 마오쩌둥 자신은 한때 린뱌오를 후계자로 고려했지만, 서서히 의견 차이가 표면화되었다.

최후에 린뱌오는 자신의 아들 린리궈林立果 등과 쿠데타 계획(571 공정)을 다듬어 실행에 옮긴다. 571은 쿠데타를 상기시키는 '무기의武起義'와 중국어 발음이 같았다.

마오쩌둥이 탑승한 열차를 화염방사기와 로켓포, 100mm 구경 고사포로 공격하고, 남부 광저우廣州에 임시정부를 세우는 계획도 있었다.

저우언라이 총리는 1972년 7월에 이 사건에 대해서 다음과 같이 말했다.

"린뱌오처럼 부주석이면서 마오(쩌둥) 주석에게 반역하는 자가 나왔다. 역사적으로는 마오 주석과 함께했지만, 사상의 방면에서는 마오 주석과 합치되지 않고 개인주의가 강했던 것이다. 마오 주석의 전략 배치를 파괴하고 있었다. 마오 주석은 그의 의견을 듣지 않았다. 린뱌오는 마오 주석을 암살하고자 했던 것이다"(공명당公明黨의 다케이리 요시카쓰竹入義勝 위원장과 가진 회담에서 한 발언).

충칭 사건

중국에서는 권력 교체 시기가 되면 자주 권력투쟁이 표면화한다. 세계 제2위의 경제 대국이 된 지금도 마찬가지이다.

2012년에 서부의 대도시인 충칭시의 1인자 보시라이薄熙來 당 위원회 서기를 둘러싼 권력투쟁이 순식간에 일어났다. 보시라이는 부총리였던 고故 보이보薄一波를 부친으로 둔 인물로, 고급 간부의 자제 그룹을 지칭하는 '태자당太子黨'의 대명사라고 할 수 있는 존재였다.

2007년에 충칭시에 부임한 이후부터 마오쩌둥 회귀를 지향하는 화려한 연출로 전국적으로 주목받았다. 폭력단 박멸 캠페인은 시민의 갈채를 받았지만, 강경하다고도 할 수 있는 적발에 대해서 '법치를 경시하고 있다'고 인권 변호사로부터 비판하는 목소리가 나왔다. 나아가 자신이 '가슴에 품은 칼'로서 중용했던 부하[4]가 미국 영사관으로 도주하는 소동이 일어나, 보시라이는 결국 당 위원회 서기의 자리에서 해임되었다.

보시라이가 적발한 충칭시의 간부에게는 폭력단의 뒷배가 되었다는 혐의가 씌워졌다. 그중에는 보시라이의 전임자로 보시라이와 라이벌 관계에 있는 왕양汪洋 광둥성廣東省 당 위원회 서기(정치국 위원)나 이전에 충칭시의 1인자였던 허궈창賀國强 당 규율검사위원회 서기(정치국 위원)와 가까운 간부도 포함되어 있었다. 이 때문에 폭력단 박멸 캠페인은 모습을 바꾼 권력투쟁이 아닌가 하는 견해도 있었다.

보시라이는 앞으로 철저하게 추급되고 정치적 생명을 완전히 박탈당하게 될 것으로 보인다.[5]

---

4 충칭시 전임 공안국장(公安局長) 왕리쥔(王立軍)을 지칭한다. _옮긴이 주
5 2012년 9월 28일, 중국공산당 중앙규율검사위원회(中央規律檢査委員會)의 조사 결과에 따라 보시라이는 중국공산당으로부터 제명 처리되고 공직에서 추방되었다. 또한 같은 해 10월 26일, 중국 전국인민대표대회(전국인대)는 보시라이의 전국인대 대표 자격의 취소를 결정함으로써, 보시라이는 모든 공직으로부터 추방되었다. 그리고 2013년 9월 21일, 산둥성(山東省) 지난시(濟南市)의 재판소는 보시라이에 대해서 무기징역의 판결을 내렸으며, 이는 같은 해 10월 25일에 최종 확정되었다. _옮긴이 주

부친과의 비교

사회주의국가에서는 지도부가 되려면 공통적으로 거쳐야 하는 단계와 출신 성분이 있다. 예를 들면 중국의 국가주석 취임이 예정된 시진핑은 1974년에 공산당에 입당한 이후, 칭화대학淸華大學을 졸업했다. 또한 고급 간부의 자제를 의미하는 '태자당'에 속한다.

부친은 혁명 원로의 한 사람으로 부총리, 정치국 위원 등을 맡았던 시중쉰習仲勳이다. 시중쉰 자신은 부총리까지 지냈는데도 문화대혁명 기간에 '마오쩌둥 주석과 당에 반대하는 대야심가, 대음모가'라고 꾸며낸 보고 때문에 옥중에서 14년간을 보냈던 경험이 있다. 시진핑의 모친[6]도 노동을 통한 사상 개조를 받았다.

당시 중국의 엘리트들은 대학을 졸업한 이후 지방의 현장에서 정치 경험을 쌓았다. 시진핑의 경우 푸젠성福建省 샤먼시廈門市 부시장, 푸저우시福州市 당 위원회 서기, 성장을 지냈다. 나아가 저장성浙江省 당 위원회 서기, 상하이시上海市 당 위원회 서기로 서서히 대도시로 이동했다. 그리고 중앙정치국 상무위원, 국가부주석으로 올라갔다.

중국공산주의청년단의 멤버가 되는 것도 출세의 빠른 길이다.

이것은 중국공산당 산하의 청년 조직을 말하는데, 약칭은 '공청단共靑團[7]이다. 14세에서 28세까지의 젊은 엘리트 단원을 보유하고 있다. 공청단파는 중국 정부의 권력 파벌 중 하나로 간주되며, 후진타오 국가주석은 그 대표 격이다. 중국의 차세대를 담당할 젊은 엘리트는 대

6　치신(齊心)을 지칭한다. _옮긴이 주
7　역대 공청단 서기처 제1서기는 후야오방(胡耀邦)을 시작으로 한잉(韓英), 왕자오궈(王兆國), 후진타오, 쑹더푸(宋德福), 리커창, 저우창(周强), 후춘화(胡春華), 루하오(陸昊), 친이즈(秦宜智) 등이 지냈다. _옮긴이 주

부분이 공청단 출신이라고 이야기된다.

그리고 중국공산당의 최고 의사 결정 기관인 중앙정치국 상무위원회(9명으로 구성)의 멤버가 되면, 국가주석의 자리post가 보이게 된다.[8] 전통적으로 당 중앙군사위원회 부주석을 겸무하면 국가주석이 되는 것은 확실시된다.

중국에서는 최고 지도자인 당 서기 겸 국가주석이 되는 데에 더욱 엄정한 조건이 있다. ① 두 개의 성省에서 지도자로서 실적을 올릴 것, ② 이념적으로 온건(공산주의 사상을 지지하고 있는)할 것, ③ 친족 중에 스캔들이 없을 것 등이라고 한다.

김정은의 등장

그렇다면 사회주의국가인 북한에서는 지도자가 되려면 어떤 과정이 필요할까?

김정일의 경우에는 1973년에 당 비서, 1974년에 당 정치위원(현 정치국원), 1980년에 당 군사위원과 정치국 상무위원으로 승격되었다.

김정일 국방위원장의 후계자가 된 김정은의 활동 이력은 지금까지 비밀인 부분이 많다. 그의 어린 시절에 관한 발언은 김정일의 요리사로서 알려진 후지모토 겐이치藤本健二의 증언밖에 없는 실정이다.

후지모토에 의하면 김정은은 일본의 게임과 만화를 좋아하며, 간단한 일본어도 할 수 있다고 한다. 13세였던 1996년 9월 무렵부터 2000년까지 스위스의 베른Bern에 유학했다. 처음에는 국제학교에 재학했지만, 그 이후 공립학교로 전학했다고 한다.

---

8 현재 정치국 상무위원의 수는 7명이다. _옮긴이 주

귀국 이후에는 김일성군사종합대학을 졸업하고 조선인민군의 군인이 되었다.

후계자로서 행한 초기의 활동은 1990년대까지 올라간다고 한다. 정식으로 후계자로서 등장한 이후 부친과 각지를 현지 지도했던 것이 보도 등에 의해서 서서히 판명되었다.[9] 상당히 이전부터 국방위원장의 '보좌역'으로서 활동한 모양이다.

최초에는 조선인민군 내부에서, 그 이후에는 민간에서도 '후계자'의 존재가 알려져 갔다. '김대장'이라는 문구가 비공식 무대에서 사용되고, 김정은을 칭송하는 「발걸음」이라는 노래도 일반에 알려지게 되었다. 그가 공식 무대에 모습을 드러낸 것은 2010년 9월의 조선로동당 당 대표자회였는데, 그 이전에도 군부대 시찰과 현지 지도에서 '후계자'를 조우했던 사람들이 있었다고 한다.

김정은 체제에서는 유훈 정치라는 것이 왕성하게 언급된다. 특히 김정일 국방위원장이 사망하기 직전인 10월 8일에 남긴 것으로 여겨지는 '10·8 유훈'은 북한의 공식 매체도 인용하고 있는데, 그 전모는 잘 알 수가 없다.

10월 8일에 행해진 국방위원장의 공식 활동은 조선중앙통신이 전한 사업장 3개소의 현지 지도와 평양 시내의 태양열 설비 센터 등에 대한 현지 지도였다.

토요일이면 통상적으로, 김정일 국방위원장은 주말에 측근을 모아서 파티를 개최하는 일이 많았으므로, '10·8 유훈'은 이와 같은 파티 자리를 이용해 발표된 것으로도 보인다.

---

9 이에 대해서는 북한의 '역사 만들기'라는 견해도 있다. _옮긴이 주

그러나 일부에서는 유훈은 애당초 존재하지 않으며, 북한 당국이 김정은 체제의 안정에 이용하기 위해 김정일의 말을 '10·8 유훈'이라는 형태로 정리했다는 견해도 있다.

유훈 통치와 이미지 만들기

'10·8 유훈'에 관해 2012년 1월 18일의 조선로동당 기관지 《로동신문勞動新聞》에서는 "장군님(김정일 국방위원장)이 작년 10월 8일에 김정은 동지의 위대함에 대해 말하고, 김정은 부위원장을 마음으로부터 받들어야 한다고 말했다"[10]라고 소개했다.

북한의 조선로동당 정치국 회의는 2012년 12월 30일에 "10월 8일의 유훈에 따라 김정은을 조선인민군 최고사령관에 임명했다"라고 설명했고, 어쩌면 '김정은에 대한 충성'이 유훈이었을 가능성이 있다.

이 밖에 정확하게는 유언이라고 말할 수 없을지도 모르지만, 북한의 매체는 '핵 억지력', '위성 발사'를 '혁명 유산'이라고 표현하고 있다.

《로동신문》에서는 2011년 12월 28일 "김정일 동지의 혁명 유산"이라는 정론政論에서 "(김정일 국방위원장의) 유산은 인공 지구위성의 제작 및 발사국이라는 자랑에 핵보유국의 존엄"[11]이라고 하며, "핵과

---

10 해당 단락의 원문은 다음과 같다. "위대한 장군님께서는 지난해 10월 8일에도 경애하는 김정은동지의 위대성에 대하여 말씀하시면서 일군들이 김정은 당중앙군사위원회 부위원장을 진심으로 받들어야 한다고, 일군들은 앞으로 당의 두리에 한마음한뜻으로 굳게 뭉쳐 일을 잘해나가야 한다고 거듭 당부하시었다." 아울러 이 책에 소개되어 있는 북한 《로동신문》 관련 기사의 원문을 대조하는 데에 도움을 준 대한민국 통일부 북한자료센터의 관계자분들께 이 지면을 빌려 감사의 말씀을 전해 드리고자 한다. _옮긴이 주

11 해당 문장의 원문은 다음과 같다. "인공지구위성의 제작 및 발사국의 자랑에 핵

위성은 약소민족의 많은 한을 품었던 민족을 당당하게 가슴 펴고 세계를 보면서 살 수 있는 존엄 높은 인민으로서 영원히 계속하게 만들었다"[12]라고 주장했다.

핵 억지력에 대해서는 2012년 5월 당시 북한의 단체인 조국평화통일위원회가 한국의 이명박李明博 대통령이 행한 신년 연설에 반발하는 내용의 '서기국書記局 보도'에서 밝혔다.

그 보도에 의하면, "우리(북한)는 이미 당당한 핵보유국이며, 핵 억지력은 무엇과도 바꿀 수 없는 혁명 유산이다. '지원' 등과 거래할 수 있다고 생각하는 것은 어리석은 오산이다"라거나, "우리는 적의 침략 책동이 계속되는 한, 존엄과 자주권을 지키기 위한 핵보유국의 지위를 가일층 강화한다"라고 했다.[13] 핵 보유는 헌법에도 명기되었다.

또한 2012년 3월 27일에 북한 외무성 대변인은 위성 발사에 대해 "김일성 동지의 탄생 100주년을 맞이해 위성을 발사하는 것은 김정일 장군의 유훈이며, 오래전부터 계획·추진되어온 정상적인 사업이다"라고 주장했다.[14] 실제로 4월 13일에 북한은 미사일을 발사했지만, 결

보유국의 위엄!"_옮긴이 주

12 해당 단락의 원문은 다음과 같다. "대국들의 틈에 끼여 파란많던 이 땅을 영영 누구도 넘겨다보지 못하게, 약소민족의 한많던 민족을 가슴을 땅당히 펴고 세계를 굽어보며 사는 존엄높은 인민으로 되게 하여준 우리의 핵과 위성이동."_옮긴이 주

13 해당 단락의 원문은 다음과 같다. "세계가 공인하고있는것처럼 우리는 이미 당당한 핵보유국이며 핵억제력은 그 무엇과도 바꿀수 없는 우리의 혁명유산이다. 이 귀중한 혁명유산을 그 무슨 ≪지원≫따위로 홍정할수 있다고 생각한다면 그것은 어리석은 오산에 불과하다." "우리는 원쑤들의 침략책동이 계속되는 한 우리의 존엄과 자주권을 수호하기 위해 핵보유국의 지위를 더욱더 강화해나갈것이다."_옮긴이 주

14 해당 문장의 원문은 다음과 같다. "위대한 수령 김일성동지의 탄생 100돐을 맞으

국 실패로 끝났다.

유훈의 가치

김정일도 부친 김일성 주석의 유언을 정치적으로 최대한 이용했다.

'건국의 아버지', '민족의 지도자'로 일컬어지는 부친으로부터 권력 이양이 계속되던 1994년 7월 8일 새벽 2시, 김일성 주석이 급사했다. 7월 9일 정오의 '특별 방송'으로 사망을 공식 발표했다.

사망 원인은 '심근경색'으로 여겨졌다. 바로 다음에 한국의 김영삼金 泳三 대통령과 남북 정상회담이 예정되어 있었고, 그 준비를 위해 연일 과로한 것이 탈이 되었던 것으로 여겨진다.

시신은 소련의 블라디미르 레닌Vladimir Lenin과 중국의 마오쩌둥처럼 방부 처리되고 금수산錦繡山기념궁전(현 금수산태양궁전)에 안치되었다.

권력의 세습은 당연한 일처럼 추진되었다.

그러나 공산주의 국가에서는 공식 후계자라고 해도 권력 계승에 실패했던 예가 많고, 장남인 김정일에 대한 권력 세습도 순조롭게 진행될 수 있을지 알 수 없었다. 많은 전문가는 비관적이었다.

김정일은 그 위기를 넘기 위해서 '유훈 통치'라는 방법을 사용했다.

주석의 자리는 영구히 부친의 것으로 하고, 신격화된 부친의 노선을 그 상태로 이어받는다. 자신은 국방위원회의 위원장이라는 새로운 자리에 취임했다.

며 실용위성을 쏴올리는것은 경애하는 김정일장군님의 유훈이며 오래전부터 계획되고 추진되여온 정상적인 사업이다." _ 옮긴이 주

마치 부친의 지배 체제가 그 상태로 지속되고 있는 것처럼 생각하게 만드는 노림수였다.

부친이 남긴 유언은 "인민의 생활을 좋게 하는 것", "한반도를 비핵화하는 것", "남북통일을 달성하는 것"의 세 가지로 여겨진다. 부친의 사망 이후 김정일은 이 유훈을 지킬 것을 반복해서 강조했다.

그리고 1997년 10월에 로동당 총비서에 취임, 1998년에는 국방위원장에 추대되고 같은 해 헌법 개정을 통해서 김정일 체제가 공식적으로 시작되었다.

정권 운영에서는 선군정치先軍政治를 핵심으로 삼았다. 군의 지지 기반을 확고한 것으로 만들기 위해서 군을 최우선시한다는 생각이다.

모친의 우상화

유훈에 더해 김정은의 모친을 우상화하는 작업도 시작되었다. 북한은 재일 교포 출신의 모친 고영희高英姬에 대해 적극적으로 선전하지 않았는데, 2012년에 이르러 김정은의 생일인 1월 8일에 기록영화를 방송하고 고영희에 대해 공식적으로 다루었다.

이것과는 별도로 조선중앙TV에서는 이날 상영된 기록영화의 내용 중에서 김정은이 자신의 모친에 대해 언급한 것으로 여겨지는 말을 전했다.

이 영화에서는 모친인 고故 고영희의 이름 자체를 직접 거론하고 있지는 않지만, 김정은이 "(김정일 국방위원장의 탄생일인) 2월 16일에 현지 지도에서 돌아오지 않은 장군을 모친과 함께 밤새워 기다린 적도 있었다"라며 효행孝行의 모습을 강조했다. 2012년 5월 전후부터는 고영희의 미공개 영상을 포함하는 기록영화가 북한 국내에서 돌았는데, 그녀의 본명과 출신은 숨겨졌다.

고영희의 부친은 한국 제주도 출신의 고경택高京澤으로 알려져 있다. 고경택은 일본으로 밀항해서 오사카의 봉제 공장인 '히로다 봉공소廣田縫工所'에서 일했다. 히로다 봉공소는 일본 육군의 관리 아래 군복과 천막을 제작한 오사카 시에 소재해 있는 공장이었다.

일본 적십자사의 기록에 의하면, 고경택은 1962년 10월 21일(제99차 선박)에 북한으로 처와 고영희 등 자제 4명을 데리고 건너갔다. 이때 명부에 있었던 고희훈高姬勳(일본 이름은 다카다 히메高田姬)이 바로 고영희이다. 그녀는 1952년 6월 26일에 출생했으며, 앞으로 이날은 어떤 형태의 기념일이 될 가능성도 있다.

북한에서는 주민을 통제하기 위해 '출신 성분'을 핵심 계층, 동요 계층, 적대 계층의 3개 계층, 51개 부류로 나누고 있다. 일본에서 귀국한 자는 가장 낮은 적대 계층이지만, 최근에는 이 구분이 애매하게 된 것으로 보인다. 이것도 고영희가 최고 지도자의 처가 되고, 후계자를 낳은 것과 관계가 없지는 않을 것이다.

계속해서 ≪로동신문≫에는 북한에 거주하는 재일 동포 여성의 인생사가 게재되었다. 재일 동포 여성이 북한에 이주해온 과정과 김정일 체제 아래에서 은덕을 받고 머물고 있다는 내용이 중심으로, 일본에서 온 여성의 지위 향상을 도모했을 가능성이 있다.

북한의 권력 구도

그렇다면 북한의 권력 구도는 어떻게 되어 있는가? 조선로동당, 국방위원회, 조선인민군의 3대 권력기관이 있다. 37년간 절대 권력을 유지했던 김정일은 1974년 2월에 당 정치위원으로 선출되고, 사실상 후계자로 확정되었다. 1980년 10월의 제16차 당대회에서 당 군사위원과 정치국 상무위원이 되었다. 1991년에는 군의 최고사령관이 되었다. 그 이후 현지 지도를 반복하면서 부친에 대해 충성을 보였다.

그리고 1994년 7월의 부친 김일성 주석의 사망을 거쳐 1997년 10월에 총비서의 지위를 수중에 넣었다. 차기 지도자로 내정된 이후 23년 8개월의 세월이 경과했다.

북한에서는 최고 권력자의 자리에 앉으려면 다음과 같은 조건이 필요한 것으로 여겨진다.

북한의 해외 선전용 웹사이트인 ≪우리민족끼리≫에서 2011년 6월 27일에 게재한 논문인 「후계론」에 의하면 수령에 대한 충성심, 인민 대중에 대한 사랑, 문무의 겸비 등이 그 조건이다. 필자가 덧붙인다면 모친도 영웅이라는 점이 필요할 것이다.

후계자를 선출하는 구체적인 방법에 대해서 ≪우리민족끼리≫에서는 "후계자는 인민 대중의 절대적인 지지와 신뢰를 받고, 그들의 의사에 기초해 선출되고 추대되는 경우에만 후계자의 유일 영도를 철저하게 실현할 수 있다"라고 강조하고 있다.

인민이 지지하고 있다는 형식이 있다면 후계로 인정된다는 것이다.

김정은 시대의 파워 엘리트는 누구인가?

한국에 망명한 고故 황장엽黃長燁 전임 조선로동당 중앙위원회 비서는 과거에, 김정일 국방위원장이 돌연 사망하더라도 "북에는 김정일을 대신할 자가 100명을 넘는다"라고 주장했던 적이 있다.

언뜻 보면 한 사람이 어떤 일이든 결정하는 것처럼 보이지만, 실제로는 세부적인 부분에서는 수많은 엘리트가 그를 지탱하고 있다는 의

미이다. 크게 세 가지(당, 국방위원회, 혁명학원 출신)의 파벌이 있는 것으로 보인다.

새로운 지도 체제가 되면 대체 누가 파워 엘리트의 자리를 손에 넣게 될 것인가? 얼마 안 되지만 실마리는 있다.

북한의 보도에서 누가 어떤 형태로 등장하고 김정은에게 어느 정도로 가깝게 서 있는지 조사하는 것이다. 일본에서는 라디오프레스ラ ヂ オブレス라는 통신사가 북한의 방송을 듣고 내용을 분석하고 있다. 한국에서는 통일부와 국가정보원이 하는 업무이다.

우선 2011년 12월 28일에 거행된 장의에서 김정은은 부친의 시신을 태운 영구차에 손을 얹고 평양 시내를 걸었다. 그때 영구차 주위에 섰던 7명을 최측근 그룹으로 볼 수 있을 것이다.

7명을 순번으로 들어보면 장성택張成澤 당 행정부장, 김기남金己男 당 선전선동 담당 비서, 최태복崔泰福 당 국제 담당 비서, 리영호 총참모장(2012년 해임), 김영춘金永春 인민무력부장(2012년 해임), 김정각金正角 총정치국 제1부국장, 우동측禹東則 국가안전보위부 제1부부장이다.

장성택은 서열상으로는 19위이지만, 이 장의에서는 김정은의 바로 뒤를 걸었고, 문자 그대로 후견인이라는 점을 내외에 선보였다.

'3대째의 세습'에 반대했다고 말해져 2010년의 로동당 당 대표자회에서 당 인사로부터 배제되었던 오극렬吳克烈 국방위원회 부위원장은 장의위원회의 명단에서는 29위였는데, 장의 반열에 참여한 이후에는 13위가 되어 순위가 크게 올라갔다.

김정은 인맥

그 이후 2012년 4월에 연이어 개최된 최고인민회의와 조선로동당 당 대표자회에서 더욱 새로운 인사가 결정되었다. 우선 최고인민회의에서는 김정은 조선로동당 제1비서가 국방위원회 제1위원장으로 취임했다.

동시에 최룡해崔龍海 군 총정치국장,[15] 김원홍金元弘 국가안전보위부장, 리명수李明秀 인민보안상이 국방위원으로 취임했다.

최룡해 군 총정치국장은 같은 달 11일의 조선로동당 당 대표자회에서 정치국 상무위원, 당 중앙군사위원회 부위원장으로 취임했고, 당, 국가기관, 군에서 모두 중요한 자리를 차지했다.

기존의 국방위원회 멤버는 거의 유임되었지만, 우동측 국가안전보위부 제1부부장의 이름이 없는데, 건강상의 이유로 해임된 듯하다.[16]

이번의 국방위원회 인사에서 최룡해 군 총정치국장을 위시한 김정은의 측근 대다수가 당 정치국, 당 중앙군사위원회, 국방위원회에도 자리를 확보해, 측근 그룹을 형성하고 있다는 점이 확실해졌다.

---

15 2014년 5월 2일 북한 조선중앙통신의 보도에 따르면, 황병서(黃炳誓) 조선로동당 조직지도부 군사담당이 최룡해의 자리를 인계받은 신임 조선인민군 총정치국장으로 소개되었다. 황병서는 현재 조선인민군 차수(次帥)로서 북한 국방위원회 부위원장, 조선로동당 중앙군사위원회 위원이기도 하다("北 황병서, 군부 1인자 총정치국장에 임명", 연합뉴스, 2014년 5월 2일 자). _옮긴이 주

16 2014년 4월 30일 기준으로 북한 국방위원회의 주요 구성원은 다음과 같다. 제1위원장(김정은 원수), 부위원장(최룡해 차수, 리용무 차수, 오극렬 차수), 위원(장정남 대장, 박도춘 대장, 김원홍 대장, 최부일 대장, 조춘룡), 정책국 국장(박림수 소장)[대한민국 통일부, 『2014 북한 주요기관·단체 인명록』(대한민국 통일부 정세분석국 정치군사분석과, 2014), 45쪽]. _옮긴이 주

최룡해의 고속 출세

최룡해는 원래 황해북도 당 책임비서의 직책에 있었는데, 2010년의 당 대표자회에서 인민군 대장으로 승진했다.

이때 기념사진에서 김정일 국방위원장의 바로 뒤에 선 모습으로 단번에 주목을 받았다.

2012년이 되어 원수元帥 다음가는 지위인 차수로 선발되어 4월 11일의 제3차 당 대표자회에서는 정치국 상무위원 등 중요한 직책을 수중에 넣었다.

북한이 2009년에 시행해서 시장의 혼란을 일으킨 화폐개혁의 폐해를 김정일 국방위원장에게 직언했던 것으로도 알려져 있다. 부친은 항일 빨치산 시기에 김일성을 지원했던 최현崔賢이라는 인물로, 인민무력상을 지냈고 지금도 군 내부에서는 평가가 높다.

김일성 주석에게도 격의 없이 입을 놀렸다고 말해지며, 회의 자리에서 "당신(김일성)은 33세에 권력자로서 민중 앞에 서지 않았는가? 당신의 아들 김정일은 이미 그 나이가 되었다. 김정일을 중심으로 우리의 자식도 함께 권력 공동체를 만들어 정권을 잡는다면 문제없다"라고 자식에게 권력을 이양할 것을 강하게 권고했다고 전해진다.

부모의 후광을 입은 최룡해 자신도 '추종이 훌륭하다'라는 평가가 있는 듯하다. 군 경험은 거의 없지만, 최근 들어 홀로 이곳저곳을 돌아다니며 시찰하고 있다.

북한의 권력 내부에서 노선의 대립과 사고방식의 차이가 있는 것은 확실하지만, 혈통이 좋고 부친의 공적도 있어서 모두가 일단은 납득할 수 있는 최룡해가 군과 당의 중심에 서게 되고, 각 세력 사이에서 균형balance을 취하고 있는 것으로도 생각된다.[17]

한국과 중국이 신뢰하는 장성택

장성택은 김정일 국방위원장의 매제이다. "김정일보다도 김정일을 잘 알고 있다"라고 이야기될 정도로, 김정일이 무엇을 생각하고 있는지를 이해하고 있다는 말이 있다. 그 때문에 김정일 국방위원장은 장성택을 측근처럼 활용해왔지만, 서로 경계도 하고 있었다. 장성택은 과거 수차례 좌천되었다.

장성택은 동료를 소중히 하는 바가 있는 것 같다. 좌천된 시기에 자신을 도왔던 사람을 지금도 주변에 두고 있다.

장성택의 두 형은 엘리트 군인이었다. 장성우張成禹는 북한군 차수였다. 한국전쟁 시에 군 중대장으로 참전했던 북한의 '혁명 2세대'에 해당하며, 인민무력부 정찰국장 자리도 경험했다. 확인되지는 않지만 1983년에 미얀마에서 한국 대통령 등을 노렸던 아웅산 폭파 테러 사건의 총지휘 책임자였다고도 전해진다.

또 한 사람의 형인 장성길張成吉도 군인으로 혁명사적관革命事蹟館 관장을 지내는 등 그 나름의 지위에 있었다.

장성택은 군 경험은 없지만 경제에 밝고, 이웃 나라 중국에서 보내는 신뢰도 두터운 것으로 여겨진다. 미국 의회조사국CRS: Congressional Research Service의 보고서가 "장성택은 북한의 집단지도 체제에서 리더가 되고 있는 것으로 보인다"라고 지적했던 적도 있다. 김정일 국방위원장의 일정을 관리하고 있는 것으로 여겨지며, 시찰에 수행한 횟수

---

17 최근에 최룡해가 2인자의 위상을 다시 확보한 것으로 분석하는 견해도 있다("北 최룡해, 황병서에 앞서 호명···'2인자' 복귀한 듯", 연합뉴스, 2014년 10월 29일 자). _옮긴이 주

도 최근 수년간 발군이다.

2004년에 한때 실각했던 것은 분파 활동을 했다는 혐의를 받았기 때문이다.

장성택은 그의 아내 김경희金敬姬의 조정으로 2006년에 부활했다. 한국에도 방문해 가라오케로 안내를 받아 취한 상태에서 실언을 했다고 한다. 일본에도 비밀리에 방문한 바가 있다.

경제특구의 책임자

장성택은 2011년 6월 8일과 9일 양일에 걸쳐 북중 국경의 2개소에서 열린 개발 공사의 착공식에 북한 측 대표로서 참가했다. 압록강 하구의 황금평黃金坪(평안북도 신도군薪島郡 소재)과 북부의 경제특구인 라선특별시羅先特別市에서 거행되었다. 모두 북중 경제협력의 상징이다.

북중 간의 경제협력은 '강성대국'으로 이름 붙여진 강국 진입을 목표로 하는 북한의 처지에서 대외적으로 가장 중요한 사업이 된다. 중국 측 매체의 보도에 의하면, 장성택은 라선시에서 열린 기공식에서 "세계적 경제특구로 육성하고, 특히 중국 기업가의 관심을 모으고 싶다"라고 인사말을 건넸다.

즉, 장성택은 김정은의 후견인을 맡고 있는 것 외에 중국과의 경제협력이라는, 북한에서 가장 중요한 과제의 책임자인 것이다.

그렇지만 본인은 북한의 보도에서는 별로 등장하지 않고, 발언 내용은 거의 보도되지 않는다. 과거에 김정일 국방위원장의 역린을 건드려 지방과 한직으로 곤두박질쳤던 경험이 있어서 신중해진 것으로 보인다.

한편으로 장성택에 가까운 사람이 권력 내부에서 연이어 출세했는

데, 리제강李濟剛 당 조직부 제1부부장 등 라이벌로 간주되었던 실력
자는 돌연 사망하거나 좌천된 사례가 두드러진다.

그렇다면 장성택은 도대체 어떤 인물일까?

북한의 덩샤오핑?

필자가 이제까지 파악한 장성택에 관한 단편적인 정보를 종합해보면,
그는 북한 경제의 재구축을 진지하게 고려하고 있는 듯하다.

함께 술을 마신 적이 있는 사람에 의하면, 언제나 정신을 잃을 정도
로 심하게 취해서 "이 상태로는 안 된다. 나라가 잘못된다"라고 몽롱
한 상태에서 말했다고 한다.

또한 그는 2006년에 젊은 경제 분야의 관리와 동행해 중국 남부 지
역을 시찰했던 적이 있다. 그 직전에는 김정일 국방위원장이 같은 경
로를 시찰했다. 김정일 국방위원장의 장남 김정남은 필자의 인터뷰에
답하며, "이때 북한은 진지하게 중국식의 개혁·개방을 도입하려고 생
각했다"고 말했다. 이것은 대단히 중요한 증언이다.

북한이 개혁·개방을 진지하게 검토했을 때, 장성택이 책임자였다
는 것만을 보아도 향후에 그는 기회를 보아서 경제개혁을 향해 움직
일 것임이 틀림없다.

장성택은 김정일 국방위원장의 여동생 김경희와 결혼했지만, 사이
가 좋지 않게 되어 일시 별거 상태에 들어갔다. 지금은 관계를 회복했
다는 소문이 있다.

북한에서 한국으로 망명한, 가장 고위급 인사인 황장엽 전임 조선
로동당 비서는 생전에, "측근들과의 파티 때 취한 김정일이 무슨 이유
에서인지 장성택의 뺨을 휘갈겼다. 다른 측근이라면 '나는 이제 죽었

구나'라는 생각에 다리가 후들거렸을 것이다. 그런데 장성택은 돌아서서 나를 보고 씩 웃더라. 배짱도 있고, 카리스마도 있다"(《조선일보》)라고 말했다고 한다.[18]

또한 황장엽 전임 비서는 일본을 방문한 2010년 4월 중의원衆議院 및 참의원參議院 양원과 가진 간담회 자리에서 김정일 국방위원장에게 어떤 일이 발생한다면 권력은 장성택에게 넘어갈 것이라고도 말했다.

중국에서는 문화대혁명의 혼란기에 세 차례 좌천되었던 덩샤오핑이 중앙 정계에 복귀한 이후, 경제의 개혁·개방을 강한 리더십으로 추진해 오늘날 중국의 번영을 구축했다.

참을성 많게 계속 기다리며 북한의 덩샤오핑을 지향할 것인가? 아니면 김정은 체제를 음지에서 뒷받침하는 구로코黑子[19] 역할로 일관할 것인가?

심화조 사건

한편에서 장성택은 북한에서 일어난 숙정肅正의 장본인이라는 견해도 있다. 이 숙정은 '심화조深化組 사건'으로 불린다.

《동아일보》에서 출판하는 《신동아》라는 잡지가 최초로 이 사건을 공개했다. 1997년부터 북한에서 시작된 것으로 보이며, 김일성

---

18 황장엽 전임 비서는 "북한에서 김정일 외에 자기 사람을 쓰고, 챙기는 유일한 인물이 장성택"이라고 했다(《조선일보》, 2011년 12월 24일 자). _옮긴이 주

19 구로코(黑子)는 원래 구로고(黑衣)를 오용(誤用)한 것으로서 그 이후 관용적으로 사용되고 있다. 일본의 가부키(歌舞伎)나 분라쿠(文樂)에서 검은 복장에 검은 두건을 착용한 배우의 들러리나 무대 장치를 조작하는 자를 지칭하는 말이다. 일반적으로 '막후 조정자' 등의 의미로 사용된다. _옮긴이·주

주석의 사망 이후, 주석파로 간주되었던 고위 간부 약 2만 5000명이 처형되고 추방되었다. 장성택도 관여했다고 한다. 기사에 의하면, 심화조는 '스파이 수색'을 명목으로 사회안전성[20] 내에 설치된 기관이었다. 사회안전성의 간부 15명이 스파이 적발이라는 이유를 내세워 일본의 주민표에 해당하는 문건에 공백이 있는 자에 대한 조사를 시작했다. 사회안전성의 요원 약 8000명도 참가해 약 3년간 활동했다.

'심화조 사건'은 두 단계로 구분된다. 제1단계는 1996~1998년까지이고, 제2단계는 1998~2000년까지이다.

친척이 비료 30톤을 횡령했다는 혐의로 수감되었던 서관히徐寬熙 당 농업 담당 비서는 "남조선의 스파이"이며 "인민을 배고프게 하기 위해서 체계적으로 농업을 망하게 만들었다"라는 이유로 평양 시민 앞에서 총살되었다.

이미 세상을 떠난 사람도 예외는 아니었다. 평양의 애국열사릉에 매장된 김만금金萬金 전임 중앙농업위원회 위원장은 스파이로 간주되어 시신에 총탄이 박혀 들어갔다.

≪신동아≫ 등에서는 "제1단계만으로 3000명 이상이 희생되고, 1만 명 이상의 연고자나 가족이 요덕耀德 정치범 수용소에 보내졌다"라고 지적하고 있다.

제2단계에서 각료 4명을 포함해 전국에서 2000여 명이 처형되고,

---

20 북한의 사회안전부는 대한민국의 경찰청에 해당하는 역할을 수행하는 기관으로서, 그 전신은 '정치보안국'이었다. 1951년 3월 '사회안전성'으로 이름을 고쳤고, 1972년 12월 '사회안전부'로 명칭을 바꾸었으며, 1998년 10월 '사회안전성'으로 개칭되었다가, 2000년 4월 '인민보안성'으로 개편되었다. 그 이후 2010년 4월에 '인민보안부'로 다시 이름이 바뀌어 현재에 이르고 있다. _옮긴이 주

가족과 친척 1만 명 이상이 수용소에 감금되었다.

김정일 국방위원장은 심화조의 활동이 도를 넘었다며, 2000년 초에 국가안전보위부와 인민무력부의 보위사령부 등과 함께 심화조의 간부들을 처형하고 해산시켰다.

장성택은 '위에서 내려온 명령이라면 무자비해지는 인간'이라는 평가도 있다고 한다.

제 3 장

북한의 외교

생존하기 위한 전술

김정일 국방위원장의 유언

김정일 국방위원장이 경제난에 허덕이는 북한을 어떻게든 지탱시킨 것은 '벼랑 끝 외교'였다. 미국과 한국을 상대로 도발과 대화를 교차적으로 행하면서 유엔 무대에서는 동맹국 중국에 책임을 지게 하고, 음으로는 핵과 장거리 미사일의 개발을 착착 진행하는 것이다. 상황에 따라 일본과도 대화하지만, 어디까지나 미국이 요구하기 때문이며 진심은 아니다.

명예가 실추되기는 하지만, 관계국을 마음대로 조종하는 외교력 및 외교 패턴의 교묘함은 인정해야 할 것이다. 아직 구체적인 움직임은 없지만, 김정은 체제가 되어서도 그 기본선은 계속 이어질 것으로 보인다.

향후 북한의 외교를 점치는 데에 참고가 될 수 있는 글을 본 것은 2012년 4월의 일이다.

《주간문춘週刊文春》의 잘 아는 기자로부터 연락을 받았다. 어떤 문서를 입수했는데 볼 생각이 없는가 하는 것이었다. 김정일 국방위원장의 '유언'이라고 했다. 그 기자도 북한 문제에 대해서 상세하게 아는 인물인데, 다른 시각에서 보았으면 하는 것인 듯했다.

김정일 국방위원장은 형식은 어쨌든 유언을 남겼을 것이다. 상세한 내용은 알 수 없지만, '10·8 유훈'은 북한의 매체가 단편적으로 보도하고 있다. 유언이 없다면, 북한과 같은 절대 권력의 국가는 권력자의 사후 방향성을 상실하고 대혼란에 빠진다.

받은 글은 일본어였는데, 외국인이 쓴 것과 같은 부자연스러움이 있었다. 서울에 있는 《주간문춘》의 기자가 어느 사람에게서 입수해 일본어로 번역한 것이었다.

김정일 국방위원장이 친누이동생인 김경희 조선로동당 비서에게 부탁했다는 내용으로, 원문은 없고 청취한 것을 문장으로 옮긴 것이라고 했다.

2011년 10월에 넘기다

일본어 문장만이 아닌 한국어 원문을 받아 읽는 동안, 이것은 어쩌면 진짜일지도 모른다는 생각이 들었다.

내용이 구체적이며, 또한 곳곳에 낯선 고유명사와 이름이 들어가 있다. 만약 팔아먹기 위해 만들어진 위조문서라면 굳이 의미가 명확하지 않은 말은 들어가지 않을 것이다.

또한 이 문서는 북한의 평성리과대학 석사 출신 탈북자인 이윤걸李潤傑 씨가 독자적인 루트를 통해서 입수한 것이라고 한다. 그는 한국의 단체 '북한전략정보서비스센터NKSIS: North Korea Strategic Information Service Center'의 소장을 지내고 있는 유명한 인물이다.

이윤걸은 이 문서가 북한의 정권 중추로부터 얻은 정보이며, 내용은 관계자에게 반복해서 확인했던 것이라고 했다. 입수 루트에 대해서 상세하게 설명해주었다. 군 중추에 가까운 곳으로부터 입수했을 것으로 보였다. 그 이상의 상세한 설명은 굳이 하지 않기로 하겠다.

공개할 가치는 충분히 있다고 생각하고, 해설을 떠맡기로 했다. 이윤걸은 머지않아 세미나를 열어 정식으로 발표한다고 했다. 그럴 정도로 자신이 있는 것으로 보였다. 기자에게 게재를 강하게 권고했다.

일본에서는 그 기사가 ≪주간문춘≫의 4월 19일호에 게재되었다.

잡지 기사가 나온 날과 같은 날인 2012년 4월 12일, 이윤걸은 회견을 열고 내용을 공표했다. '유언'은 2011년 10월 17일에 김정일 국방위원장이 건넨 것이라고 했다.

아들 김정은을 1년 이내에 최고직에 취임시키는 것 등을 요구한 것 외에, 중국이 의장국을 맡고 있는 6자 회담을 이용해 핵보유국이 되었음을 세계에 선보이는 것이나, 중국이 자신들의 국가가 가장 경계해야 할 국가라는 점 등, 외교상의 주요 방침을 열거하고 있다. '유언' 집행과 자금 관리는 친누이동생인 김경희가 한다. 김정일이 누이동생을 김정은의 최대 후견인으로 생각했다는 것을 시사하고 있다.

약 40쪽으로 구성된 '유언'은 대내 정책과 대외 정책으로 나뉜다.

"미국과 심리적 대결에서 반드시 승리할 것", "당당하고 합법적인 핵보유국이 되어, 미국의 영향력을 약화시키고 국제 제재를 해제시키며, 경제 발전을 위한 대외적 조건을 준비할 것"이라고 적혀 있다. 또한 핵과 미사일, 생물화학무기를 끊임없이 발전시킬 것을 요구하고 있다.

"6자 회담을 우리의 핵을 없애는 회의가 아니라 우리의 핵을 인정하고 핵 보유를 전 세계에 공식화하는 회의로 만들어야 하며, 제재를 해제하는 회의로 만들어야 한다"라고 강조했다.

국가 지도자의 유언은 실제로 사망할 때까지 시간이 어느 정도 소요되기 때문에 상세한 내용은 쓰기 어렵다. 가장 중요한 부분만을 선별해 말을 남기는 것이 일반적이다.

이 때문에 이렇게 광범위한 내용이 포함되어 있을 리가 없다는 의견도 있지만, 생전의 김정일이 얼마나 자신의 국가의 장래를 걱정했는지를 전해주고 있는 것으로 보인다.

'선군 사상'을 지켜라

그 내용을 구체적으로 정리하면 다음과 같다.

• **대내 분야**: 유언의 집행은 김경희가 한다. 1년 이내에 김정은을 최고 직책에 취임시킨다. 김정은을 △ 당에서는 김경희, 장성택, 최룡해, 김경옥金慶玉이, △ 군에서는 김정각, 리영호, 김격식, 김명국金明國, 현철해玄哲海가, △ 경제에서는 최영림崔永林, 김찬영, 소원철, 김용호가 책임 보좌한다.

김정남(김정일의 장남)을 배려한다. 그는 나쁜 사람이 아니다. △ 그의 고로苦勞를 없애줄 것, △ 김설송金雪松(김정일의 장녀)을 김정은의 협력자로 할 것, △ 국내 '삼천리 금고'와 2·16호 자금을 김정은에게 이관할 것, △ 해외 자금은 김정 및 리철호와 합의해서 김정은에게 이관할 것.

• **대외 정책**: 선군 사상을 최후까지 지킬 것. 국방을 허술히 하면 대국의 노예가 된다. 핵, 장거리 미사일, 생물화학무기를 끊임없이 발전시켜 충분히 보유하는 것이 한반도의 평화를 유지하는 길이다. △ 미국과 벌이는 심리적 대결에서 반드시 이길 것, △ 당당하고 합법적인 핵보유국이 되어, 미국의 영향력을 약화시킬 것, △ 국제 제재를 풀고, 경제 발전을 위한 대외적 조건을 준비할 것, △ 6자 회담을 잘 이용할 것, △ 중국은 현재 우리와 가장 가깝지만, 앞으로 가장 경계해야 할 국가이다. 김씨 가문에 의한 조국 통일이 궁극적인 목표이다.

중국은 북한을 이용한다

중국에 대한 이중적인 견해는 특히 매우 흥미롭다. 제1장에서 언급한 바와 같이, 북한은 핵실험과 미사일 발사와 관련해 중국에도 그 직전까지 숨겼다.

나아가 김정일 국방위원장의 사망도 즉각 알리지 않았던 모양이다.

김정일 국방위원장은 유언에서 "역사적으로 우리를 가장 괴롭게 했던 국가가 중국"이라고 하면서, "중국은 현재 우리와 가장 가까운 국가이지만 향후 가장 경계해야 할 국가가 될 가능성이 있다"라고 냉정한 인식을 보였다. 역사적으로 중국은 한반도에 반복해서 쳐들어갔다. 나아가 한반도의 국가를 책봉(속국 취급)했다.

전후에는 함께 한국전쟁을 치렀지만, 당시 중국의 지도자인 마오쩌둥은 이 전쟁을 군사 훈련용처럼 이용했으며, 작전을 둘러싸고 북한 측과 마찰을 일으켰던 것으로 여겨진다.

이 전쟁 이후 양국은 군사동맹을 맺었지만, 그 내용은 서서히 형해화되고 있다.

소련과 중국, 연이어 한국과 국교 정상화

1990년 9월에 소련의 외무부 장관인 에두아르드 셰바르드나제Eduard Shevardnadze가 방북해 한국과 국교를 수립한다는 방침을 전했다. 이는 북한에 외교적인 대타격이 되었다.

이에 대해 당시 김영남金永南 외무상은 격노하며, "우리는 핵무기 개발을 급속도로 추진하고 있다. 무엇이 어떻든 핵무기를 완성해 보일 것이다. 소련이 한국과 국교를 수립한다면 우리도 해야 할 행동을 취한다"라고 핵 개발의 결의를 밝혔다.

1992년에는 의지하고 있던 중국도 한국과 국교를 맺어 북한을 낙담시킨다. 그러한 역사에 입각해서인지, 유언은 "중국에 이용되지 않도록 하라"라고 경고하고 있다. 중국 자체가 북한에 불이익을 초래한 국가라는 것이다. 북한이 지니고 있는 심리 상태의 일정 부분을 잘 보여주고 있다.

물론 "진짜라고는 생각하지 않는다"라는 비판도 많다. 이 '유언'에서 '김정은의 측근'으로서 몇 명인가가 지명되었는데, 실제로는 승진하지 않은 인물이 있다. 김정남에 대한 언급이 당돌하고 부자연스럽기도 하다. 북한 중추의 움직임은 '유언'이 유출하는 것과 같은 파벌 투쟁보다는 충성 경쟁이 두드러진다고 하는 견해가 많다고 한다.

그러나 필자가 일본에서 여러 관계자로부터 들은 바로는, 이 유언의 내용 일부가 평양에서는 '유언'으로서 확산되고 있다. 그 진위 여부는 언젠가 밝혀질 것이지만, 북한은 관련 정보가 적은 국가이다. 이 문서의 내용도 함께 실마리로 삼아, 북한의 외교정책을 점쳐 보도록 하겠다.

북미 관계를 가장 중시

새로운 지도자 김정은은 동북아시아의 국가들, 그리고 미국 등과 어떻게 함께 지낼 것인가? '유언'에도 있었던 것처럼 미국을 상대로 한 교섭과 관계 개선을 최우선시하는 것은 변하지 않는다. 대미對美 교섭을 추진하는 데에 중국의 뒷받침을 요구하고, 잘되지 않으면 도발 행동을 일으켜서 주변국을 자극하며 중국을 움직이게 한다. 기본적인 패턴은 이렇게 설명할 수 있다.

김정일 국방위원장의 사망 이후 최초의 외교적 움직임은 예상보다도 일찍, 여전히 북미 간에 일어났다.

김정일 국방위원장이 사망한 직후인 2012년 북한 측이 미국에 대화를 호소했다. 이것에 응해 미국의 글린 데이비스Glyn T. Davies 북한 담당 특별 대표와 북한 대표 김계관金桂冠 외무성 제1차관 간에 협의가 이루어져, 같은 해 2월 29일에 식량 원조를 둘러싼 합의가 이루어졌다.

핵실험과 미사일 발사를 일시 동결하는 대신에 영양 보조 식품 24만 톤의 제공을 받아들이는 것이었다.

이에 대해서 일본을 위시한 주변국은 당혹해하면서도 환영했다.

이에 따라 북한은 도발 행동을 억제하고, 이란과 시리아 문제에 내몰려 있던 미국도 동북아시아에 관여하지 않을 수 있으며, 당분간 미북 관계는 안정되는 것처럼 보였기 때문이다.

그러나 그 합의에서 겨우 2주일 후 북한은 '인공위성'이라고 주장하는 장거리 미사일의 발사를 갑작스럽게 발표했다. 한국 정부의 추정에 의하면 이 발사에 드는 비용은 약 8억 5000만 달러(약 690억 엔)였다. 북한 주민의 약 80%에 해당하는 1900만 명에게 1년간 필요한 식량을 거의 감당할 수 있는 금액이었다. 한국군의 고위 관계자는 발사에 쓰인 재원을 식량 확보로 돌린다면 주민이 6년간 기근 등으로 고통받는 일은 없었을 것이라고 말했다.

한국의 연합뉴스에 의하면, 비용 가운데 발사장 건설에 4억 달러를 할당하고, 장거리 탄도미사일의 개발과 개량 등에 4억 5000만 달러를 사용했다고 한다.

북한은 매년 무기 수출로 1억 달러를 벌어들이고 있는 것으로 추정된다.

군이 발사 강행?

결과적으로 실패로 끝났지만, 왜 미국과 맺은 합의를 간단히 뒤집었던 것일까? 2억 달러로 간주되는 영양 보조 식품의 원조를 빤히 보면서 포기했던 것인가?

이에 대해서는 다양한 견해가 교차했다. 다음과 같이 크게 세 가지로 분석되고 있다.

첫 번째는 내부 분열설로, 합의를 맺은 이후에 강경파가 발사를 강행했다는 것이다.

대화를 통해 긴장 완화를 추진했던 그룹이 일단 미국과 합의하는 데에 간신히 도달했다. 그런데 4월 15일의 김일성 주석 탄생 100주년을 맞이해 후계자 김정은은 국위 발양과 내부 단속을 위해 안팎으로 그 힘을 과시할 필요가 있었다. 이 때문에 강경 노선으로 일관해 교섭을 유리하게 추진하고자 하는, 군을 중심으로 한 그룹이 발사를 강행했다는 분석이다.

군에 관해서 말하자면 김정일 국방위원장 사망 직전에 김정은은 조선로동당 중앙군사위원회 부위원장으로서 전군에 '김정은 대장 명령 1호'를 발동했던 것으로 알려져 있다. 이 명령은 한국 정부 관계자에 의하면, 전군에 "훈련을 중지하고 즉시 소속 부대로 복귀하라"라는 내용이었다고 한다.

이 때문에 김정은은 군을 충분히 통제하고 있는 것으로 보인다. 군의 움직임에는 김정은의 동의가 있었음이 틀림없다.

북한의 군에 관해서는, 김정일 국방위원장의 장남 김정남은 2011년에 필자와 가진 인터뷰에서 "부친은 군을 이용해 권력을 손에 넣었지만, 부친이 군을 더는 통제할 수 없게 되었다"라고 말했던 적이 있다. 김정남의 말을 들은 바, 김정은이 군의 돌출 행동에 애먹었을 가능성도 느껴진다.

미국의 오해

두 번째는 미국 측의 오해가 있었다는 견해이다.

발사는 전년에 이미 결정되어 미국에도 통보되었다. 미국은 이것을 알면서 합의의 세부 사항을 따지지 않고 영양 보조 식품의 지원을 결정했다. 미국이 합의를 서두른 나머지 북한 측의 설명을 잘 듣지 않았다. 혹은 합의했기 때문에 발사는 하지 않을 것이라고 일방적으로 생각했다는 것이다.

그 증거로 2월 29일의 합의는 문서로 남아 있지 않다. 문서화하고자 했을 경우에 합의되지 않을 가능성이 있었던 것이 아닐까 싶다.

합의를 서둘렀다는 것을 보여주는 증거는 더 있다.

양국은 합의 내용을 모아 발표했는데, 그 내용이 서로 달랐다. 예를 들면 핵 개발을 일시 정지하는 기간에 대해서 북한 측은 일방적으로 '성과 있는 회담이 행해지고 있는 기간'이라고 조건을 추가했다. 또한 미국은 플루토늄형 핵무기의 개발을 중단하는 것에 합의했다고 하는데에 반해, 북한은 이 부분의 언급을 피했다. 합의 직후에 이 정도로 말이 다른 것도 부자연스럽다.

게다가 우라늄 농축의 일시 정지와 핵 사찰을 수용하고, 그 반대급부로 24만 톤의 영양 보조 식품을 지원받는다는 북미 합의는, 북한의 TV를 통해서는 전혀 전해지지 않았다.

과거 북한은 미국과 맺은 합의를 마지막까지 지킨 적이 없다. 미사일 발사와 핵실험을 일시 중단한다고 말하면서, 우라늄 농축을 추진하고 '인공위성'으로서 미사일 발사를 강행했다. 합의 내용을 충분히 채우지 않고, 양국 대표가 같은 장소에서 같은 내용을 발표하는 치밀함이 부족했다는 말이 나오더라도 어쩔 수 없을 것이다.

현금 수입

마지막으로 세 번째는 '위성 발사'를 미국과 거래하는 재료로 사용하고자 하는 노림수가 아니었는가 하는 분석이다.

북한이 위성을 발사한 진정한 이유에 대해서 필자는 이 세 번째라고 생각하고 있다. 미사일과 현금을 거래하고자 한 것이다.

핵 개발이 외부에 보이지 않고 갑작스럽게 사용하는 카드라고 한다면, 미사일 발사는 눈에 보이는 형태로 사용하는 외교·경제 카드이다. 멈추게 하기가 대단히 어렵고, 사정거리에 따라서는 미국에 직접 위협을 준다.

북한의 미사일은 파키스탄과 이란에 수출되어, 많은 외화를 획득해 왔다.

1998년에 북한은 대포동 1호를 발사했다. 같은 해 6월 16일 조선중앙통신은 다음과 같은 논평을 전한 적이 있다. 제멋대로이기는 하지만, 속내에 상당히 가까운 말이었다고 생각된다.

미국이 우리를 반세기 이상이나 경제적으로 고립시키고 있는 것에 의해 우리의 외화 획득원은 대단히 제한되어 있고, 미사일 수출은 우리가 어쩔 수 없이 선택한 길이다. 미국이 진정으로 미사일 수출을 저지하기 위해서는 하루라도 조속히 경제 제재를 해제하고 미사일 수출 중지에 의한 경제적 보상을 행하는 길로 나아가야 할 것이다.

이쪽도 하고 싶어서 미사일 실험을 하고 있는 것이 아니다. 필요한 돈만 준다면, 발사하지 않는다고 말하는 듯했다.

그 이후 2000년 10월에 김정일 국방위원장은 방북한 매들린 올브라이트Madeleine Albright 미국 국무 장관에게 "사정거리 500km 이상 미사일(대포동 1호)의 발사 실험을 중단하고, 나아가 미사일 합의에 관한 검증 수단을 보장한다"라고 제안했다. 그 반대급부로서 식량과 에너지의 안정적인 공급을 요구했다.

대가(代價)

그 이후 북한은 더욱 구체적인 요구를 내밀었다. 매년 10억 달러를 3년간에 걸쳐 지원하도록 미국에 요구했던 것이다. 이것은 아닌 게 아니라 과연 미국도 받아들일 수 없었고, 이때의 교섭은 잘되지 않은 채로 끝났다.

성능이 향상되어서 사정거리가 6000km에 달하는 대륙간 탄도미사일ICBM: Intercontinental Ballistic Missile의 개발에 성공해 미국 본토까지 도달하는 능력을 갖게 된 후에 핵탄두의 소형화에 성공한다면, 미국은 북한이 지닌 핵의 사정권에 들어가 버리게 된다. 기술적으로는 어려운 측면이 많지만, 체제 생존을 건 북한은 착착 '미국 본토에 도착하는 미사일' 개발을 추진하고 있음이 틀림없다.

대포동 1호는 사정거리가 1600km이며, 2009년 4월에 발사한 대포동 2호 미사일은 3200km 지점까지 날아간 것으로 여겨진다.

2000년에 미사일을 포기하는 대가로서 30억 달러라는 거래를 요구했으므로, 이번에는 사정거리가 길다는 점에서 그 몇 배를 요구할지도 모른다. 미국의 영양 보조 식품 원조는 2억 달러의 가치가 있다고 하는데, '인공위성' 발사로 이 2억 달러가 날아가 버려도 아프지도 가렵지도 않은 것이다. 이렇게 생각해보면 언뜻 보기에 엉뚱한 것처럼 여겨지는 북한의 행동도 이해할 수 있다.

안보리에서의 논의와 중국의 행방

북한의 명확한 도발 행위는 그 상태로 유엔의 무대로 옮겨져서, 국제사회가 말려들게 되는 논의로 발전한다. 북한이 '인공위성'이라고 주장하며 2012년 4월에 미사일을 발사한 후에도 유엔안보리가 소집되었다.

안보리는 미국 뉴욕에 본부가 있는 유엔의 주요 기관 가운데 하나에 지나지 않지만, 가장 큰 권한을 갖고 있고 사실상 최고 의사 결정기관이다. 국제적인 분쟁이 일어날 경우 5개의 상임이사국[1]과 10개의 비상임이사국[2]이 협의해 대응을 결정한다.

국제문제는 입장에 따라 생각하는 방식과 견해가 전혀 다르다. 상임이사국 중에는 분쟁 당사국과 정치적·경제적 관계를 맺고 있는 국가도 있다. 이 때문에 유엔안보리에서 벌어지는 협의는 각국이 온갖 수단을 사용해 자국에 유리한 결론을 도출하고자 분주히 뛰어다니는 것이 된다.

북한이 도발 행위를 하게 되면 반드시 중국이 소방수 역할을 할 것이 기대된다.

북한이 '인공위성'이라고 일컫는 미사일을 발사한다고 발표한 후에도 중국에 영향력을 발휘하도록 요구하는 국제사회의 목소리가 이어졌다.

2012년 4월 9일, 미국 국무부의 빅토리아 뉴런드Victoria Nuland 대변

---

1 2014년 현재 미국, 영국, 프랑스, 러시아, 중국이다. _ 옮긴이 주
2 2014년 현재 대한민국, 르완다, 아르헨티나, 오스트레일리아, 룩셈부르크, 토고, 모로코, 아제르바이잔, 과테말라, 파키스탄이다. _ 옮긴이 주

인은 기자회견에서, 장거리 탄도미사일 발사를 저지하고자 "중국이 계속해서 영향력을 행사하는 것을 기대하고 있다"라고 논하며, 북한을 설득하기 위해 적극적으로 행동해줄 것을 요구했다.

같은 해 5월 3일에 베이징에서 개최된 제4차 미중 전략·경제대화에서 힐러리 클린턴Hillary Rodham Clinton 국무 장관은 전월前月에 행해진 북한의 장거리 미사일 발사 실패를 외부 세계에 대한 위협이라고 표현하면서 중국의 노력을 요구했다.

2012년에 미사일을 발사한 후 열린 유엔안보리 협의에서는 중국의 저항이 예상되었고, 난항하게 될 것이라는 견해가 주류였다. 북한에서는 바야흐로 새로운 체제가 시작되어서 체제가 아직 안정되지 않았다. 중국은 북한에 압력을 가하는 사태를 피하고자 하는 것이 틀림없었다.

미국과 일본은 공식 무대에서는 북한을 비난하는 결의를 지향하는 자세를 보였지만, 현실적으로는 구속력이 없는 '의장 성명'으로 끝날 것이라는 견해가 나왔다. 일본 외무성의 간부도 기자들에게 "유엔안보리에는 유엔안보리의 논리가 있다. 반드시 모두가 기대하고 있는 것과 같은 결과가 되지는 않는다"라고 기대치를 내리는 듯한 발언을 했다.

예상외의 규탄 성명

그 예상은 절반은 적중했고, 절반은 빗나갔다.

같은 달 16일, 유엔안보리가 발사를 강력하게 규탄하는 의장 성명을 채택했다. 발사한 지 겨우 4일 후라는 신속함이었다. "과거 2회의 유엔안보리 결의에 위반된다"라고 명기했고, 아울러 기존 결의의 제재 대상을 확대할 것도 제기했다.

북한이 추가로 도발할 경우에는 즉시 유엔안보리가 열리고 결의안과 의장 성명 등 제재 조치가 논의된다.

중국은 애초에 이 '트리거(방아쇠)' 조항을 포함하는 미국의 제안을 "수용하지 않는다"라고 딱 잘라 거절했지만, 토요일인 14일 오후에 깨끗이 동의했다.

중국의 양제츠楊潔篪 외교부장은 이날 한국의 김성환金星煥 외교통상부 장관과 한 통화에서, "우리는 북한에 대해서 위성을 발사하지 않도록 설득했지만, 북한이 발사한 것은 유감"이라고 하며 "유엔안보리에서 어떤 종류의 조치가 필요하다고 하는 것에 공감한다"라고 논해, 북한에 대한 불쾌감을 드러냈다.

한국의 ≪동아일보≫는 유엔의 외교 관계자들이 중국의 이러한 태도 변화에 대해서, "이 기회에 북한에 예방주사를 주입해야 한다고 생각하는 모양이다"라고 분석한 것으로 게재했다.

아무래도 중국은 김정은의 북한에 대해서는 이제까지와는 다른 자세로 임하고자 하는 듯하다.

5개의 '아니오(No)'

중국이 한반도에 바라는 제1차 목표는 '안정', 즉 현상 유지status quo이며, 중국의 실리이다. 그 때문에 '북한이 했다'라는 확신이 있더라도, 그렇게 말하지 않고 북한의 체면을 유지시키는 경우가 많다. 중국식의 외교술이지만, 순서로 보면 이해하기 어려운 것도 있다.

2010년 3월에 일어난, 한국군 초계함 '천안함' 침몰 사건은 그 전형이다. 각국이 북한을 비난하는 가운데 중국은 마지막까지 애매한 자세로 일관했다. 부친에게서 아들에게로 국가권력을 세습하는 것도 공산당 이념에는 합치하지 않는다. 과거 김일성으로부터 김정일에게로 권력을 이양하는 것을 중국 지도부에서는 간접적으로 반대했으며, 그것이 김정일 시대에 대중對中 관계가 삐걱거린 원인이 되었다.

중국의 북한 정책에 대해서 한국의 전문가는 '5개의 No'라고 표현한다.

구체적으로 ① 안정No instability, ② 붕괴 방지No collapse, ③ 비핵화 No nukes, ④ '이민 유입' 방지No refugees or defectors, ⑤ 갈등 완화No conflict escalation이다.

중국은 국제사회의 기대를 잘 알고 있지만, 바로 움직이려 하지 않는다. 분명하지 않은 태도를 계속 취하면서, 한편으로 북한 측과 직접 대화하는 무대에서는 국제사회의 우려를 전하고 결코 공공연하게 알리지 않는다.

다국 간 정상에 의한 협의 무대에서도 북한에 대한 비판에는 쉽게 동조하지 않는 것이 일반적이다. 그러한 방법이 북한 문제를 다루는 데에 가장 마찰이 적다는 것을 충분히 인식하고 있기 때문이다.

2012년 4월의 미사일 발사와 관련해서도 같은 행동 패턴을 보였다.

관마의 의미

중국의 외교 당국은 당초 미묘한 표현으로 답했다. 류웨이민劉爲民 대변인은 4월 10일과 12일의 발사에 관해서 다음과 같이 발언했다.

중국 측은 사태 전개에 대해서 반복해 관심과 우려를 표명해왔다. ······ 각국이 대국大局에서 출발해 냉정과 자제를 유지하고 관계된 국제법을 확실히 준수하며 반도의 긴장된 정세가 이 이상으로 격화되지 않는 것을 희망한다(10일).

북한이 위성 발사를 발표한 문제에 관한 중국 측의 입장은 변경이 없고, 중요한 것은 대국大局에 착안해 냉정하게 자제하고 이 지역의 평화와 안정을 공동으로 지키는 것이다. ······ 중국의 전문가가 북한에 가서 시찰하는 것은 현시점에서는 듣지 못했다(12일).

10일의 발언에서는 일부러 국제법을 언급하고 있다. 우주 이용의 공평함을 정한 「우주법」에 따른 발사를 주장하는 북한에 일정한 이해를 보이는 것도 살펴볼 수 있다.

12일의 발표에 있는 '시찰'은 중국어로는 '관마觀摩'라는 특별한 용어가 사용되고 있다. 이것은 과학기술 등을 일정한 지위에 있는 사람이 공부도 겸해서 본다는 의미이며, 발사된 것은 인공위성이라고 하는 언외言外의 의미가 들어가 있다.

나아가 대변인의 발언에는 유엔안보리 결의 위반에 관한 언급이 전혀 없다. 일단 발사에는 반대하는 자세를 보이지만, 한편으로 북한의 편을 확실히 들고 있다.

우려는 양국 간에 전해진다

미사일 발사 후에 행할 것으로 간주된 핵실험을 저지하기 위해서 중국 측은 그 나름대로 노력했다. 이 문제는 주변국을 자극하고 핵무장론의 기세를 올려, 자국의 안전보장에도 직접적인 영향이 미치기 때문일 것이다.

후진타오 국가주석은 북한의 김영일金永日 조선로동당 비서(국제부장)와 4월 23일에 베이징에서 직접 만났다. 이때 당시 양국의 보도 양태에서 그 '노력'을 엿볼 수 있다.

미사일 발사에 실패한 직후라는 것만으로도 어떤 말이 나왔는지 주목을 끌었다. 보도에 한정해서 보면, 미묘한 문제에 대해서는 무엇도 언급하지 않았다.

그러나 김영일 비서는 시종 굳은 표정으로 회담 자리에서 뭔가 편지 같은 것을 읽었다. 그것이 김정은의 친서였다는 견해도 있다. 친서를 통해서 김정은의 조기 방중을 타진했던 것은 아닌가 하는 것이다.

북한의 조선중앙통신에 의하면, 이 자리에서 후진타오 총서기는 앞으로도 중국은 "전통을 계승하고 미래 지향적이며 선린 우호, 협력 강화"의 정신에 기초해, 북중 우호 관계의 발전을 위해 노력할 것이라고 강조했다. 이것은 언제나 하는 상투적인 어구이다.

나아가 "김정일 총비서 동지와 가진 회담과 대면을 통해서 쌍방은 각 분야에서 교류와 협력, 국제문제에 대한 의사소통을 강화한다는 중요한 공동의 인식에 도달했다. 김정일 총비서 동지가 전통적인 북중 우호의 강화, 발전에 쌓아온 업적은 끝없이 빛날 것이다"라고 우선 부친의 업적을 높게 평가하고 있다.

굳이 '국제문제'라고 일반적인 용어를 사용하고 있는데, 이는 중국 측에 함의가 있다고 보아야 할 것이다.

국제적으로 관심을 갖고 있는 문제, 즉 '핵과 미사일'에 대해서 의사소통한다고 약속했었는데, 실현되지 않았다. 우리는 앞으로도 북한으로 하여금 의견을 말하게 하겠다는 신호signal일 것이다.

경제 재건을 추구하다

나아가 후진타오 주석은 "김정일 동지의 유훈을 따라 조선 인민이 김정은 동지를 수반으로 하는 조선로동당의 주위에 굳게 단결하고, 사회주의 강성국가의 건설로 성과를 거두는 것에 대해서 기쁘게 생각한다. 김정은 동지의 지도 아래 북한의 당과 정부, 인민이 끊임없이 새로운 성과를 거둘 것이라고 확신한다"라고 말했다. 여기에서 '새로운 성과'란, 에둘러서 경제의 재건을 요구한 것이라고도 말할 수 있을까?

또한 '고위급의 왕래와 당 간의 교류를 유지해간다'라고 호소하며, 방중에 응하는 자세를 전했다.

이 회담에 대해 화교를 대상으로 하는 통신사인 중국신문사中國新聞社에서는, 후진타오가 "한반도의 지속적인 평화와 안정을 유지하고 동북아시아의 항구적인 평화를 실현하기 위해 함께 발전하고 노력을 게을리하지 않도록 하자"라고 논했다고 전했다.

북한 측 보도에는 없었던 표현으로, 북한이 준비를 추진하고 있는 핵실험을 견제한 발언으로 보인다. 양국 사이에 긴장된 심리전이 벌어지고 있다고 보아야 할 것이다.

후진타오는 한국에 대해서도 자신의 생각을 솔직히 말한 모양이다. 한국의 연합뉴스에 의하면, 핵안보정상회의에 출석하기 위해 4월 26일에 서울에 도착한 중국의 후진타오 주석은 같은 날 한국의 이명박 대통령과 회담했다. 한국 매체는 북한의 장거리 탄도미사일 발사에 대해서 후진타오 주석이 "포기하도록 북한에 계속 요구했다고 말했다"라고 보도했는데, 중국 매체는 "중국은 한반도 긴장 완화의 방향성을 역전시키는 것을 바라지 않는다"라고 간단히 전했다.

중국 측은 상황에 응해 북한 측에 핵실험에 관한 우려를 전하고 있다. 그것은 공식 보도에는 전재되지 않고, 중국 측은 한국 측에 자신들의 노력을 넌지시 전하고 있다.

외교 무대에서의 대화는 공개하지 않는다

중국은 외교상 사회주의국가와 맺은 관계를 가장 중시하고 있다. 모든 공작 보고와 업무 보고에서 사회주의국가와의 관계 발전과 관련된 실적을 우선적으로 언급하고 있다.

또한 당대회가 폐막된 이후 대회에서 논의한 결과를 같은 사회주의국가에 직접 보고하기 위해 정부의 지도부가 방문하고 있다.

예를 들면 2007년 10월 중국공산당 제17차 당대회가 폐막된 직후, 중국공산당은 두 명의 중앙정치국 위원을 북한, 베트남, 라오스, 쿠바에 파견했다.[3]

이와 같은 관행은 북한에도 있다. 2010년 9월, 조선로동당의 전국당 대표자회가 44년 만에 개최되었다. 폐막 이후 조선로동당 정치국원 겸 비서인 최태복이 방중했다. 대표자회의 결과를 보고했던 것으로 보인다.

또 한 가지, 상대 국가에 대한 불만을 서로 공개하지 않는 것도 불문율이 되고 있다. 북중 간의 회합과 협의에서 어떤 의견 차이도 기본적으로는 외부에 밝히는 일이 없다. 밀실 안에서 논의는 끝난다.

쌍방에서 발표문이 나오는 경우, 미묘한 표현의 차이 때문에 회담의 핵심을 추측하는 길 외에는 다른 방도가 없다. 또 한 가지는 지도

---

3 당시 중국공산당 중앙정치국 위원 및 선전부장 류윈산(劉雲山, 현임 당 중앙정치국 상무위원)이 북한의 평양을 방문했다. _옮긴이 주

층 간 상호 방문의 빈도수 변화를 지켜보는 것이다.

소원해진 북중 관계

김정일 국방위원장의 사망 이후, 북한과 중국 사이에서는 고위급 간의 교류가 상당히 드물어지고 있다.

양국 간의 냉담한 분위기는 2012년이 되어서도 계속되었다. 김정일 국방위원장의 사망에 대해서 중국은 그 나름대로 극진한 대응을 했지만, 북한 측은 불만이었던 듯하다. 중국 측이 몇 차례인가 고위급을 평양에 파견하겠다는 의향을 전했지만, 북한 당국은 받아들이지 않았다고 한다.

간신히 중국의 푸잉傅瑩 외교부 부부장이 2012년 2월 하순에 북한을 방문하고 식량 지원 외에 핵 문제에 대해서 협의했다.

한국과 일본의 보도에 의하면, 중국은 리자오싱李肇星 전임 외교부장을 특사로서 파견할 의향을 밝혔지만, 북한 당국은 "시기가 별로 좋지 않다"라며 거절했다고 한다.

5월에 들어서 리자오싱 전임 외교부장은 중국의 국제 교류 단체 회장으로서 결국 북한을 방문했다. 그렇지만 김정은 제1비서와는 만나지 못하고, 8월에 북한의 2인자인 김영남 최고인민회의 상임위원장과 회담했다. 구체적인 내용은 명확하지 않지만, 리자오싱은 북한이 준비를 추진하고 있는 것으로 간주되는 핵실험에 대해 강력한 우려를 표명하며 자제를 촉구한 것으로 보인다.

북한은 중국의 간섭 같은 행동에 관계를 소원하게 하는 방법을 통해 대항하는 일이 자주 있다. 그 후에도 북한은 중국의 어선을 나포하고, 김영남 최고인민회의 상임위원장이 인도네시아와 싱가포르를 방

문해 협력 강화를 도모하는 등, 중국에 보란 듯이 하는 것처럼 생각될
수도 있는 행동을 계속했다.

중국을 두려워하고 싫어한다

김정일 국방위원장은 사회주의를 내세우면서 경제 발전을 계속하고
있는 중국을 자주 방문해 경제 시찰을 하고 중국의 성공을 축복했다.
상하이의 발전에는 '천지개벽'이라는 웅장한 표현까지 사용했다.

그러나 마음속으로는 중국의 행동 방식에 비판적이었다. 탈북 시인
으로『내 딸을 백원에 팝니다』의 작가로서 일본에도 알려져 있는 장
진성張眞晟은 김씨 패밀리의 동향을 자신의 눈으로 볼 기회가 있었다.
그 경험을 기초로 최근「김정일 국방위원장은 미국보다 중국을 두려
워하고 있다」는 글을 한국의 정치 관련 전문 사이트에 발표했다.

그에 의하면, 김정일 국방위원장은 김일성 주석에게 중국이 싫어하
는 타이완과의 관계 정상화를 강력하게 주장했다고 한다.

그 이유는 평양이 반대했음에도 중국이 서울 올림픽 참가를 선언했
던 것과 1992년에 한국과 외교 관계를 맺은 것이었다. 김정일 국방위
원장은 부친에게 "중국이 하는 것을 우리가 왜 참아야만 합니까?"라고
불만을 표명했고, 공개 석상에서 김씨 부자는 격렬하게 논쟁했다. 이
것은 북한의 간부들 사이에서는 널리 알려진 사실이라고 한다.[4]

---

4 2013년 12월 장성택 조선로동당 행정부장이 숙청된 이후 북한 각지에서 고위직
   간부들에 대한 '사상 교육'의 일환으로 "일본은 100년의 숙적(宿敵)이며, 중국은
   1000년의 숙적이다"라는 내용의 교시(教示)가 김정은 조선로동당 제1비서에 의
   해 제시되어 하달된 것으로 알려져 있다"김정은 씨 잠복 중에 간부 12명 처형,
   납치 재조사 가일층의 정체도(金正恩氏潜伏中に 幹部12人処刑 拉致再調査, 一層

김정일 국방위원장이 중국을 위협적인 존재로 의식하는 이유는 "같은 사회주의이면서 개혁·개방의 성공 모델"이며 "더욱 정확하게 설명하자면, 300만 명을 아사시킨 폐쇄 정치와 계속 발전하는 이웃 나라인 중국을 본다면 북한 주민들이 비교 의식을 갖게 되기 때문이다"라고 적고 있다.

탈(脫)중국의 동향

북한 정부의 간부도 중국 정부에 불신감을 품고 있다. 한국에 망명한 외교관 고영환高英煥은 "(중국을) 우리의 뒷배라고 믿고 방심하고 있지만, 그렇게 되면 등에 칼을 맞을지도 모른다"라는 북한 외상의 말을 자신의 저서에서 소개하고 있다.

이러한 불신감을 배경으로 북한은 중국에 대한 의존도를 줄이려는 노력도 하고 있는 모양이다. 미국 의회조사국의 북한 경제 전문가인 딕 낸토Dick K. Nanto 박사가 최근 미국에서 낸 보고서에 의하면, 북한은 2010년에 인도에서 3억 3000만 달러 규모, 이집트에서는 2억 6500만 달러 규모의 석유를 수입했다(한국 연합뉴스).

북한이 양국에서 구입한 석유는 중국에서 수입한 양(4억 7900만 달러 규모)을 상회한다. 또한 2006년의 핵실험 이후 중국은 북한에 대한 원유 수출을 중지하고 간접적인 경고를 한 것으로 보인다.[5]

の停滞も…)", ≪産經新聞≫, 2014年 10月 21日 字. _ 옮긴이 주

5 중국은 2010년부터 2012년까지 매년 52만 톤 규모의 원유를 북한에 수출했으며, 2013년에는 57만 톤 규모로 늘렸다. 그런데 한국무역협회가 중국 해관총서(海關總署)의 자료를 바탕으로 작성한 통계에 따르면, 2014년 1월부터 6월까지 중국은 북한에 대해서 수출한 원유 실적이 전혀 없는 것으로 알려졌다("중국, 올 상반

또한 북한 당국은 최근 방북한 일본의 저널리스트에게 경제의 자립을 도모하고자 노력하고 있다는 것을 설명했다.

그 설명에 의하면, 북한은 자국 맥주의 생산 확대를 추진함으로써 시장 점유율 90%를 달성해, 과거 주류였던 중국산 맥주를 사실상 퇴출시켰다. 이 밖에 평양의 양말 공장은 여성용 양말 1000만 개를 연간 생산하고, 2011년 중에 2000만 개 생산 체제로 확충되었다. 소비재의 생산량은 전년 대비 20% 증가를 달성했다고 한다.

미국의 대북 정책

북한의 미국을 상대로 한 외교 자세를 간단하게 말하자면, "한국에 군을 진주시키고 있는 미국과 평화조약을 체결해 국교를 수립하고, 군사 공격의 위협을 없애는" 데에 진력하는 것이라고 할 수 있다.

항상 교섭의 최우선 과제는 미국과 대화하는 것이다. 이를 위해서 중국을 중개역으로 이용한다. 움직이지 않는 경우에는 한국을 위협하고, 간접적으로 미국을 대화에 응하게 만든다.

그렇다면 미국은 북한을 어떻게 보고 있을까?

미국은 북한과의 간접 대화에 잘 응하지 않는다. 버락 오바마Barack Obama 정권이 되면서부터 그 경향은 갈수록 현저해졌다. 과거에 북한과 대화할 때마다 배신당했던 트라우마가 있기 때문이다.

2012년 2월에 북한과 미국이 영양 보조 식품 지원에 합의했지만, 북한 측이 인공위성을 발사해 합의가 깨졌던 것은 그 전형이다.

기 대북 원유 수출 전혀 없어", ≪미국의 소리(VOA: Voice of America)≫, 2014년 7월 24일 자I. _옮긴이 주

북한의 배경에는 중국이 있다는 것도 영향을 미치고 있다. 최악의 상황이 되기 전에 중국에 압력을 넣으면 중국이 무언가를 해줄 것이라는, 그러한 기대감이 있음이 틀림없다.

미국 공격 직전

1994년에 북한과 미국이 전쟁의 벼랑 끝까지 말했던 것은 잘 알려져 있다. 『두 개의 한국(The Two Koreas)』(돈 오버도퍼Don Oberdorfer 지음)에서는 그 경위를 미국의 관계자와 기밀문서를 통해 친절히 설명하고 있다.

북한은 핵 개발에 대한 국제적 비판에 반발해 「핵확산금지조약NPT: Non-Proliferation Treaty」에서 탈퇴한다고 선언하고, 플루토늄을 추출하기 위한 원자로에서 사용이 끝난 핵 연료봉을 빼내는 작업을 계속했다.

국제원자력기구IAEA: International Atomic Energy Agency에서는 북한의 행동에 항의해 유엔안보리에 엄정한 내용의 권고를 제출했다. 이에 대해서 북한은 "유엔에 의한 제재는 전쟁을 의미한다"라고 위협하는 등 대립은 격화되었다.

그해 6월에 빌 클린턴Bill Clinton 대통령은 김영삼 대통령에게 전화해 북한에 대해 공중폭격을 시행하겠다는 방침을 전했는데, 김영삼 대통령이 강하게 반대해 실현되지 못했다.

미국 국방부에서는 베트남과 페르시아 만에서 얻은 경험에 기초해 한반도에서 전면 전쟁이 일어날 경우의 피해를 계산했다. 사망자는 약 100만 명, 그 가운데 미국인도 8만~10만 명에 달했다. 미국이 자체적으로 부담하는 비용은 1000억 달러를 넘는다고 되어 있었다. 그런데도 백악관에서는 북한의 위협이 거대하다는 점을 감안해, 무력 공격을 하는 방향으로 최종 조정이 진행되었다.

6월 16일, 평양에 있던 지미 카터Jimmy Carter 전임 대통령이 백악관의 클린턴 대통령에게 흥분된 목소리로 전화해왔다. 김일성 주석이 카터에게 핵 개발 계획을 동결하고 국제 사찰단을 국외 추방하지 않는다고 전했다는 보고였다. 카터는 그 반대급부로서 미국이 유엔 제재를 요구하는 움직임을 멈추어야 한다고 진언했다.

'악의 축', '테러 국가'

이에 백악관에서는 미국 정부의 움직임에 역행한 카터의 행동에 대해서 "배신에 가깝다"(『두 개의 한국』)라는 비판이 끓어올랐다. 그렇지만 카터는 CNN을 통해서 김일성과 회담한 내용을 전 세계에 전해버렸다. 최종적으로는 카터의 제안을 수정한 형태로 북미 합의가 성립되고, 북한에 대한 공중폭격은 무산되었다.

조지 W. 부시George W. Bush 대통령(재임 2001~2009년)은 탈북자의 수기手記를 읽고 북한의 인권 문제에도 깊은 관심을 보였다. 애초에는 강경 자세로 임했다. 북한을 '악의 축', '테러 국가' 등으로 지명하고 비판했던 적도 있다.

미국 정부는 2005년 말부터 2006년에 걸쳐서 마카오의 은행인 방코델타아시아BDA: Banco Delta Asia의 북한 관련 계좌를 동결했다. 이것은 '북한의 핏줄', 즉 자금의 흐름을 억누를 경우에 북한 체제의 힘을 약화시킬 수 있을 것으로 내다보았기 때문이다.

미국은 과거에 이란과 세르비아에 대해서도 금융 제재를 과했던 적이 있다. 이란에 대해서는 미국 뉴욕 지방재판소가 각 은행에 보유하고 있는 계좌를 동결하고 계좌의 상세 정보를 공개하도록 요구했다.

또한 미국 정부는 원유 수입 등으로 이란과 거래했던 외국 금융기관을 미국 금융시장에서 퇴출시키는 대對이란 금융 제재 조치를 2011년 말에 결정했다.

북한에 대한 금융 제재는 북한 측의 강한 반발을 초래했지만, 결정적인 타격을 주지는 못했다.

미국이 공격할 수 없는 다섯 가지 이유

2006년 10월 9일의 북한 핵실험 이후, 미국은 대對북한 정책을 대폭적으로 재검토하고, 2008년에는 미국의 테러 지원 국가 리스트에서 북한을 제외해버린다.

오바마 대통령은 북한의 행동에 대해서 "규칙 위반은 처벌해야만 한다. 북한은 안전과 존경을 무기를 통해서 얻을 수 없다는 것을 알아야 한다"라고 논했던 적이 있다. 또한 2012년에 북한이 주변국의 비판에도 불구하고 미사일을 발사했을 때에는 "북한에 압력을 계속 가한다"라고 말했다.

그러나 이번에는 북한에 대한 물리적 공격을 언급하지는 않았다.

과거에 미국의 대북 정책은 동요해왔다. 크게 나누자면 경제 제재의 강화와 경제 지원의 두 가지였는데, 그 어떤 방법으로도 북한에 의한 핵 확산을 저지하지 못했다. 강경과 융화 사이에서 동요했던 과거의 교훈으로부터 오바마 정권은 '전략적 인내'를 기본자세로 하고 있다.

앞으로도 명확한 원칙은 세우지 않고, 상황에 맞게 대응하게 될 것이다.

그렇다면 미국은 왜 북한을 공격할 수 없는가? 그 이유는 다음과 같이 다섯 가지가 있다.

① 북한의 군사력이 아직 직접 미국을 위협하지 않는다.

② 북한이 공격에 반발해 미사일을 발사할 경우 방어 시스템이 완벽하다고 말할 수 없고, 또한 방어하기 어렵다.

③ 지상전이 될 경우 일본과 한국의 미군 기지가 큰 피해를 받을 가능성이 있다.

④ 전비戰費와 인적 손해가 막대할 뿐만 아니라 본국에서 멀리 떨어진 아시아에서 전쟁을 벌일 여유가 없다.

⑤ 한반도에서 전쟁을 바라지 않는 중국의 바람을 무시할 수 없다.

미국과 중국의 서로 다른 우선순위

미국과 중국은 표면적으로는 한반도의 평화와 안정, 비핵화라는 목적을 공유하고 있지만, 이러한 목적의 실현에 각각 서로 다른 우선순위를 설정하고 있다.

미국 외교문제평의회CFR: Council on Foreign Relations 선임연구원senior fellow인 스콧 스나이더Scott A. Snyder[6]는 부인이 한국인으로, 그 자신도 한국어를 어느 정도 구사할 수 있다. 인맥도 넓고 북한 문제에서는 미국 정부의 자세를 잘 이해하고 시야가 넓은 분석을 하는 인물이다. 개인적으로도 신뢰할 수 있는 사람이다.

스나이더에 의하면, 1990년대 이래 미국과 중국은 6자 회담의 발족, 2006년의 핵실험에 대한 대응 등을 둘러싸고 협조해왔다. 그렇지만 2009년 5월에 북한이 핵실험을 한 이래, 중국은 대對북한 관계의 전략

---

6 북중 관계에 대한 주요 연구로 *China's Rise and the Two Koreas: Politics, Economics, Security*(Lynne Rienner Publishers, 2009) 등이 있다. _ 옮긴이 주

적 가치를 중시하게 되었다. 중국은 경제협력을 북한의 단기적인 안정을 유지하는 수단으로 보고 있는데, 장기적인 변화를 잠재적으로 촉진하는 수단으로서도 보고 있다. 비핵화를 향한 대미 협조를 뒤로 미루고, 북한의 안정을 중시했다고 말해도 좋을 것이다.

대조적으로 미국은 북한의 비핵화를 최우선 과제로 삼고, 이를 위해서 필요하다면 체제 전환책을 취하는 것도 불사한다는 자세이다. 쌍방의 정책은 서로 섞일 수 없을 정도로 차이점이 크다.

이러한 차이는 2011년 1월에 발표된 미중 공동성명에 단적으로 나타난다. 동 선언에서는 "성실하고 건설적인 남북 대화"를 요구하고, 6자 회담이 재개될 경우에는 우라늄 농축 문제를 의제로 삼아야 한다고 하며, 한반도 비핵화가 양국이 공유하는 이익이라는 점도 재확인했다.

그러나 북한을 둘러싼 과거의 유엔안보리 결의 1718호와 1874호에 대한 명확한 언급은 없고, 핵 비확산에 대한 구체적 방책은 들어가지 않았다.

상하이 퉁지대학同済大學의 아시아태평양연구센터 한반도연구실 주임인 추이즈잉崔志鷹도 2010년에 출판된 저서 『한반도: 다양한 시각·전방위적 묘사와 분석(朝鮮半島: 多視角全方位的掃描剖析)』에서 한반도에서 양보할 수 없는 중국의 이익(핵심 이익)으로서 ① 한반도 비핵화, ② 북한 정권의 생존 및 안정, ③ 북중 국경의 불안정화 회피, ④ 한반도에 대한 영향력 유지를 들었다.

한편 미국이 한반도에서 중시하는 핵심 이익은 ① 한미 동맹의 유지와 평화 안정, ② 북한의 무기 확산 방지, ③ 북한의 군사력을 억지하고 전쟁의 위험을 감소시키는 것이었다.

중국은 북한의 안정을 도모하면서 비핵화를 위해 노력한다. 미국은 북한이 대량 파괴 무기를 확산시키는 것을 방지하는 데에 역점을 두고 있으며, 미국과 중국은 향하는 방향이 다르다는 것을 명확하게 지적하고 있다.

높아지는 한국 비판

북한은 한국의 이명박 대통령에 대해 비판하는 정도를 늘려왔다.

북한의 조선컴퓨터센터KCC: Korea Computer Center에서 2004년부터 운영하고 있는 포털 사이트인 '내나라'는 한국어로 '우리나라'라는 의미이다.

이 사이트의 일본어 페이지에 "이명박의 별칭"이라는 주제의 기사가 게재되었다.

"남조선의 집권자라고 불리는 이명박에게는 별칭이 상당히 많다. 정권을 장악한 지 4년간 이명박이 범한 수많은 죄악의 소산이라고 말할 수 있다"라고 쓰고, 그의 별명을 다음과 같이 열거하고 있다.

새빨간 거짓말쟁이, 인식 기능장애자, 둔갑술의 베테랑, 특급 사기꾼, 사기꾼, 전과자, 철면피의 악한, 특급 사대주의적 매국노, 미국의 앵무새, 미국의 핵전쟁 앞잡이, 미국의 식민지 주구, 정치의 초보도 알지 못하는 문외한, 지능 지수가 2MB밖에 안 되는 미숙아, 바보 대통령, 무지한 대통령, 정치의 괴물, 도둑, 부동산 투기꾼, 부정부패의 원흉 등이다. 2MB는 이명박 대통령이 영어로 'MB'라고 약칭되는 것을 풍자한 것이다. 2와 이는 발음이 같다.

최후에는 "이명박에게 최후의 심판이 내려질 날은 멀지 않다"라고 매듭짓고 있다.

이 정도로 노골적이지는 않지만, 북한의 공영 매체도 마찬가지로 이명박 대통령을 비판하고 있다.

이명박 대통령은 2010년에 일어난 한국 초계함의 침몰, 연평도에 가해진 포격에 대해서 북한에 사죄를 요구했고, 북한의 핵 포기도 일관되게 요구하고 있다. 그러한 자세에 대한 초조함일 것이다. 이명박 대통령 시대에는 남북 관계에 커다란 진전은 없을 것 같다.

박근혜와 북한

한국에서는 2012년 말에 대통령 선거가 있다. 현 단계에서 당선이 유력한 사람은 새누리당(옛 한나라당)의 박근혜朴槿惠 전 대표로 보인다. 박정희朴正熙 대통령의 장녀로 지난번 당내 경선에서는 전임 서울시장인 이명박에게 패했지만, 2012년 4월의 제19대 국회의원 선거에서는 이명박 대통령과 거리를 두는 전술로 야당에 신승했다. 박근혜는 가장 유력한 차기 대통령 후보[7]이다.

박근혜는 2002년 5월에 평양을 방문하고, 한반도의 평화적 통일을 지향하는 「6·15 남북 공동선언」(2000년의 남북 정상회담에서 체결)을 지지했다. 김정일 국방위원장과도 회견했다.

이 시기 양자 간의 상세한 회담 내용을 내부 고발 사이트 위키리크스Wikileaks에서 폭로했다. 주한 미국 대사관의 2008년 11월 13일 자 외교 공전公電에 의하면, 김정일 국방위원장은 박근혜에게 "우리는 두 사람 모두 위대한 지도자의 자제이며, 우리 선친들의 목표를 실현하

---

7 2012년 12월 19일 실시된 대한민국 제18대 대통령 선거에서 당선되어, 2013년 2월 25일 대한민국 제18대 대통령으로 취임했다. _옮긴이 주

는 것은 우리에게 달려 있다"라고 말했다.

박근혜가 김정일 국방위원장에게 한국군 포로, 이산가족, 금강산댐 사업 등 남북 간에 협의해야 할 문제의 목록을 전해주자, 김정일 국방위원장은 "이러한 의제에서 양국이 진전을 달성하지 않으면 안 된다"라고 말했다. 박근혜는 "김정일 (국방)위원장은 참된 변화를 바라고 있는 것처럼 보였다. 그러나 그해 가을에 북한의 핵 개발 프로그램이 밝혀져 경제 개방의 기회가 중단되었다"라고도 말했다고 한다.

심정적으로는 북한에 가까운 것으로도 보이지만, 대통령 자리를 의식해 북한을 비판하는 발언도 하고 있다.

이에 대해서 북한의 2012년 4월 9일 자 ≪로동신문≫에서는, 북한이 4월에 발사한 '인공위성'을 비난하는 발언을 했다고 박근혜를 지명하며, "전쟁을 고무"하는 언동이라고 주장했다.

또한 "박근혜는 교활하게 웃는 얼굴로 차디찬 독기毒氣를 숨기고 있다. 숙녀인 척 위장해왔지만 지금이 되어 공개적으로 대항심과 야심을 드러내고, 독가스를 흩뿌리기 시작했다", 나아가 "남조선 인민은 박근혜와 그 일당이 다시 유신 독재를 부활시키려는 것을 절대로 용인해서는 안 된다"[8]라고 논평했다.

---

8   해당 단락의 원문은 다음과 같다. "매양 화사한 웃음속에 차디찬 랭기를 감추고 숙녀연하던 박근혜가 속내를 드러내며 독을 쓰고 있다", "남조선에서 ≪유신≫ 독재가 종말을 고한지 수십년이 지났지만 인민들은 아직도 악몽의 그 세월을 두고 진저리를 치고있다", "리명박역도의 파쑈독재와 동족대결책동으로 민주주의와 인권을 깡그리 유린당하고 전쟁위험에 시달릴대로 시달려온 남조선인민들은 박근혜와 그 패거리들에 의해 ≪유신≫ 독재가 부활되는것을 절대로 용납치 말아야 한다." _ 옮긴이 주

박근혜가 차기 대통령이 된다면 북한은 압력을 더욱 강화할 가능성이 있다.

러시아의 존재감

북한 문제가 정체되고 있는 가운데, 러시아의 존재감이 부각close up되고 있다.[9]

2012년, 블라디미르 푸틴Vladimir Putin이 대통령으로 돌아왔다. 푸틴은 제1기 대통령 시기에 북한과의 관계를 극적으로 개선한 주역이다. 2000년에는 새로운 우호 협력 선린 조약을 체결했다. 정상회담이 세 차례 열렸다. 필자의 친구로 과거 평양의 러시아 대사관에 근무한 경험이 있는 전 외교관은 "지금도 평양에서는 푸틴에 대한 평가가 높다"라고 한다.

옛 소련은 중국 이상으로 북한에 대해서 기술 지원과 경제 지원을 했다. 김일성 주석은 자신의 집무실에서 지하 통로를 통해 옛 소련 대사관을 비밀리에 방문했다. 현재 지하 통로는 폐쇄되어 있는데, 러시아 대사관에 근무한 외교관 중에는 김정일 국방위원장과 포커를 하거나 술을 마시는 등 개인적으로 깊은 관계를 맺었던 사람이 있으며, 이것이 푸틴 외교의 숨겨진 무기가 되어 있었다.

러시아는 북한을 통과해 한국으로 가는 천연가스 파이프라인 부설계획을 세우고 있다. 한국은 에너지를 액화천연가스에 의존하고 있는

---

9 21세기 러시아의 전반적인 국가전략에 대해서는 다음을 참고하기 바란다. 다케다 요시노리(武田善憲), 『러시아의 논리: 부활하는 강대국의 국가전략』, 이용빈 옮김(도서출판 한울, 2013). _ 옮긴이 주

데, 천연가스는 가격이 저렴하다. 파이프라인의 부설이 실현된다면, 북한은 가스의 통과료로서 연간 1억 달러를 얻게 될 것으로 여겨진다. 러시아는 중국에도 파이프라인을 부설하고 있는데, 가격을 낮게 억제하고 있다. 새로운 파이프라인은 중국에 가격 인상을 압박하는 수단이 될 것으로 전망되고 있다.

현재는 아직 계획 단계이지만, 관계국은 모두 전향적이다. 실현을 향한 움직임이 나온다면 한반도에서 러시아의 영향력은 단번에 증가하게 된다.

이에 더해 러시아는 2011년 10월에 북한 북동부의 라진항羅津港과 러시아 극동을 국경을 넘어 연결하는, 전체 길이 54km에 달하는 철도의 개수 공사를 끝냈다. 러시아 철도는 북러 양국의 합의에 기초해 자회사를 설립했으며, 철도 개수에 더해 일본 엔화로 200억 엔 남짓이 투자되어 라진항에 대형 화물선이 접안할 수 있는 부두의 건설도 진행되고 있다.

나아가 러시아 대통령에 취임한 직후, 푸틴은 '극동개발부'를 신설하고 극동 연방관구管區의 빅토르 이샤예프Viktor Ishayev 대통령 전권 대표에게 담당 장관을 겸임시켰다.[10] 푸틴은 극동 지역의 발전과 아시아 태평양 국가들과 관계 강화를 우선 과제로 내세우고 있고, "중국에 대항하는 차원에서 방북을 하든지,[11] 김정은을 러시아로 초청해 정상

---

10 현재 러시아 극동개발부 장관은 알렉산드르 갈루시카(Alexander Galushka)이다. _옮긴이 주
11 갈루시카 러시아 극동개발부 장관은 2014년 3월에 이어 10월 20일에도 북한의 평양을 방문해 리수용(李洙墉) 북한 외상(外相)과 회담했으며, 이 가운데 양국 간의 경제협력이 의제로 다루어진 것으로 여겨지고 있다("러시아 극동개발부 장관

회담을 한다"라는 견해가 있다.[12]

이와 관련해 러시아 정부가 옛 소련 시대의 대對북한 채무 20억 달러의 90%를 포기했다는 보도도 있다.[13]

이 방북, 경제협력 협의했나?(極東發展相が訪朝 經濟協力協議か," ≪産經新聞≫, 2014年 10月 20日 字). _ 옮긴이 주

12 2014년 11월 18일, 최룡해 조선로동당 비서가 김정은의 특사 자격으로 러시아 모스크바를 방문했다"북한 최룡해 러시아 방문, 푸틴 러시아 대통령과 회담 진행되나?…올해 세 번째 고위급 방문", ≪조선일보≫, 2014년 11월 18일 자(http:// news.chosun.com/site/data/html_dir/2014/11/18/2014111801140.html)]. _ 옮긴이 주

13 2014년에 해당 보도가 다시 한 번 나왔다. _ 옮긴이 주

제 4 장

식량과 에너지

북중 경제의 역사

중국의 개혁·개방

경제적 부분에 초점을 맞춰 북중 관계의 역사를 살펴보기로 하자.

중국의 개혁·개방 초기는 북한과 중국이 정치적으로 가장 밀접한 관계를 맺고 있던 시기다. 김일성 주석은 1982년에서 1991년까지 다섯 차례에 걸쳐 중국을 방문했으며, 1983년 당시에 김정일 비서 또한 중국을 비공식적으로 방문한 바가 있다.

그 이후 양국은 급변하는 국제 환경 속에서 갈등과 화해를 반복하게 된다.

가장 큰 갈등의 단초가 된 것은 1992년의 한중 간 국교 정상화였다.

한중 간의 국교 정상화는 '북한과 중국 대對 한국과 미국'이라는 냉전 구조를 근본적으로 바꾸는 것으로, 당시 한국의 경제성장을 주시하던 중국은 국교 정상화가 불가피하다고 판단하게 된다. 이것은 덩샤오핑의 결단이기도 했다.

북한 측은 강한 불쾌감을 드러내며 1999년까지 지도층의 상호 방문을 일방적으로 중단하게 된다. 비단 정치적인 차원뿐만이 아니라, 경제 및 무역 차원에서도 큰 차이가 싹트고 있었다. 중국이 시장경제를 받아들인 반면에, 북한은 계획경제를 고수하고 있었던 것이다.

북한의 의념

베이징대학北京大學의 김경일金京一 교수는 북한과 국경이 맞닿은 지린성吉林省 옌지시延吉市 출신으로, 북한을 자주 방문하고 있다. 부인 또한 북한 전문가이다. 필자가 베이징에서 일하던 시절, 김경일 교수가 북한 문제를 어떻게 바라보고 있는지 접할 기회가 있었다. 2012년 3월에 재단법인 국제관계센터에서 주최한 심포지엄에서 그가 북중 경제 관계의 역사에 관해 강연했던 것을 토대로 해서, 북중 경제 관계를 정리해보고자 한다.

그에 따르면 북한은 중국의 개혁·개방과 그 후의 급속한 경제 발전을 바라보며, "사회주의를 포기하는 것은 아닌가 하는 의심을 가지고 있다"라고 한다. 이 때문에 북한은 특히 천안문사건 이후, "사회주의를 지킨다"라는 이데올로기를 갈수록 강력하게 강조하고 있다는 것이다.

1992년에 덩샤오핑은 그 유명한 '남순강화南巡講話'를 추진한다. 우한武漢, 선전深圳, 주하이珠海, 상하이를 시찰하고 개혁에 박차를 가할 것을 호소한 중요 담화로서, 이를 계기로 중국은 본격적인 개혁·개방에 발을 들이게 된다.

한편 북한이 2002년에 시행한 '7·1 경제관리개선조치'는 비록 개혁·개방과는 직접적인 연관이 없더라도 나름 획기적인 것이었다. 경제활동의 분권화·화폐화·시장화를 지향하는 경제개혁 정책과 진배없었던 것이다.

이 조치는 국영기업 및 협동농장의 경제관리 체계, 분배 제도, 가격 제도, 재정, 대외 경제 제도 등 모든 경제 분야에 걸쳐 도입되었다. '계획'에만 의존하고 있던 경제 운용 체제에 '시장'의 요소를 더했다고도 볼 수 있다. 이는 '암시장'에도 영향을 끼쳤다. 정부의 애초 의도와는 무관하게, 원시적인 시장경제 규칙이 만들어지고 시장이라는 것이 기능하기 시작한 것이다.

실제로 7·1 조치가 시작된 후부터 2009년까지 시장이 우후죽순으로 생겨나, 점차 시장경제의 물꼬를 트게 된다.

북한은 시장의 탄생에 따라 확대된 빈부 격차를 해소하려 했다. 거기서 탄생한 것이 화폐개혁, 즉 디노미네이션denomination이었다.[1] 시장의 영향을 약화해 계획경제를 강화하고자 하는 시도였으나 사실상 시대의 흐름에 역행하는 정책으로, 주민들의 강한 반발에 부딪히고 만다.

화폐교환과 외화 교류의 금지는 중국에서 수입된 대량의 식량 및 생활필수품의 공급을 중단시켜 주민 생활에 혼란을 불러왔다.

북한 정부는 화폐개혁의 실패를 인정하고 7·1 조치의 일부를 재검토해 사태를 수습하려 했으나, 그 후유증은 쉽게 가시지 않고 있다.

중국도 1959년부터 3년간 지속된 자연재해를 겪은 뒤 '삼자일포三自一包' 정책을 시행한 적이 있다.

'삼자三自'란 사유지를 될 수 있는 한 많이 남기고 시장을 설치해 손익을 스스로 결정하는 자주적 기업을 다수 탄생시키는 정책이며, '일포一包'는 가구 하나하나가 농업 생산을 책임지는 정책을 뜻한다. 덕분에 개혁·개방 정책의 열매를 맛보게 되지만, 경제가 회복된 이후에 '삼자일포' 조치를 전면 백지화해 큰 혼란을 일으키게 된다.

'고난의 행군'에서 활발한 상호 교류로

1994년에는 김일성 주석이 사망해 김정일 체제가 탄생하는데, 북한 경제는 자연재해로 말미암아 최악의 상황에 처하게 되었다. 바로 '고난의 행군'으로 불리는 시기이다.

1998년에 북한이 인공위성 '광명성 1호'를 발사하자, 한국, 미국, 일

---

1 통화가치를 절하하는 평가절하와는 달리, 단순히 화폐의 액면 단위를 낮추는 것을 가리키는 용어이다. 한국에서는 2004년에 디노미네이션이 뜨거운 감자로 떠오른 바가 있다. _ 옮긴이 주

본 등의 국가는 이것을 미사일 '대포동 1호'라고 판단해 상당한 제재를 가했다. 북중 간 무역액수 또한 급격히 떨어졌는데, 중국 정부는 최악의 경제난으로 허덕이는 북한에 원조를 아끼지 않았다.

김경일 교수에 의하면, "1995년에서 1999년까지 중국의 식량, 코크스[2], 원유, 화학비료, 약품 등 인도주의적 성격을 지닌 원조액은 50만 달러 규모에 이르렀다"라고 한다.

또한 민간 차원의 원조는 일절 제약 없이 진행되었다.

1990년대의 침체기 이후, 북중 경제 및 무역 관계는 2000년에 들어 새로운 양상을 띠기 시작한다.

양국의 무역 총액은 2009년을 제외하면 매년 증가해, 2003년에 10억 2300억 달러였던 것이 2011년에는 56억 달러로 총 다섯 배에 달하는 규모로 성장한다.

김정일 국방위원장의 방중도 이 시기에 집중적으로 행해졌다. 북한의 총리였던 리종옥李鍾玉, 강성산姜成山, 리근모李根模, 연형묵延亨默도 잇따라 방중했다.

1949년에서 1977년까지 38년간, 중국의 최고 지도자가 북한을 방문한 경우는 1958년(저우언라이 총리), 1963년(덩샤오핑 국가주석), 1970년(저우언라이 총리)으로 총 3회밖에 되지 않는다.

이에 비해 1978년에서 한중 국교 정상화 직전인 1991년까지 약 30년에 이르는 기간에 중국 지도자들은 10회에 걸쳐 방북하게 된다. 1978년에 중국 측에서 화궈펑華國鋒 당 주석과 덩샤오핑이 각각 방북한 것을 시작으로, 1981년에 자오쯔양趙紫陽 당 중앙위원회 부주석,

---

2 탄소 함량이 높고 불순물이 적은 석탄의 일종이다. _옮긴이 주

1984년에 후야오방胡耀邦 총서기, 1986년에 리펑李鵬 총리, 1992년에 양상쿤 국가주석이 그 뒤를 따랐다.

북한 지도층의 방중 또한 활발한 시기였다.

이 시기는 중국이 개혁·개방을 본격적으로 시작한 역사적 전환기였다. 중국의 개혁·개방은 양국 지도자에게 가장 중요한 의제로 떠올랐으며, 북한 또한 중국의 동태를 주의 깊게 주시하고 있었다.

김일성은 1992년에 덩샤오핑과 같이 열차로 덩샤오핑의 고향 쓰촨성을 방문해, 중국이 수천 년 역사상 가장 중대한 사회경제의 변혁에 직면해 있다고 언급하며, 중국공산당이 내놓은 노선과 정책을 긍정적으로 평가한 바가 있다.

북한 또한 외국자본을 끌어들여

김일성은 1984년 10월에 북한을 방문한 중국 대표단에게 중국공산당 제13기 중앙위원회 제3회 전체회의가 농촌 문제를 성공적으로 해결했다고 극찬했다.

동시에 그는 북한의 상황을 설명하며, 북한이 세계 각국과 공동기업을 설립하기 위해 「조선합작경영법朝鮮合作經營法」을 공포했다고 밝혔다. 김일성은 1988년 7월에도 중국 전국인민대표대회의 대표를 접견接見한 자리에서, 중국 개혁·개방의 성과를 다시금 치켜세우며 "중국은 북한의 영원한 후원자이다"라고 언급했다.

북한은 중국의 개혁·개방에 관해 다시 한 번 공개적으로 지지를 표명했다. 이에 호응해 덩샤오핑은 방중한 김일성 주석에게 주로 중국 개혁·개방의 실정이나 전망을 설명했다.

덩샤오핑은 1982년 9월에 방중한 김일성과 가진 회담에서 중국 경제 발전 전략의 중점은 첫째로 농업, 둘째로 에너지와 교통, 셋째로 교육과 과학에 있다고 언급했다.

경제 발전에서 북한과 중국은 많은 공통점이 있었다.

중국에 큰 자극을 받은 것이었을까? 실제로 북한은 그 이후 '농업 제일주의, 경공업 제일주의, 무역 제일주의'라는 슬로건을 주창했으며, 북한의 학자들 또한 이 방침을 진지하게 검토했다.

북한은 1980년대에 「조선합작경영법」을 공포한 뒤, 1990년대 중반에 「외국인소득세법」, 「외화관리법」, 「자유경제무역지대법」 등 여러 법률을 제정해 외국자본의 투자 유도를 꾀하기도 했다.

개혁·개방의 거부

북한의 개혁·개방은 더욱 진전되어, 계획경제에 포함되지 않았던 일부 경공업 분야가 허가되기도 하고, 개인 정원 수준의 소규모 농원이나 농민시장이 일부 허용되는 단계까지 발전한다.

그러던 중 1989년, 중국에서 천안문사건이 일어난다. 민주화를 염원하는 시민을 무자비하게 탄압한 중국은 국제적으로 고립되고, 설상가상으로 동유럽의 사회주의국가들이 연쇄적으로 붕괴되고 결국 소련까지도 해체되는 지경에 이르게 된다.

특히 같은 분단국가였던 동독이 서독에 흡수되는 것을 두 눈으로 똑똑히 본 북한이 받았던 충격은 상당했던 것으로 보인다. 독재 권력을 휘두르고 북한과 밀접한 관계에 있었던 루마니아의 니콜라에 차우세스쿠Nicolae Ceaușescu 대통령도 체포되어 사형당하고 마는데, 김정일 국방위원장은 자신 또한 똑같은 수순을 밟게 되지는 않을지 우려했다고 한다.

당시 북한 대외무역의 70%는 사회주의국가들에 의존하고 있던 상태여서, 경제적인 타격은 불가피했다.

북한은 사회주의국가들이 실패한 근본 원인은 개혁·개방에 있다고 판단해, 이때부터 '개혁'이나 '개방'과 같은 단어에 강한 거부감을 보이게 되었다. 공식 보도에서 자취를 감추게 된 것은 물론이다.

사회주의국가들의 소멸에 따라 냉전 구조도 순식간에 붕괴되어갔다. 러시아와 중국이 한국과 외교 정상화를 진행하자, 북한은 정치적 후원자를 잃을 수 있다는 위기감에 휩싸이게 된다.

북한은 상황을 타개하기 위해 북일 국교 정상화 회담을 진행했으며, 한국과 미국을 상대로 관계 개선 또한 시도해서, 북미 기본합의 체결(1994년), 한반도의 비핵화에 관한 공동선언(1992년), 남북한 유엔 동시 가입이라는 성과를 거두기도 했다.

북한의 적극적 외교 공세에도 불구하고 미국은 기존의 대對아시아 전략을 유지했다. 여전히 한반도를 냉전이라는 틀 속에서 분석해, 북한을 위협으로 인식하고 있었던 것이다. 게다가 부상浮上하는 중국에 대한 견제라는 이유까지 더해져 주한 미군과 주일 미군의 필요성은 당연시되었으며, 결과적으로 북한은 고립 속에서 생존하기 위해 핵 개발에 박차를 가하게 된다.

무역의 70%를 중국에 의존

북한에서 나오는 무역에 관한 공식 자료가 전무하므로, 그 전체적 모양새는 주요 거래국을 상대로 한 교역과 남북 교역을 합해 간신히 감을 잡을 수밖에 없다.

2007년 북한의 무역 총액은 29억 4500만 달러로 전년 대비 1.8% 감소했다. 핵실험으로 말미암아 북한을 둘러싼 환경이 악화된 전년에 이어 2년 연속 감소한 것이다. 이때부터 중국의 영향이 커지는데, 2007년 북한의 대중 의존도는 전년도와 똑같이 6.1% 증가한 17억 7400만 달러로 67.1%에 이르렀다.

북한의 대중 의존도를 살펴보면 2003년 32.7%, 2004년 48.5%, 2005년 52.6%로 50%를 돌파하고, 2006년 56.7%에 이르는 등 급속히 증가해왔다. 중국 측이 대북 무역을 축소하면 북한은 버틸 수 없는 상황에 있는 것이다.

연이어 최고 기록을 경신하는 북중 무역 규모

한국과의 교역을 중단한 북한의 2011년 무역액은 630억 달러(약 4970억 엔)로, 그중 중국의 비중이 90%에 가까웠다. 이는 한국의 대한무역투자진흥공사KOTRA: Korea Trade-Investment Promotion Agency에서 2011년 5월 말에 추산한 것으로, 국제적인 경제 제재로 말미암아 북한의 대중 무역 의존도가 높아지고 있는 실태를 보여주는 수치라고 할 수 있다.

전체 무역액은 KOTRA에서 통계 자료를 내놓기 시작한 1990년 이래 최고치였다. 수출액 27억 9000만 달러, 수입액 35억 달러로, 이는 10년 전과 비교해 각각 12억 8000만 달러, 8억 7000만 달러가 증가한 수치이다.

KOTRA 관계자는 원유 가격 등의 물가 상승과 더불어 북한이 2012년 김일성 주석 탄생 100주년 등 대규모 행사를 앞두고 있던 점을 무역액이 증가한 이유로 내놓았다. "외화벌이의 필요 때문에 석유나 철광석 등을 우선적으로 수출에 돌렸을 수도 있다"라는 것이다.

대중 무역액은 역대 최고치인 56억 3000만 달러를 기록해, 전년 대비 62.4% 증가했다.[3] 전체에서 차지하는 비중으로 보자면 89.1%로, 전년의 83%보다 더욱 증가한 수치이다.

중국 다음으로 무역액이 많았던 국가는 러시아로 1억 1000만 달러에 이르나, 그 비중은 1.8%에 지나지 않았다.

한국을 상대로 한 무역량은 상대적으로 감소하고 있다. 2010년 3월 천안함 침몰 사건으로 말미암아 한국이 북한을 상대로 무역과 교류를 중단(5·24 조치)하자, 북한의 대중 무역은 급격하게 증가해 그 격차가 더욱 벌어졌다.[4]

투자 고문 회사도 등장

2004년에 중국은 대북 투자 고문 회사인 '베이징화려경제문화교류유한회사北京華麗經濟文化交流有限會社'를 설립했다. 북한 관광총국의 위임을 받아 중국 기업의 북한 시찰 등과 같은 업무를 하는 중국의 민영 주식회사로, 필자는 이 회사의 사무소를 실제로 방문한 적이 있다.

벽에는 김일성과 김정일의 초상화가 걸려 있었고, 북한무역관계법률집의 중국어판이 입구에 쌓인 채 판매되고 있었다. 결론적으로 취재는 거부당했다.

그 이후에 이 회사는 사라졌으나, 베이징에는 '조선투자사무소'라는

---

3 한국무역협회의 통계에 따르면, 중국은 북한과의 무역을 통해 2011년에 7억 달러, 2012년에 9억 6000만 달러, 2013년에 7억 5000만 달러의 흑자를 각각 기록했다. _ 옮긴이 주

4 한국무역협회의 통계에 따르면, 개성공단 가동 잠정 중단으로 2013년 대한민국과 북한 간의 교역은 12억 달러로 전년 대비 42% 감소한 반면, 2013년 북한과 중국 간의 무역은 65억 달러로 전년 대비 10% 증가했다. _ 옮긴이 주

북한 투자 컨설턴트 회사가 만들어져 지금도 활발히 업무를 진행하고 있다.

일본무역진흥기구JETRO: Japan External Trade Organization의 자료에 의하면, 2010년 중국의 대북 무역 규모는 대미 무역의 약 113분의 1, 대일 무역의 약 83분의 1에 지나지 않는다. 대북 무역이 축소되어도 중국 측이 받는 영향은 극도로 미미하며, 이는 중국이 최소한의 액수로 최대한의 영향력을 북한에 행사하고 있다고 볼 수 있다.

중국이 북한에 끼치는 영향력은 무역에서 두드러진다. 특히 북한은 압도적인 비율의 원유와 곡물을 중국에서 수입해오고 있다. 주목할 점은 그 양이 매년 거의 일정하다는 것으로, '북한이 붕괴하지 않을 필수 최저한도'가 유지되고 있는 것과 다름없다.

중국발 원유 파이프라인

무역이나 식량과 더불어 중국이 가진 비장의 카드가 바로 원유이다. 북한의 생명줄이면서도, 한편으로는 중국의 와일드카드라고 할 수 있다.

중국은 1971년에 합의된 「중요물자상호공급협정」으로 대북 원유 수출에 시동을 걸었다. 혹자는 이를 1972년 리처드 닉슨Richard Nixon 미국 대통령의 방중에 충격받은 북한을 달래기 위한 중국 측의 제스처로 분석하기도 한다. 당시에는 문화대혁명의 영향 등으로 말미암아 김일성 총리와 북한 고위 관료들의 방문은 1961년부터 중단된 상태였는데, 이것은 1974년부터 재개되었다. 원유 수출이 북중 관계 개선에 중요한 역할을 했을 가능성이 있는 것이다.

중국에서 북한으로 수출되는 원유는 동북부 헤이룽장성黑龍江省의 다칭大慶 유전에서 단둥丹東의 파이프라인을 거쳐 북한으로 보내진다.

다칭 원유는 페트로차이나PetroChina에서 개발한 중국 최대의 원유로, 헤이룽장성의 분지 내부에서 발견된 원유의 총칭이다. 1955년부터 원유 탐사가 시작되어, 현재 40개 이상의 유전과 가스전이 발견되고 있다. 50억 톤 이상의 매장량으로 말미암아 일본 등 각국에 수출되고 있으나, 그 양은 최근 들어 감소하고 있는 추세이다.

북한은 현재 주로 화력발전용으로 쓰이는 원유 대부분을 중국발 원유에 의존하고 있으며, 이는 북한군도 예외가 아니다. 특히 1994년의 북미 기본합의에 기반을 두어 시작된 한반도 에너지 개발기구KEDO: Korean Peninsula Energy Development Organization를 통한 50억 톤의 중유 지원이 2004년 10월에 중단되어, 중국발 원유는 북한의 존망을 결정할 수 있는 위치까지 점하게 되었다.

북한은 핵 문제를 둘러싼 6자 회담에서, 연변 핵 시설 폐기의 1단계라 할 수 있는 핵 시설 가동 중단 및 봉인 등에 대한 보상으로 중유를 공급해주겠다는 제안에 큰 관심을 보였다.

북한은 연간 중유 200만 톤과 전력 200만 W라는 어마어마한 양의 에너지 지원을 요구하기도 했다. 200만 W는 중유 약 270만 톤에 해당하는 양으로, 일본을 기준으로 하자면 66만 가구의 전력 소비를 감당할 수 있을 정도이다.

북한의 송전 설비가 빈약한 탓에 요구한 전력 공급을 중유 지원으로 대체할 수밖에 없으므로, 사실상 북한 측이 중유 400만 톤 이상이라는 터무니없는 양을 요구했다고 할 수 있다.

북한은 각국의 반발을 받아들여 정도를 낮춰, 최종적으로는 중유 5만 톤과 함께 향후 모든 핵 계획을 미리 통보하며 기존 핵 시설을 불능화한다는 조건 아래 95만 톤을 더해 총 100만 톤을 받는 것으로 합의했다. 그런데 현재 북한의 핵 개발 문제가 뒤틀리며 6자 회담 자체가 중단되어, 회담 또한 붕 떠 있는 상태이다.

사라진 우의의 상징

다칭 원유를 파이프라인을 통해 수송하는 것은 수송 비용을 낮춰 중요 물자인 목재 수송의 부담을 덜기 위해서이다.

파이프라인은 1975년 허베이성河北省의 친황다오秦皇島~베이징 라인 350km 구간이 완성되었다. 그곳에서부터 갈라져서 북한 쪽으로 향하는 '중조우의관中朝友誼管'도 1975년 말경에 완공되어, 북한에서는 1976년 1월에 완공식이 열렸다.

그 후 중국은 매년 100만~150만 톤의 석유를 북한에 제공해왔다. 이것은 북한에 필요한 석유의 30%에 달한다. 게다가 1950~1960년대에 북한에 제공한 차관의 미상환 금액을 면제해주기도 했다.

파이프라인은 중국 측이 270km, 북한 측이 140km, 그리고 직경은 약 40cm로 당초 계획에 의하면 최대 연간 450만 톤의 송유가 가능한 규모이다.

북한으로 향하는 원유 보존 시설은 단둥 시내에서 북북동쪽에 위치한 교외의 산 뒤쪽 농촌 지역에 있다. 이 시설은 오랫동안 베일에 가려져 있었다. 단둥 시내에서 택시로 20분 정도 가면, 농촌 한가운데로 갑자기 높은 담벼락이 나타난다.

주변은 철조망으로 둘러싸여 있고 사방에는 감시초소도 있다. 지역 주민에 의하면 경찰은 "군이 담당하고 있다"라고 언질을 줬다고는 하지만, 최근에는 보안이 완화되어 가까이 접근할 수도 있다고 한다.

입구에는 '중조우의수유공사中朝友誼輸油公司'라는 간판과 함께 본사인 중국석유천연기집단공사CNPC: China National Petroleum Corporation의 로고가 보였다.

'중조우의수유공사'라는 회사명은 2009년 '관도단둥수유기분공사管道丹東輸油氣分公司'로 바뀐 것으로 확인되었다. '수유輸油'는 석유의 수송, '관도管道'는 파이프라인이라는 의미로, 2007년 이전까지는 '중조우의中朝友誼'라는 문구가 들어가 있었다. 북중 관계를 일반적인 우호 관계로 원상 복귀시키고자 하는 중국 측의 의도가 느껴지는 부분이다.

파랗게 칠한 원통형의 대형 저장고(수만 kl)가 4개, 소형 저장고(1만 kl)가 2개, 석유제품의 탱크로 추정되는 탱크가 4개 정도 보였다. 입구에는 직원들이 통근용으로 쓰는 듯한 자전거가 몇 대 있었다.

단둥의 원유 비축 시설에는 철로가 이어져 있으며, 화물차 또한 드나들고 있다. 관계자 몇 명에 의하면, 다칭~단둥 파이프라인은 노후화로 말미암아 일부를 제외하면 사용되고 있지 않아 화물차 운송으로 대체되었다고 한다. 심지어 석유 전문가들 중에는 '북중 우의의 상징'인 다칭 파이프라인은 이미 대부분 폐쇄되었다고 지적하는 사람도 있다. 긴 파이프라인은 관리가 어려운 탓에 송유가 중단되면 내부가 막혀버리기 때문이다.

거꾸로 말하자면, 파이프라인을 단축하면 중국은 상당히 자의적으로 송유량을 조절할 수 있게 된다.

파이프라인을 일시 차단시킨 의도는?

비축 시설에서 압록강을 따라 내려가면 '83 유류 저장소'라는 원유 수송 기지가 있다. 전문용어로 '부스터 스테이션booster station'이라고 한다.[5] 강을 따라 나 있는 간선도로 옆에 있으며, 도로에서도 그 안을 들여다볼 수 있다. 은색으로 빛나는 파이프에는 '중국석유관도中國石油管道'라는 문구가 쓰여 있다.

규모가 작고 입구에는 표지판 하나 없어 모르는 사람은 주유소로 착각할 수도 있지만, 사실 이 지역에서는 숨겨진 관광 명소로 통한다. 택시 기사에게 부탁하면 이 근처를 둘러볼 수 있을 정도이다.

굵은 은색 파이프 몇 개와 함께 곳곳에 큰 밸브가 보인다. 다칭의 중유에는 파라핀 성분의 불순물이 많아, 지하 파이프에서 원유를 가열하고 가압해 정제한 이후에 강 건너편으로 보내고 있다.

중국의 석유 사정을 상세히 알고 있는 한 전문가는 파이프라인과 그 주변 상황으로 미루어 볼 때, "1990년대에 새롭게 건설된 듯하다"라는 분석을 내놓았다. 파이프라인 시설의 정면 현관 앞으로 바로 뻗어 있는 길 주변에, 파이프라인의 존재를 알리는 표지판이 있었다.

"지하에 고온·고압·가연·폭발성의 파이프라인이 있다"라고 경고하며, 주변에 수목이나 식물을 심어서는 안 되며, 도로는 지하의 파이프라인 위에 1m 이상 흙을 쌓은 곳을 통과할 것을 권고하고 있다.

원유는 압록강 바닥의 파이프라인을 지나 북한으로 보내진다. 다리를 통해 보낸다면 관리도 용이할 것이지만, 파이프라인의 존재를 비밀에 부치기 위해 일부러 지하로 통하게 하는 것으로 보인다.

주위의 주민에 의하면, 중국군은 파이프라인이 통과하는 압록강 지점에서 때때로 도하 훈련을 시행한다고 한다. 테러 등의 긴급사태에 대비하는 차원에서 이루어지고 있는 듯하다.

---

5 석유 및 가스의 장거리 수송을 원활히 하기 위해 중간에 설치하는 시설물을 가리킨다. _옮긴이 주

2003년 2월에 북한의 핵 문제를 둘러싸고 중국은 '송유관의 수리'라는 명목 아래, 파이프라인을 3일간 폐쇄했다. 중국 당국은 일단 비공식적으로 "보수가 필요하다"라며 해명했지만, 당시 정황으로 판단하자면 북한의 핵 발전 문제를 둘러싼 각국 간 협력에 참여하기를 망설이는 김정일 정권에 압력을 가하기 위한 조치였다고 해석된다. 미국은 이 분석이 상당히 설득력이 있다고 여긴 듯하다. 실제로 미국은 조지 W. 부시 정권 당시에 북한에 압력을 넣기 위해 중국 측에 이 파이프라인의 일시 중단을 요청한 적도 있다.

불가결한 화력발전

북한에는 안주시安州市 근교, 그리고 북부 두만강 중류의 함경북도咸鏡北道 경원군慶源郡[6]에서 서쪽으로 약 5km 떨어진 곳, 이 두 곳에 제유소가 있다. 중국에서 수입하는 원유는 이 가운데 더 가깝고 규모가 큰 안주시의 제유소에 보내져 경질 제품(가솔린, 디젤, 등유)으로 분리된다. 일평균 7만 1000배럴에 달하는 처리 능력에 비해, 현재 일평균 원유 수입량은 그 7분의 1 수준인 1만 배럴 정도이다.

제유된 원유는 화력발전소로 운반된다. 북한에는 소련의 지원으로 건설된 화력발전소가 평양, 선봉先鋒, 청진淸津, 선창先倉에 있다. 선창 화력발전소는 라선시에 위치한 초기 중유 전용 화력발전소로, 발전량은 20만 kW 규모이며, KEDO에서 지원받는 중유(연간 50만 톤)는 이

---

6 원문에는 훈계(訓戒)라는 지명으로 나와 있는데, '북부 두만강 중류'라는 위치로 추정해보자면 일제강점기 당시의 온성군 훈융(訓戎)면, 즉 현재의 새별군(옛 경원군)을 뜻하는 것으로 추측된다. _ 옮긴이 주

곳에서 사용된다. 현재는 가동이 중단된 상태이다.

통상적으로 50만 kW의 발전소를 1년간 돌리는 데에 필요한 석유량
은 131만 톤으로, 만약에 원유 100만 톤이 지원된다면, 앞서 언급한
발전소들이 본격적으로 가동되어 발전량도 큰 폭으로 증가할 것으로
전망된다.

다만 북한은 6자 회담의 '경제 및 에너지 협력 실무 회의'에서 "우리
는 원유 5만 톤 이상을 비축할 능력이 없다"라고 설명한 바가 있어, 저
장 능력에 구조적인 문제가 있는 것으로 판단된다.

고작 연간 100만 톤 확보

북한에서 전력電力 부족으로 어떤 문제가 발생하고 있는지는 북한의
공식 언론 보도에서 잘 드러난 바가 있다. 2003년 1월 30일 자 ≪로동
신문≫에서는 "(전력 부족이) 철도 수송이나 화력발전소에 필요한 석탄
수송, 공장이나 기업의 조업, 공공 교통기관의 운행, 공공시설의 운용
에 영향을 미치고 있다"라고 언급하고 있다. 상당히 많은 영역에서 곤
란을 겪고 있는 것으로 볼 수 있다.

2009년 ≪로동신문≫ 등의 신년 공동 사설에서도 "전력공업 부문에
서는 화력발전소들을 만부하로 돌리는 데 힘을 넣으면서 건설 중에
있는 수력발전소들의 조업을 최대한 앞당겨야 한다. 석탄공업 부문에
서는 경제 발전의 생명선을 지켜섰다는 높은 자각을 끌어안고 생산을
획기적으로 늘여야 한다"라고 부르짖었다.[7]

---

7 실제 2009년 북한의 「신년 공동 사설」 원문을 참조했다(https://www.kinu.or.kr/
   upload/neoboard/DATA01/uni09-01.pdf). _ 옮긴이 주

2012년에 한 신문 사설에서도 전력 부족은 "어떠한 대가를 감수하더라도" 해결해야 한다고 호소했다. 같은 해 4월 5일, 김정일 국방위원장이 생전에 온 힘을 쏟아붓던 회령會寧 발전소가 북한 북부의 양강도兩江道에서 완공되었다. 김일성 주석 탄생 100주년에 맞춰 공사를 강행해 완성한 것이다.

그렇다면 북한은 발전력을 증대하기 위해 원유나 석유제품을 어느 정도 수입해왔을까?

1980년대까지 북한은 연간 100만~150만 톤의 원유나 석유제품을 수입하고 있었다. 그중 100만 톤은 중국, 100만 톤은 소련, 50만 톤은 중동에서 공급받고 있었는데, 소련의 붕괴로 러시아에서 수입하는 양은 10%로 줄어들고 만다.

1994년 북미 기본합의로 연간 150만 톤의 중유 지원을 손에 넣었으나, 이후에는 그마저도 끊기고 만다.

한편 중국발 원유 수입량은 1996년까지는 연간 100만 톤을 넘겼으나, 1997년 이후는 40만~50만 톤 전후에 머무르고 있다. 여기에 러시아가 40만~50만 톤의 석유제품을 수출해, 북한은 어쨌든 100만 톤을 확보하고 있다는 이야기이다.

중국이 북한에 수출하는 원유 가격은 원조를 시작했던 당시에는 국제가격의 불과 7분의 1에서 3분의 1 수준이었다. 1991년 이후에도 대략 비슷한 가격이기는 하나, 실제 가격이 고려되어 근소하게 올라가고 있는 추세이다. 이를 통해서 중국이 북한을 대하는 태도를 어느 정도 짐작할 수 있을 것이다.

제 5 장

강성대국 구상과 중국식 자본주의

북한 경제의 미래

강성대국이란?

북한은 2012년을 강성대국(강성국가)의 대문을 여는 해로 선포했다.

북한 측의 설명에 따르면, '강성대국'이란 다음과 같이 정리할 수 있다. 김일성 주석 탄생 100주년이 되는 2012년 4월 15일을 시작점으로 해서 사상·군사·경제 등 세 가지 분야에서 강국을 지향하는 것이다.

사실 이미 시작이 되었다고 볼 수 있는데, 전체적으로 보자면 북한이 강국이 되었다고는 볼 수 없다. 북한이 강성대국의 기준으로 삼고 있는 거대 프로젝트가 몇 가지 있는데, 평양 시내에 주택 10만 호 건설, 북부 양강도의 회령 발전소 완공, 105층 규모의 류경호텔 영업 개시 등이 그 예가 될 수 있겠다.

주택 10만 호 건설의 경우에는 당초 목표가 현저하게 낮춰지고 있으며, 관계자에 따르면 4월 15일까지 완성된 것은 7만 호 정도에 지나지 않는다고 한다. 류경호텔은 외관 공사만 끝났을 뿐 내부 공사는 제때 완료하지 못한 채, 현재는 아래층 부분을 사무소로 사용하고 있다.

북한 당국은 완공에 박차를 가하기 위해 젊은 대학생이나 군인을 건설 현장에 동원했고, 이는 졸업을 목전에 둔 학생이나 외국인 유학생도 예외가 아니었다. 심지어 필수 교과 외의 모든 수업을 취소하도록 전국 대학에 지시했다고 전해지며, 휴교 조치는 2011년 6월 말부터 그다음 해 4월까지 계속되었다.

희천 발전소

희천熙川 발전소는 김정일 국방위원장이 온 힘을 다해 완성하려고 한 프로젝트였다.

김정일은 2010년 1월에 관계자들에게 전한 감사문에 "나는 희천 발전소가 강성대국의 대문을 열어제끼는 데서 기본 전선으로 되기 때문에 지난해 3월 25일에 건설장을 처음 찾은 데 이어 9월 17일에 희천 발전소 건설장에 대한 현지 지도로 …… 새해에 들어와서도 가보아야 할 대상들이 많지만 희천 발전소 건설장부터 찾았습니다"라고 적었다.

실제로 김정일은 자본난과 전력난으로 공사가 진행되지 않자 건설 감독에게 크게 화를 냈다고 한다. 이에 대해 ≪중앙일보≫에서 "김정일이 후계자인 김정은에게 '책임자의 허위 보고 탓에 당시에는 대책을 제대로 세울 수가 없었다'는 불만을 노골적으로 표했다"라고 보도한 바가 있다.

김정일은 생전에 여덟 번이나 현장을 방문해 독려했으며, 그 보람이 있었는지 댐은 어쨌든 완공되어 드디어 가동을 시작하게 되었다.

희천 1호 발전소와 2호 발전소의 준공식은 각각 2012년 4월과 5월에 거행되었다.

조선중앙통신은 김정일 국방위원장과 김정은 최고사령관의 지도 아래, "건설자들이 15년 이상 걸린다고 예측되던 발전소 건설을 불과 3년 만에 해냈다"라고 자랑하는 어조로 보도했다. 당시 발전소 건설에 동원된 인력은 총 5만 7872명으로 건설자, 노동가, 설계자 등이 이에 포함된다.

북한 당국은 발전소 덕분에 평양시의 전력 부족이 해소되고 주위의 경작지와 주민 거주지를 홍수로부터 보호할 수 있게 되었을 뿐만 아니라, 공장이나 기업소[1]도 공업용수의 공급을 받을 수 있게 되었다고

---

1 생산과 운수 등의 경제 분야에서 독립적으로 활동하는 사업체를 뜻하는 용어이다. _옮긴이 주

선전했다.

그러나 이 발전소는 건설 도중에 수해로 말미암아 많은 부품이 침수되었기 때문에, 당초 목표한 수준의 출력 유지는 어려울 것이라는 시각도 적지 않다. 또한 당시에 밀어붙인 강행공사가 향후 예기치 못한 사고로 이어지지는 않을지 우려가 되고 있기도 하다.

목표 달성의 연기

강성대국이라는 단어는 1988년 8월 22일 조선로동당 기관지 ≪로동신문≫의 정론 코너에서 최초로 등장했다. 그 이후 북한의 향후 1년간의 움직임을 어느 정도 가늠할 수 있는 ≪로동신문≫ 등의 신년 공동 사설에서도 매년 강성대국이라는 용어를 채택했다.

당시 북한은 강성대국의 달성 시기를 김일성 주석 탄생 90주년이자 김정일 국방위원장이 환갑을 맞이하는 해인 2002년으로 설정했으나, 막상 2002년이 눈앞에 닥치자 급히 표현을 "강성대국 건설의 새로운 비약의 해"(≪로동신문≫ 등의 신년 공동 사설)로 바꾸고, 그 시점을 연기하고 만다. 같은 해 북한은 시장경제 요소가 도입된 '7·1 경제관리개선조치'를 발표하고, 9월에는 중국계 네덜란드인 실업가 양빈楊斌을 장관으로 임명해 신의주 특별 행정구의 구상에 박차를 가했다.

이는 경제를 비약적으로 발전시키겠다는 의지의 표명이었으나, 전부 실패로 끝나고 말았다. 결국 약 10년 동안 북한의 경제는 '저공비행'을 계속하고 있다.

강성대국의 목표는 북한이 전후 최고 호황을 기록했던 1980년대 수준이다. 이는 북한 경제 관계자 몇 명이 확실히 분석한 바와 같이, 미래지향이 아닌 과거지향이라고 볼 수 있다.

도대체 어느 정도로 굉장한 결과를 남겼던 것일까?

1984년 경제 통계에 따르면, 북한은 곡물 1000톤, 전력 498억 kW, 화탄 7650만 톤, 철강 740만 톤, 화학비료 468톤, 시멘트 1424만 톤, 수산물 352만 톤의 실적을 기록했다.[2]

유엔 식량농업기구FAO: Food and Agriculture Organization에 의하면, 북한의 2010년 곡물 생산량은 453만 톤으로 매년 약 100만 톤이 부족한 실정이다. 1984년의 절반 수준까지 떨어진 셈이며, 해외 원조를 받고 있음에도 아사자까지 속출하고 있다.

시장, 북한을 구원하다

북한은 식량난을 해결하기 위해 1996년에 대규모 농업이 아니라 가족 단위의 농업에 집중하는 '분조관리제'를 시행하는 등 변화를 모색하게 된다. 그러나 얄궂게도 북한이 최대의 경제 위기에서 어떻게든 살아남은 것은 당국이 자랑하는 계획경제가 아닌, 민중이 스스로 살아남기 위해 만든 '시장'의 힘 덕택이었다.

북한에서 '시장'은 국가의 배급 제도가 붕괴한 1990년대에 탄생한, 농가의 잉여 농작물을 파는 '농민시장'에서 시작되었다. 이후에는 점차 중국이나 한국의 식품, 전자 제품, 일용 잡화 등도 거래하게 되었다. 북한은 최악의 상황을 어느 정도 넘긴 2000년부터 '강성대국 건설'

---

2 '곡물 1000톤'은 1000만 톤의 오기로 보인다. 또한 다수 학자가 지적하는 바처럼 1960년대 초반에서 1990년대 중반까지는 통계 데이터가 발표되지 않았으며, 그나마 북한 당국에서 발표한 데이터는 선동적 성격이 강해서 이를 감안할 필요가 있다(http://tongil.snu.ac.kr/xe/?document_srl=14114&mid=sub440&sort_index=readed_count&order_type=desc&listStyle=viewer 참고). _옮긴이 주

이라는 슬로건을 경제 부흥이라는 국가 목표 아래 내걸게 된다. IT 산업이나 바이오테크놀로지biotechnology 등의 최신 기술에도 높은 관심을 보였다.

김정일은 총비서가 된 이후 중국을 일곱 차례 방문했으며, 러시아에서 귀국하는 길에도 한 번 들른 바가 있다.

그중 2000년 5월의 방중에서는 IT 기업이 모여 있는 베이징의 중관춘中關村을 방문했다. 2006년 5월에는 남부 광저우에서 바이오테크놀로지 농업의 현장을 시찰하고, 베이징의 중국농업과학원 작물과학연구소를 방문해 하이테크 농업을 직접 시찰하기도 했다. 2011년 5월에는 다시 중관춘으로 발걸음을 옮겨, 정보 통신 서비스 기업인 선저우수마神州數碼(디지털 차이나)를 시찰했다.

중국의 최신 기업들을 바라보며, 경제의 비약적 성장을 계획하고자 했을 것으로 보인다. 대외 관계에서도 남북 정상회담(2000년)과 북일 정상회담(2002년, 2004년)으로 대표되는 역동적인 외교를 전개했다.

42배의 격차

이 기간에 북한 경제는 악화 일로를 걸었으며, 발전의 기미가 전혀 보이지 않았다. 미국이나 한국, 일본을 상대로 한 대립이 해소되지 않았던 탓이다. 더군다나 핵실험이나 미사일 발사에 따른 경제 제재도 타격을 가해, 한국과의 격차는 더욱 벌어지고 있다.

한국의 통계청에 따르면, 북한의 2010년 실질 국내총생산GDP: Gross Domestic Product은 2004조 5970억 원(약 1억 6450억 엔)으로 한국의 42분의 1 수준에 지나지 않는다. 기록이 남아 있는 1990년 이래 최대의 격차이다.

1인당 국민 총소득GNI: Gross National Income은 한국이 2만 759달러인 것에 비해 북한은 1740달러로 10분의 1에 지나지 않는다. 1995년에는 한국이 1만 1735달러였고 북한이 1034달러였는데, 15년 만에 한국은 두 배로 증가했으나 북한은 비슷한 수준에 계속 머물러 있다.

무역액의 격차는 더욱 현저하다. 2010년 북한의 무역액은 42억 달러로, 한국의 8946억 달러의 200분의 1 이하였다.

2010년의 발전發電 용량은 237억 kW로 한국의 4313억 kW의 20분의 1 수준이다.

덧붙여 말하자면, 2010년 북한의 인구는 총 2400만 명으로 한국의 인구 5000만 명의 절반 수준이다. 대학교의 수나 만 명당 대학생 수는 한국의 3분의 1 정도이다.

화폐개혁의 실패

2000년 이후 북중 경제 및 무역 관계에서 뚜렷하게 부각되는 특징으로 나날이 증가하는 중국의 대북 투자를 꼽을 수 있다.

2000년대 초까지는 중국의 대북 투자가 음식점이나 상점, 오락 등의 업종에 한정되어 있었고 그 수 또한 적었다. 심지어 대규모 투자의 경우에는, 북한 측이 비즈니스에 익숙하지 않았던 점을 내세워 단념하도록 설득하기도 했다. 그러나 2000년 이후 중국 정부는 자국 기업이 북한과 공동투자를 하고 북한 내에 투자하는 것을 적극적으로 장려해왔다.

북한은 그 이후 경제적으로 큰 실패를 범하게 되는데, 바로 화폐개혁(디노미네이션)의 시행이다. 2009년 말에 실시된 이 조치는 북한에 큰 혼란을 안겨주었다.

외부 매체로서는 최초로 신新화폐를 입수한 '자유북한방송(탈북자가 한국에서 운영 중)'에 의하면, 12월 1일부터 6일까지 근로자 1인당 10만 원을 한도로 해서 신화폐를 교환하게 하는 동시에, 근무자 전원에게 는 별도로 구舊화폐 5만 원에 상당하는 신화폐 500원을 지급했다고 한다.

중산층이 장롱 속에 감춰두고 있던 10만 원 이상의 저금을 압수해, 시장경제를 계획경제로 복귀시키고자 하는 의도였다. 이 조치의 중심 에 김정은이 있었다는 시각도 있다.

주민으로부터 강한 반발이 일어나서 곤경에 처한 북한 당국은, 한 가구당 교환 상환액을 올리고 1인당 500원의 신화폐를 배포하는 위무 책慰撫策을 내놓았다.

그다음 해 2월에는 북한의 김영일 총리가 평양시민위원회 주요 간 부 회의에서 화폐개혁 이후의 물가 상승이나 인민 생활의 혼란에 대 해 사죄했다고 한국에서 보도되었다. 이 혼란의 책임을 물어 박남기朴 南基 로동당 계획재정부장을 경질하고 총살형에 처한 것으로 보인다.

이 실패 이후부터 북한에서는 '인민 생활 중시'라는 슬로건이 ≪로 동신문≫ 등에서 나타나기 시작했다.

중국의 '대외 원조' 외교

중국의 대외 원조는 건국 다음 해인 1950년부터 시작되었다.

자국의 경제적 상황도 좋지는 않았으나, 정치적 목적을 지닌 중국 의 대외 원조는 1970년대 후반까지 30년 가까이 지속되었다. 그 대상 은 북한이나 베트남 등 지리적으로 가까운 사회주의국가였다. 여기에 는 사회주의 진영의 결속을 강화하고 미국에 대항하려 하는 정치적

의미가 담겨 있었다.[3]

그 이후 중국의 지원은 아시아와 아프리카 국가를 향해서도 확대되었다. 또한 서서히 경제적인 색깔이 강해지고, 정치적인 목적보다도 자원 확보가 주된 목표가 되었다.

1964년에는 현재까지도 유효한 중국의 대외 원조상의 기본 원칙인 '대외 원조 8원칙'이 발표되었다. 평등호은平等互恩의 원칙을 바탕으로 하는 원조, 피원조국의 주권 존중, 자력갱생을 목표로 하는 경제 건설의 실현 등이 그 예로, 아프리카 국가들을 대상으로 하는 원조가 더욱 확대되었다.

후에 대외 원조의 규모가 지나치게 비대해졌다고 판단한 중국공산당 지도부는 1975년에 대외 원조의 축소 방침을 발표하고, 피원조국의 경제 발전에 공헌할 뿐만 아니라 중국 경제의 발전에도 연계되는 형태로 시행되어야 한다는 점을 명확히 했다.

1984년에는 덩샤오핑이 '대외 협력 관계 발전 4원칙'을 발표해서, ① 평등호은과 상호의 주권 존중, ② 내정 불간섭, ③ 경제적 상호 이익, ④ 공동 발전을 강조했다.

이 원칙은 한국전쟁 당시 동맹국이었으며 지금도 친밀한 관계를 유지하고 있는 북한과 중국의 관계에 적합한 것으로 보인다.

중국은 북한의 내부까지 진출해, 중국 동북부와의 제휴를 통한 인프라를 구축한 뒤 경제 관계에서 영향력을 강화하고자 하고 있다. 중국 정부는 어디까지나 정책 및 방침을 결정할 뿐이고, 실제로는 민간

---

3 日本國際問題研究所, 中國の對外援助」(2012)(http://www2.jiia.or.jp/pdf/resarch/H23_China/H23_China_AllReports.pdf).

기업이 자신들의 판단 아래 투자를 진행하고 있는 형태이다.

무상 원조의 실태

중국이 북한 측에 제공하고 있는 무상 원조의 내용은 확실치 않다. 중국 측이 자주적으로 발표하는 원조 내역도 있으나, 대부분 수면 아래에서 행해지고 있기 때문이다. 중국의 대북 원조 총액은 1950년에서 1956년까지 8000억 위안(약 12조 엔)에 이를 것이라는 추정도 있다. 규모가 예전보다는 줄어들었다고 해도, 일단은 아직까지도 이루어지고 있는 것으로 보인다.

일종의 이벤트 성격으로 이루어진 경우도 있다.

예를 들어 2004년 4월에 김정일 국방위원장이 중국을 방문한 후, 중국에서 북한으로 수출하는 원유량이 통상의 4배로 급증했던 것이 중국 정부의 통계로 파악되었다. 북한의 에너지 사정이 지독히도 좋지 않았던 점을 고려하자면, 김정일의 방중을 맞아 수출량을 늘렸을 가능성도 있다. 5월 수출액은 전년 실적의 40%로 추정되어, 통상적인 1개월 실적의 4배에 이르는 액수였다. 2000년 5월과 2001년 1월의 방중 직후에도 원유 수출액이 증가한 바가 있다.

중국 언론이 이따금 보도하는 내용에 따르면, 중국 정부는 북한의 기념일에도 비밀리에 중유를 지원하고 있다고 한다.

2005년 10월 10일 전후에 중국은 북한에 디젤유 1만 톤을 무상으로 지원했다. 시기적으로 보았을 때 조선로동당의 창건 60주년 기념일이 10월이기도 했고, 당시에는 우이吳儀 부총리의 중국 대표단도 방북 중에 있었다. 지원은 9월 15일에 확정되어, 10월 상순에 다롄을 출발한 5000톤급 선박 2척이 평양에서 20km 정도 떨어져 있는 송림항松林港

에 도착해 중유를 북한 측에 전달했다고 알려져 있다.

한국의 연합뉴스는 2008년 7월 4일에 중국의 소식통을 인용해, 시진핑 국가부주석이 그 전해 중순에 방북했을 당시 북한 측에 항공연료 5000톤과 1억 위안(약 5000억 엔)을 제공했다고 보도했다. 동시에 중국 대표단이 방북 시에 선물을 제공하는 관례에 따라 2005년 10월에는 우이 부총리가 중유 1만 톤, 후진타오 국가주석이 2억 위안(약 30억 엔)을 북한에 제공했다고 전하고 있다.

2009년 1월 23일에 왕자루이王家瑞 중국공산당 중앙대외연락부장이 김정일 국방위원장과 면담했다. 김정일은 그 전해 8월 뇌졸중으로 쓰러졌다는 이야기가 있었던 이후 처음으로 외국 요인과 가진 면회였다. 홍콩 잡지인 ≪아주주간亞洲週刊≫에서는 이때 중국 측은 2500만~3000만 달러의 무상 지원을 제공했다고 전했다.

자립을 촉구하는 지원

중국은 현재 북한 측에 무상 지원도 제공하고 있으나, 북한 경제의 자립과 북중 상호 이익 획득을 목표로 하는 지원의 새로운 틀을 확립하고자 노력하고 있다.

이를 가리켜 어느 중국 정부 관계자는 "긴급 수혈(경제 지원)에서 자기 조혈造血(경제 자립)로 넘어가는 과정"이라고 표현한 적이 있다. 단순히 일방적으로 지원하는 것이 아니라, 공장 등을 공동으로 설립하고 자력으로 생산해 실제로 이익을 얻을 수 있는 노하우를 전수해준다는 것이다. 실제로 2005년 10월 북중 수뇌회담에서는 중국이 5년간 중앙정부 차원에서 총 20억 달러를 지원한다는 골자의 프로젝트를 북한에 제시했던 적도 있다.

주駐평양 중국 대사관 홈페이지에 의하면, 중국 상무부는 2006년 10월 말까지 식품, 의약, 경공업, 전자, 화학공업, 광산 등 49개 분야에서 중국 기업들이 총 1억 3500만 달러 이상의 대북 투자를 진행할 것을 승인했다고 한다.

북한 대외경제협력위원회의 김영민金永民 부위원장은 2004년에 베이징에서 있었던 투자 설명회에서 "2004년 말까지 외국 기업 200개가 진출했는데, 그중 40%가 중국 기업이다"라고 언급했다.

북한의 사회과학원에 의하면, 2009년에 북한에 투자한 외국 기업은 375개였고, 그중 중국 기업이 60%를 차지해 그 비중이 더욱 올라갔다.

정부 인도, 기업 참여, 시장 운작

중국 측의 새로운 방침을 엿볼 수 있는 발언이 하나 있다. 김정일 국방위원장과 원자바오 총리는 2004년 4월 2일에 베이징에서 있었던 회담에서 경제협력에 관한 의견을 교환했는데, 당시 원자바오 총리는 "중국 정부는 자국 기업이 북한 측과 다양한 형태의 호혜적인 협력을 진행할 것을 장려하고 있다"라고 언급했다. 또한 그는 2006년 1월에 방중한 김정일 국방위원장에게 이후의 경제 관계에 관해 "북중 무역은 양국관계의 중요한 요소이다"라고 지적하며 "정부 인도政府引導, 기업 참여企業參與, 시장 운작市場運作(정부가 주도하지만 시장 원리에 근거해 북한 내 중국 기업을 운영한다)"이라고 발언했다.

이 '시장 운작'이라는 네 글자는 베이징 외교가에서 큰 화제가 되었다. 이 표현은 중국의 경제정책을 대표하는 말로 널리 쓰이고 있지만, 어째서 북한에 그러한 발언을 했던 것일까?

경제에 관련해서는 북한 핵실험(2006년 10월)을 둘러싼 북중 간의 대립이 원만해진 2007년 7월 3일에 방북했던 양제츠 신임 외교부장도 비슷한 맥락에서 흥미로운 발언을 한 바가 있다.

양제츠 외교부장은 방북 기간 중에 핵실험에 관련해 북한을 비난하는 대신, 김영남 외무상과 가진 회담에서 "우리는 북한 측과 중국 정부가 이끌고, 민간이 참가하며 시장이 운영한다는 원칙에 준거한 호리호은互利互恩, 공동 발전의 정신에 따라 실무 협력을 확대할 것이다"라고 밝혔다. 원자바오가 일찍이 언급한 '시장주의 원칙'과 같은 내용으로, 북한과 중국 사이의 '혈맹'은 과거에나 존재했던 관계라고 선언한 것이나 다름없다.

중국 기업은 최근 들어 북한에 대규모 투자를 하기 시작했다. 무역, 식량, 원유 지원뿐만 아니라 직접투자 또한 눈에 띄게 늘어나는 추세이다. 2008년 2월부터 중국은 북한과 무역할 때 인민원KPW: North Korean Won으로 결제하는 방식을 실행에 옮겼다.

기업 소득세를 3년간 면제

북한 무역부의 윤영석 尹榮錫 경제협조관리국장은 2009년 9월, 중국 동북부의 창춘長春에서 열린 투자무역전람회에서 새로운 경제정책을 밝혔다.

경제의 중점을 과학기술, 선진 기술, 인프라, 국가 경쟁력에 두고, "최첨단 기술을 도입해 단기간에 경제를 세계적인 수준으로 향상시킨다"는 것이었다.

또한 북한은 이미 외국 기업에 대해 기업 소득세를 3년간 면제하고 그 후 2년 동안 반액만 걷는 조치를 취하고 있다고 덧붙였다.

윤영석 국장은 새로운 우대책에 관해 ① 외국 기업이 제조한 상품

이 북한 국내 수요를 충족할 시 비슷한 상품의 수입을 금지하며, ② 북한 기업과 공동투자한 외국 기업의 토지 사용료는 북한 기업이 납부하고, ③ 국토 보전을 위해 자원세를 신설한다고 명시했다.

한 관계자에 따르면, 이러한 정책의 배경에는 북한이 그토록 원하는 중국의 민간 기업들이 북한과의 비즈니스에서 연달아 손을 떼고 있다는 사정이 있는 듯하다.

북한 측이 채무를 이행하지 않아, 많은 중국 기업이 경영이 악화된 전례가 있기 때문이다. 전 세계적인 경기후퇴의 영향으로 말미암아 어쩔 수 없이 철수하게 되는 경우도 있다. 이 때문에 중국의 국영기업이 민간 기업 대신 무역 등을 떠맡는다는 취지의 '국진민퇴國進民退', 즉 국가가 앞장서고 민간은 뒤로 빠지는 행태를 뜻하는 말이 중국 측 무역 관계자 사이에서 사용되고 있다고 한다.

밀착의 배경

지금까지 북중 양국의 경제적 결속을 검토해봤는데, 이 '밀착密着'의 뒤편에서 중국은 대북 정책을 전환하고 있었다.

북중 관계는 언뜻 보기에는 밀월蜜月 상태로 비춰질 수 있으나, 북한 문제에 어떻게 대응할 것인지는 중국 지도부에서 가장 의견이 갈리는 사안이며, 딱히 책임을 질 사람이 없으므로 결정이 미뤄지는 경우도 있다.

예컨대 중국 외교부에서 발표한 2006년 핵실험 관련 성명의 문구는 후진타오가 직접 작성하기도 했다. 2010년 한국의 천안함 침몰 사건에 대해서는 "동맹국을 비판하는 것은 중국에 이익이 아니다"라고 굳이 주장했으며, 중국공산당 내부에서 외교를 담당하는 당 중앙대외연락부장도 이에 동의했다. 그렇지만 한편으로는 무차별 공격에 관용을 보이는 모습으로 받아들여질 수 있다는 의견이 대립해, 공식 견해를 밝히는 데에는 시간이 걸렸다.[4]

그 가운데 2009년 5월에 두 번에 걸쳐 북한이 핵실험을 강행한 사건은 6자 회담을 통해 한반도 비핵화를 적극적으로 추진하고 있던 중국 외교가 겪은 뼈아픈 실패로서, 국내외적으로도 비판을 받아야만 했다. 이 사건을 고려해 중국은 은밀하게 북한 정책에 관한 재검토를 한 것으로 보인다.

2009년 7월 10일에서 12일까지 베이징에서 열린 '제11회 재외사절 회담'에서 향후 외교 방침이 결정되었는데, 북한 문제에 관한 방침 또한 여기에서 변경되었다는 시각이 있다. 다만 어떠한 수순을 거쳐 변경되었는지는 지금까지도 확실하지 않다.

중국의 최고 지도자 덩샤오핑이 남긴 외교정책 방침에 '도광양회韜光養晦, 유소작위有所作爲', 즉 능력을 숨기고 자세를 낮추지만, 필요한 일은 행한다는 의미의 문구가 있다.

2009년 회담에서는 네 글자가 더해진 '견지도광양회堅持韜光養晦, 적극유소작위積極有所作爲'[5]를 새로운 외교 방침으로 정했다. 또한 지정학적 전략 거점을 충실히 쌓고 강화하라는 지시도 내려졌다고 한다.

---

4   Linda Jacobson and Dean Knox, "New Foreign Policy Actors in China", *SIPRI Policy Paper*, No. 26(2010)(http://books.sipri.org/files/PP/SIPRIPP26.pdf).

5   '능력을 숨기고 자세를 낮추는 태도를 견지하되, 필요한 일은 적극적으로 행한다'는 뜻이다. _ 옮긴이 주

중국공산당 외사영도소조의 결정

이와는 별도로 '중국공산당 외사영도소조外事領導小組'가 열렸다는 견해도 있다. 이 회합은 다이빙궈戴秉國 국무위원(외교 담당)이 주재하고 후진타오 주석(조장), 원자바오 총리(부조장), 시진핑(부조장), 장더장張德江 부총리, 왕자루이 중앙대외연락부장, 양제츠 외교부장, 천더밍陳德銘 상무부장, 량광례梁光烈 국방부장이 참가하며(모두 당시 직함),[6] '국가안전보장소조國家安全保障小組'로도 불린다. 외교적으로 중요한 결정은 이 조직이 내리고 승인은 당의 정치국 상무위원이 하는 시스템으로 변하고 있다.

당시 이 조직은 북중 관계와 6자 회담은 별개로 처리한다는 결정을 내렸던 것으로 보인다.

이와 관련해 홍콩 신문 ≪명보明報≫에서는 "중국은 북한에 안전보장과 지원을 제공하고 경제 발전도 지원하는 한편, 북미 양측이 대화할 수 있는 다리를 놓아준다. 북한은 중국과의 협력이라는 외교적 궤도로 돌아가며, 점차적으로 개혁과 개방을 진행한다"고 보도했다.

즉, 북한에 핵을 포기할 것을 무리하게 강요하지 않으며, 북한이 어떠한 행동을 취하더라도 양국 관계의 안정을 최우선시하며, 경제협력을 추진한다는 것이다.

유사시 군사 지원도 포함되어 있는 「중조우호협력상호원조조약」은 체결된 지 50년이 지나고 있으며, 중국 내부에서는 재검토하자는 논의도 있으나 당분간은 지속될 것으로 전망된다.

---

6 현재 '중국공산당 외사영도소조'의 조장(組長)은 시진핑 중국공산당 총서기가 맡고 있다. _옮긴이 주

원자바오의 방북

이와 같은 당 외사영도소조에서 내린 결정을 받아들여, 원자바오 총리는 2009년 10월에 방북해 평양 교외의 평안남도平安南道 회창군檜倉郡에 있는 '중국인민지원군 열사 묘지'를 방문했다. 한국전쟁에서 사망했던 마오쩌둥의 장남 마오안잉毛岸英의 묘가 있는 곳이기도 하다. 이곳을 중국 정부 요인이 방문한 것은 저우언라이 이래 50년 만의 일로, 이는 한국전쟁에서 같이 싸웠다는 '동맹 의식'을 다시금 다지고 북중 관계를 정상 궤도에 올려놓았다. 김정일 국방위원장의 방중이 잇따르고, 북중 국경에서 추진되는 경제협력이 구체화된 것도 이때부터이다.

지금까지 북한과 중국이 최근 수년간 주로 경제 관계를 강화한 것에 초점을 맞춰 설명해왔으나, 여기에는 정치적인 측면도 물론 존재한다.

가장 심각한 사안은 북한의 불안한 정도가 높아져만 가고 있다는 것이다. 김정은이 후계자로서 본격적으로 움직이기 시작하고 있으나, 김정일 국방위원장이 20년 이상 걸려 추진한 후계 작업을 수년 만에 한다는 것에는 역시 무리가 있다.

또한 2012년은 북한이 이른바 '강성대국' 혹은 '강성국가'에 들어서기 시작한 해이기도 하다. 북한은 중국이 현 체제를 지원할 자세를 명확히 했다는 사실로 자국민을 안심시키는 동시에, 주변국들이 북한에 관여하는 것을 막고자 하는 의도를 품고 있는 것으로 생각된다.

식량 지원의 실태

미 의회 산하의 합동조사국에 따르면, 북한은 2005년 약 108만 톤의 식량 지원을 받았는데, 그중 중국이 약 53만 톤을 지원해 전체의 49%에 이르는 최대 지원국이었던 것이 밝혀졌다. 식량 분야에서도 북한이 중국에 크게 의존하고 있다는 것이 최초로 밝혀진 것이다. 다만 무상인지 유상인지는 명확하지 않다.

중국 다음으로는 한국이 36%(약 39만 톤), 일본이 4%(4만 톤), 미국이 2%(2만 톤)를 차지했다. 2008년 총 식량 지원량은 약 58만 톤으로, 북한의 연간 식량 수요가 약 600만 톤이라는 것을 감안할 경우 필요 식량의 20%를 외부 지원에 의존하고 있다는 말이 된다.

다만 중국은 대부분 유엔 세계식량계획WFP: World Food Programme의 틀 밖에서 식량을 지원하고 있어, 배포되기 전의 모니터링조차 되지 않는 듯하다.

무역이 지방 수준이나 개인 차원에서 행해지는 데에 반해, 식량이나 중유 지원은 중국 정부가 총괄하고 있는데, 이것은 정치적 노림수라고 볼 수 있다.

지원은 북한 외무성이나 조선로동당과 관계가 깊은 중국공산당 대외연락부가 처리한다. 필자가 중국에 있는 석유 회사의 담당자와 나누었던 이야기에 따르면, 이전에 갑자기 중국 상무부 등에서 "북한에 중유를 보내고자 한다"라는 전화가 왔었다고 한다. 이유는 물어볼 수 없었고, 그저 정해진 시일까지 언급한 양을 정해진 장소로 보내는 수밖에 없었다고 한다.

그러나 후진타오 주석 시대에 들어선 이후에는 시스템이 바뀌어, 설령 원조라고 해도 기업 측에 대금은 지급해준다고 한다. 당 중앙대외연락부는 현재까지도 풍족한 예산이 있어, 대외적으로 노출되지 않게 북한과 같은 동맹국에 지원을 하고 있다.

북한은 역으로 중국에 더 많은 요구를 해오고 있다. 중국 외교부의 한 고위 관료는 필자에게 다음과 같은 사실을 누설한 바가 있다. "이전에는 양국의 실무 레벨에서 논의한 뒤 목록을 작성하는 형태였는데, 최근에는 북한이 일방적으로 목록을 내서 요구하고 있다." 또한 "마치 중국의 경제 발전은 자신들(북한) 덕택에 가능했다는 듯이 생색내는 태도를 느끼는 경우도 있다"라고 털어놓았다.

북한에 소비문화를

중국의 대북 투자는 주로 제조업, 서비스업, 인프라 및 광산 발전 등의 영역에 집중되어 있으며, 북한의 경제를 되살리는 역할을 맡고 있다.

제조업에 관련된 투자로는 상하이야밍조명기구전기제조유한회사上海亞明照明器具電機製造有限會社에서 평양에 건설한 야밍조명합영회사亞明照明合營會社가 있다. 난징슝마오전자그룹南京熊猫電子集團에서는 북한의 대동강전자계산기大同江電子計算机와 합작해서 천시슝마오계산기유한공사晨曦熊猫計算機機有限公司를 설립했다. 또한 지린연초공업유한공사吉林煙草工業有限公司와 조선연초수출입회사朝鮮煙草輸出入會社에서 설립한 평양백산연초유한회사平壤白山煙草有限會社 등이 있다.

인프라 방면의 투자로는 야오화유리집단耀華琉璃集團에서 지원해 건설한 대안우의大安友誼유리공장과 지린성에서 지원한 라선항 제1부두 수책 사업이 꼽힌다.

2012년 2월에 미국 AP Associated Press에서는 중국이 북한에 소비문화의 개념을 전파하고 있다고 전했다. 2011년 말에 사망한 김정일 국방위원장이 마지막으로 시찰했던 곳이 바로 중국 자본이 소유한 슈퍼마켓이었다.

김정은도 중국계 슈퍼마켓을 시찰한 적이 있다.

이에 대해 중국이 북한에 소비문화를 퍼뜨려 북중 무역을 확장하고 북한 정부의 경제 기반을 강하게 하는 한편, 경제적으로 북한을 통제하려 한다는 분석이 있다.

중국을 포함한 외국자본이 평양에 직접투자하는 것도 허가가 났다고 한다. 평양 시내의 광복거리에는 '광복백화점'이 완성되었으며, 외벽에는 중국식 한자로 '광복백화光復百貨'라는 명찰이 내걸렸다. 최초로 외국자본 소유의 백화점이 북한에서 개업한 것이다.

평양 중심부에 위치한 고려호텔의 뒤쪽에는 중국 자본 소유의 호텔 건설이 시작되어, 밤낮을 가리지 않고 작업이 진행되고 있다.

중국 정부의 대금 보증

북중 경제 및 무역에서 큰 비중을 차지하는 국경무역에서, 중국 측 기업들이 손해를 입는 경우가 적지 않다. 양국 사이에 투자자에 대한 보호를 명시한 투자 협정도 체결되어 있기는 하지만, 북한이 국제적인 규칙에 익숙해져 있지 않은 점도 있기 때문에 결제와 같은 부분에서 문제가 발생할 경우에는 쉽게 해결되지 않는다.

북한의 대외무역 기업은 상급 기관의 엄중한 감독 아래 놓인 데다가, 파출 기관에는 결정권이 없어 기민한 거래를 할 수 없었다.

현재는 양국 간의 국경무역이 1990년대에 비하면 상당히 활발하게 이루어지고 있다. 이는 북한이 점차 중국의 시장경제 체제를 이해하고 적응하기 시작한 덕분이다.

외화가 부족한 북한은 변제를 광물자원 등의 현물로 대신해 외국의 자본가와 얽혀 있는 자금 지급 문제를 해결하고 있다.

중국 측 또한 북한에서 수주받은 중국의 무역업자가 대금을 받지 못했을 경우, 정부가 직접 대금의 일부를 보증하고 있다. 이는 미 의회 산하의 의회조사국이 2011년에 발표한 각국의 북한 지원 실태에 관한 보고서에 명확히 드러나 있는 부분이다.

이 보고서에서는 '대금 보증'이 사실상 북한의 안정 유지를 최우선으로 전제한 중국의 교묘한 '지원'이라고 힐난하고 있다.

어쨌든 북중 간의 경제와 무역은 북한의 많은 농산물 시장과 소상품 시장이 발전하는 데에 이바지했을 뿐만 아니라, 일반 북한 시민들에게 시장경제의 원리를 가르쳐주기도 했다.

조선대풍국제투자그룹

북한이 외화를 유도하기 위해 활용하고 있는 기관은 주로 두 곳인데, 바로 조선합영투자위원회朝鮮合營投資委員會와 조선대풍국제투자朝鮮大豊國際投資그룹이다. 특히 후자에 해당하는 기관은 국영 투자 기관 형태로 2010년 1월에 화려하게 등장했다.

다음 해 1월 15일, 북한은 '국가 경제개발 10개년 전략 계획'을 내각에서 채택한다.

김정일 국방위원장이 정식으로 최고 지도자가 된 이후, 각 분야별 경제 계획은 존재했으나 전체적인 경제 계획이 등장한 것은 처음이었다. 조선중앙통신은 이에 대해 "2020년에는 선진국의 수준에 도달할 수 있다는 것이 확실하다는 전망이 나오게 되었다"라고 보도했으며, 경제 발전 계획은 조선대풍국제투자그룹이 전면적으로 맡게 된다.

대상으로 채택된 분야 중에서 중심은 인프라 건설과 지역개발, 농업이나 전력, 석탄, 금속 등이었다. 10개년 계획 발표 이후, 조선대풍

국제투자그룹의 박철수朴哲洙 회장이 한국 MBC 방송과 일본 교도통신의 인터뷰에 응한 바가 있다.

박철수 회장은 "북한이 목표하는 외화 유치액은 최대 4000억 달러, 자기 보유 자본은 480조 원"이라고 밝혔다. 이는 북한의 총 GDP의 20배에 가까운 천문학적인 금액이다.

먼저 식량문제를 해결하기 위해서 농업에 투자하고, 그 이후 철도와 전기 등의 간접 자본 시설에 투자할 것이라는 방침을 언급했다고 한다.

그 이후 조선대풍국제투자그룹은 주목할 만한 성과를 얻지 못한 상태로, 2012년에 해산된 것으로 알려져 있다.

합영투자위원회

또 다른 외화 유치 기관인 합영투자위원회(위원장: 리광근李光根 전임 무역상)에 관해 2012년 5월 17일 자 ≪로동신문≫에서 보도한, 동 위원회 김일선 과장이 투자 설명회에서 한 연설을 살펴보도록 하겠다.

김일선 과장은 위원회가 맡은 역할은 "투자 대상에 대한 심사 승인, 외국 투자 기업의 경영 활동에 관한 협력, 해외투자 관리, 특수 경제지대 사업과 같은 공화국[7]의 외국 투자 사업 전선의 관리"를 포함하며, "국가의 외국 투자 전략을 설립하고 집행하는 정부 기관", "국가의 투자 환경을 개선하는 것에 관해 생기는 문제를 최고인민회의 상임위원회와 내각, 관련 기관에 건의한다"고 덧붙였다.

동 위원회는 또한 "투자가에게 필요한 정보를 제공하고, 그들의 요

---

7 북한을 가리킨다. _ 옮긴이 주

청에 응해 국내의 회사, 단체에 관한 신용을 확인해주는 투자 자문 서비스"도 하고 있다.

김일선 과장에 의하면, 이미 북한은 20여 개의 외국인 투자 관계법과 규정을 새롭게 제정하고 수정 및 보완을 거쳐 외국인 투자 및 기업경영을 위한 법적 토대를 정비했다고 한다. 또한 북한의 해외 경제협력이 현재 어떻게 진행되고 있는지도 거론하며 "공화국 정부는 이미 세계의 수십여 개의 국가와 쌍무적 투자 장려 및 보호에 관한 협정, 10개 정도의 국가와 이중과세 방지 협정 등을 체결했다"고 한다.

이쪽은 대풍그룹과는 달리 착실해 보이기는 하나, 북한의 불안정한 대외 정책 가운데 어디까지 실적을 올릴 수 있을지는 역시 불확실하다고 말할 수밖에 없다.

해외 연수와 개혁·개방 시스템

북한이 경제난에서 탈출하기 위해 발버둥치고 있는 실태가 외부에 유출되곤 한다. 북한에서는 경제 관료가 해외에서 연수를 받고 있다는 뉴스가 자주 나오고는 하는데, 특히 미국에 본부를 두고 있는 자유아시아방송이 열성적으로 이와 관련된 보도를 하고 있다.

2005년 3월에는 북한 내각이 참가한 싱크탱크의 멤버가 중국 개혁·개방의 경험에 관련된 연수를 받았다고 한다. 당시 이 멤버는 ① 경제관리, ② 계획경제와 시장경제의 융합, ③ 과학기술의 진전과 경제관리를 어떻게 조정할 것인지의 세 가지를 공부할 것을 목표로 삼았는데, 구체적으로는 은행, 노동, 물가, 재화 등의 주제를 배웠다고 한다.

다음 해에 김정일 국방위원장은 오랜만에 중국을 방문해 남부의 하이테크(첨단 기술) 지대를 시찰했다. 그 후에는 김정일 국방위원장의 신뢰를 받고 있는 장성택이 경제 각료를 이끌고 같은 루트를 돌고 있다. 필자가 기회를 잡아서 인터뷰한 김정일의 장남 김정남은 이 당시 북한은 진심으로 개혁·개방 정책의 도입을 검토하고 있었다고 증언했다.

북한 관련 인권 단체인 '납치북탈출인권연대'는 자유아시아방송에서 "북한 지도부가 한국식 경제개발을 연구하고 있고, 한국 경제 관련 서적을 모으고 있다"라고 언급했다. 또한 북한 당국이 중국에서 활동 중인 국가안전보위부 직원에게 "한국의 주요 경제 서적이나 유력 경제학자에 관해 조사하도록 지시를 내렸다"고 밝혔다.

2012년 3월에는 싱가포르에서 활동 중인 현직 경제 전문가가 평양에서 북한의 젊은 정부 관료들과 경제인들을 대상으로 자산 운용과 대금 관리에 관해 강연회를 열었다. 금융의 체계와 전략, 자산 운용과 대금 관리 등을 포괄적으로 다룬 내용이었던 것으로 알려져 있다.

싱가포르에서 기반을 쌓은 비영리단체 '조선 익스체인지'는 "2012년 9월 가을 학기부터 1년간 북한 정부 관료 혹은 경제 전문가 2인 정도가 싱가포르의 대학에서 경제정책과 제도 등을 연수받는 것이 확정되었다"라고 언급했다.

이 밖에도 북한 경제 담당자의 해외 파견 보도가 연달아 나오고 있는데, 일종의 '학습 붐'이 일어났다고 보아도 무방할 것이다.

기대감은 부풀어 오르고 있지만……

북한이 개혁·개방의 필요성을 느끼면서도 실제로 실행할 수 없는 것은 "외부에서 파리(정보)가 국내에 들어와 국가의 안정을 위협할 수 있다"는 불안감이 그 이유로 보인다. 이러한 딜레마는 김정은 체제로 넘어가도 간단히 해결할 수 있는 문제가 아니다.

한편으로 활발한 해외 파견은 젊은 김정은의 지시라는 견해도 강해, 이에 대해 북한의 주민들이 기대감을 높이고 있다는 의견도 있다.

이와 관련해서 자유아시아방송이 함경남도咸鏡南道 주민의 이야기를 전한 바가 있다.

2012년 5월 말, 김정은이 지방에 있는 군과 시설을 돌아보고 문제점을 지적하는 '현지 지도'가 과거 김정일 때와는 다르다는 소문이 주민 사이에 널리 퍼지고 있어, 이후의 정책에 대한 관심이 높아지고 있다고 한다.

이 주민은 "과거 김정일의 현지 지도는 사전에 치밀하게 준비된 각본대로 이루어지도록 완벽하게 준비되었다"라고 회고했으나, 김정은은 정해진 코스를 벗어나 의외의 행동을 보이는 경우가 많다고 한다. 구체적인 예로 다음과 같은 일화가 있다.

김정은이 함경남도 함흥시咸興市에 시찰을 가던 도중, 갑자기 차를 멈추라고 지시했다. 그리고 근처의 민가를 방문해 가족들의 저녁 식사를 보고, 식량 사정을 확인했다고 한다. 이 주민은 김정은 제1비서가 최고사령관이 되었던 당초에는, "연령도 어리고 사치스러운 생활을 하며 자랐던 사람이 인민의 어려운 사정을 어떻게 알겠는가?"라며 이죽대는 사람도 많았다고 하나, 최근에는 "유학을 갔다 온 것만으로도 다르다"라고 보는 시각으로 바뀌었다고 한다.

최근 평양에 갔다 온 조선족 사업가 박 씨는 평양 체류 기간 중에 만났던 북한 사람들이 "우리도 (중국처럼) 곧 개혁·개방을 시작한다"라는 이야기를 했던 것이 인상 깊었다고 증언한다. '개방'이라는 표현은 김정일 시대에는 일반 북한 대중이 입에 올리지도 못했던 단어이다.

북한 인권 단체인 '좋은벗들'에서는 메일 뉴스를 통해, 김정은이 "학생의 역할은 공부"라며 학업에 전념할 수 있도록 지시를 내려, 평양에서는 초등학생과 중학생은 물론 대학생까지 농촌 동원에서 면제되었다고 전하고 있다.

지금까지는 있을 수 없었던 것임에는 분명하나, 한껏 부풀어 오른 기대감에 김정은이 과연 부응할 수 있을까?

제 6 장

방심할 수 없는 이웃

이용 가치와 안전보장

전략적 자산

2만 2800km의 육상 국경선을 가지고 있으며, 14개 국가와 접하고 있는 중국에 가장 큰 위협을 가하는 국가는 어디인가? 그것은 러시아도 인도도 아닌 바로 북한이다.

북한이 핵무기의 재료가 되는 우라늄을 농축하고 있는 영변은 베이징에서 수백 km밖에 떨어져 있지 않다. 이 영변 핵 시설의 실태는 불명확하지만, 그 안전도는 국제 기준을 크게 밑돌고 있다고 한다. 이 때문에 핵실험도 걱정이지만, 평소에도 사고가 발생할 가능성이 높다. 그렇게 될 경우 중국에 방사선의 영향이 미칠지도 모른다. 북한은 동창리東倉里에 대형 미사일 기지를 신축하고, 2012년 4월에 인공위성이라는 명목으로 미사일을 발사했다. 이곳은 중국 국경에서 가깝다.

그런데도 중국은 북한을 감싼다. 왜일까?

북중 관계를 연구하는 미국의 싱크탱크인 전략국제문제연구소CSIS: Center for Strategic & International Studies의 보니 글레이저Bonnie S. Glaser 전임연구원[1]은 "중국은 어떤 일이 일어나도, 북한과 맺은 우호 관계를 해치려고 하지 않는다. 북한의 핵실험을 비롯해, 연달아 행해진 도발 행위에도, 중국은 북한을 여전히 '전략적 부담strategic liability'이 아닌 '전략적 자산strategic asset'으로 느끼고 있다"라고 말하고 있다.

중국이 북한을 계속 감싸는 이유에 대해서, 필자는 다음과 같은 여섯 가지 사항을 지적하고 싶다.

① 북한이 존재하는 것으로 말미암아, 한국에 주둔하고 있는 주한 미군

---

1 현재는 선임연구원이다. _옮긴이 주

을 중국에서 멀리 떼어놓음으로써, 군사 안보상의 비용을 절약할 수 있다.

② 중국이 한국전쟁에 참전했던 것을 잘못으로 여기지 않기 위해서, 북한과의 사이가 틀어지지 않도록 한다.

③ 난동꾼인 북한과의 중개역을 연기함으로써, 중국을 향한 '횡포', '강압'이라는 비판을 피한다.

④ 난민의 중국 유입을 억제한다.

⑤ 북한의 지하자원과 값싼 노동력을 이용할 수 있다.

⑥ 북한 경제를 개선함으로써, 사회변혁[2]을 촉진한다.

그러면 앞의 내용을 차례차례 설명해보도록 하겠다.

미국의 아시아 진출 저지

군사력을 통해 주변국에 영향력을 확대하는 중국을 미국이 가만히 지켜보고만 있는 것은 아니다. 미국은 외교의 축을 이란과 아프가니스탄에서 아시아로 이동시키고 있다. 궁극적인 목적은 '중국 봉쇄'이다.

그 방침은, 하와이에서 2011년 11월에 열렸던 아시아태평양경제협력체APEC: Asia-Pacific Economic Cooperation 정상회의에서 "아시아 · 태평양 지역은 미국의 경제성장에 사활을 쥐고 있는 중요한 지역이며, 미국은 주저 없이 이 지역에서 외교를 전개하는 것을 최우선 과제로 삼고, 앞으로 대처해간다"라고 선언했다.[3]

---

2 한국어에서는 '변혁'이라는 용어가 주로 '혁명'과 연관되는 것과 달리, 일본어에서는 주로 '개혁'이라는 뜻이다. _옮긴이 주

더욱이 오바마 대통령은 그 이후 "국방 예산의 삭감이 미국의 아시아·태평양 지역의 군사력 저하로 이어지는 것 같은 일은 결단코 있을 수 없다", "미국은 태평양 여러 나라의 일원으로서, 장기적인 이 지역의 발전을 의도하고 있기 때문에, 진중하고 또한 전략적인 결정을 했다"라고 미국의 전략적 전환의 배경을 설명하고 있다.

이 발언과 관련해서 미국은 호주 북부의 시드니Sydney에 제2차 세계대전 이후 처음으로 2500명의 해병대 부대를 주둔시키기로 결정하는 한편, 오바마는 미국 대통령으로서 처음으로 '동아시아정상회의EAS: East Asia Summit'에 참가했다. 이 정상회의는 아세안ASEAN 10개국과 역외의 나라로 구성되어 있다.

이 정상회의에서 중국을 제외한 정상들이 하나같이 우려를 표한 것은, 남중국해南中國海에서 중국이 취한 강경 자세였다. 미국은 아시아, 특히 남아시아에서 긴급사태가 발생하는 경우에도 신속하게 대응할 수 있는 태세 만들기를 서두르고 있다.

미국의 리언 파네타Leon Panetta 국방 장관은 2012년 6월에 싱가포르에서 열린 아시아안전보장회의에서 2020년까지 해군의 함선 60%를 아시아·태평양 지역에 집중시켜, 이 지역에 관여를 강화할 방침을 분명히 했다. 급속한 군비 증강과 해양 진출을 진행하는 중국을 염두에 둔 발언이다. 2012년 7월, 미 해병대의 수직 이착륙 수송기 MV-22 오스프리Osprey가 지역의 반대에도 불구하고 일본에 착륙한 것은 북한

---

3 "No region will do more to shape our long-term economic future than the Asia-Pacific region. As I've said, the United States is, and always will be, a Pacific nation"(http://iipdigital.usembassy.gov/st/english/texttrans/2011/11/2011 1114094057su0.5628582.html#axzz2zzCK5KUY). _ 옮긴이 주

유사시를 겨냥한 것이다.

미국의 작전 계획

미국은 북한의 비상사태를 염두에 두고 작전 계획 몇 가지를 책정하고 있다. 전부 숫자로 표기되어, 언뜻 보는 것만으로는 내용을 알 수 없다. 미국의 싱크탱크와 보도 등을 통해, 그 일단이 명확해지고 있다.

작전 계획은 북한의 핵 개발을 저지하고 북한 정권을 무너뜨리는 것이 목적으로, 1990년 초에 입안된 핵 시설 한정 공중폭격 작전인 '작전 계획 5026'이 최초의 것이다. '작전 계획 5027'은 북한의 남침으로 전쟁이 발발할 경우, 남북한을 약 40만 명 이상의 한미 연합군이 무력으로 통일하는 내용이다. 1974년에서 2008년까지 아홉 차례 개정된 것으로 알려져 있다.

1999년에 책정된 '작전 계획 5029'는 북한 정권이 쿠데타, 반란군, 대량 난민, 대자연재해 발생 등으로 말미암아 불안정화·붕괴되어 통제력의 상실이 발생한 경우, 한미 연합군이 군사적으로 개입한다는 내용을 담고 있다.

다만 '작전 계획 5026'과 '작전 계획 5027'을 그대로 실행할 경우에는 한반도 전체에서 전면전이 일어날 가능성이 높아진다. 대량 난민의 유입으로 북중 간의 국경 지역이 대혼란에 빠지고, 중국의 인민해방군이 치안을 유지하기 위해 북한 영내로 들어올 위험성이 있다.

그 때문에 '작전 계획 5030'이 작성되었다. 이라크 전쟁으로 사담 후세인Saddam Hussein 정권이 무너진 직후인 2003년 중반에 당시 도널드 럼즈펠드Donald Rumsfeld 국방 장관의 지시를 받아, 미 국방정보국DIA: Defense Intelligence Agency이 작성의 중심이 되었다. 북한 국내와 정권의 내부 교란을 목적으로 하고 있다. 미국의 ≪U.S. 뉴스 & 월드 리포트U.S. News & World Report≫에서 최초로 보도했다.

① 수주간에 걸친 예고 없는 군사 연습을 행해, 북한인을 방공호로 피하게 함으로써, 귀중한 식량과 보존식을 비롯한 전시 비축 물자를 낭비시킨다.
② 북한 영공 부근에서 정찰비행을 감행하고, 북한 공군에 긴급발진을 시켜, 항공연료를 고갈시킨다.
③ 허위 정보를 유포해 혼란을 불러일으킨다.
④ 요인要人 망명을 적극 지원한다.
⑤ 자금원을 괴멸시킨다.

반란과 붕괴가 없는 경우에는, 대통령의 승인이 없이도 미 태평양 사령부의 판단에 의해 다양한 저강도 작전(국지 작전)에 돌입하는 것도 상정하고 있다.

이에 대해서 당연히 북한은 강력히 반발했지만, 이명박 정권 아래에서 실행이 검토되었다고도 전해진다.

현재는 북한의 내부 붕괴를 염두에 두고, 미군 특수부대가 출동해 북한 영토 내에 들어가, 핵 시설을 지배하에 두는 것 등이 검토되고 있다는 견해가 있다.[4]

---

4 2014년 10월 15일, 미국 육군은 「미국 육군 작전 개념: 복잡한 세계에서 승리하기(The U.S. Army Operating Concept: Win in a Complex World)」라는 보고서를 발표하면서, 잠재적 무력 충돌 대상 국가 가운데 북한을 "위험한 군사적 위협이자 중국의 후원에 의존해 살아가는 실패한 국가"라고 규정했다. "제3차대전 시

역외 균형

실제로는 이와 같은 대규모 작전 계획의 실행은 어려워지고 있다. 재정 적자에 고뇌하고 있는 미국은 전면적으로 중국에 대항하며 북한을 붕괴시키고, 그 혼란을 받아들이면서 새로운 나라 만들기를 행할 여유가 없다.

미국의 향후 외교 전략을 읽는 열쇠 중 하나로서 '역외 균형offshore balancing'으로 불리는 새로운 개념이 있다. 크리스토퍼 레인Christopher Layne이라는 정치학자가 쓴 『환상 속의 평화: 1940년부터 현재까지의 미국의 대전략(The Peace of Illusions: American Grand Strategy from 1940 to the Present)』[5]에서 제창하고 있는 것으로, 19세기의 영국 외교를 모델로 한 이론이다.

당시 영국은 패권 국가였지만, 교묘한 세력균형 외교를 전개했다. 어떤 나라를 지원해 다른 나라와 대립시켜, 양국의 힘을 상쇄시키거나, 지역의 문제 해결을 그 지역의 나라에 맡겼다. 이것이 이후의 미국 외교의 기조가 되고 있다는 의견이다.

미국은 특정 지역의 안전보장에 관한 모든 책임을 지는 것을 그만둔다. 그 대신 방위 책임을 여러 지역의 주요 국가로 이양하는 것이다. 기본 노선은 다음과 같다.

① 유럽과 중동의 병력을 축소하고, 동아시아로 군사력을 집중한다.

나리오 나왔다… 미국 vs 북한?", ≪한국일보≫, 2014년 10월 16일 자. _ 옮긴이 주
5   원서에는 일본어판인 『幻想の平和: 1940年から現在までのアメリカの大戦略』, 奧山真司 譯(五月書房, 2011)이 기재되어 있다. _ 옮긴이 주

② 육군보다 해군과 공군을 중시한다.

③ 부담을 공유하지 않고, 부담을 이전한다.

④ 중동에서의 미국의 후퇴는 테러 위협의 감소와 연결됨과 동시에, 페르시아 만안 석유의 자유항행은 해군과 공군이 확보한다.

⑤ 이라크와 아프가니스탄에서와 같은 국가 건설은 하지 않는다.

동아시아에서는 미일안전보장조약을 파기하고, 일본에 해양 안전, 동중국해의 영토주권 방위, 이에 더해 핵 개발을 허가한다. 이는 미국의 동맹국들이 인도, 러시아 등과 함께, 잠재적인 패권 국가인 중국과 균형을 이루도록 촉진하는 것을 의미한다.

미국이 지역 내의 분쟁에 휘말려들 가능성을 줄이고, 미국에 대한 테러 위협을 감소시킨다. 또한 미국에 대항해 대량 파괴 무기의 보유를 목표로 삼고 있는 나라에 대한 우려를 저하시킬 수 있다고 한다.

미일안전보장조약 폐기, 한국에 주둔 중인 부대의 철수 등 극단적인 주장도 포함되어 있기 때문에, 이 이론이 전면적으로 적용되는 일은 있을 수 없다. 그렇지만 한반도만을 보아도 미국의 관여는 약해지고 있다.

미국의 정책 방향은 한반도의 현상을 유지하고, 가능하면 북한의 우호국인 중국에 문제 해결의 책임을 지게 하는 '역외 균형'에 가까운 흐름임을 알아챌 수 있다.

체제 유지는 군비를 절약할 수 있다

북한이 무언가 문제를 일으킬 때마다, 중국에는 말하자면 난동꾼인 아우를 훈계하는 형과 같은 역할이 기대되고 있다. 중국으로서도 달갑지 않을지도 모르지만, 폐를 끼치는 아우가 있는 것은 플러스가 되는 면도 있다.

중국의 ≪전략망戰略網≫이라는 사이트에 게재된 "김정일의 죽음: 안정된 조선(북한)은 중국에 지극히 중요"라는 글이, 그러한 사정을 잘 전해주고 있다.

그 글에 의하면, 미국은 중국을 최대의 라이벌로 보고 있다. 미국은 최근 아시아를 중시하는 자세를 명확히 내세우고 있고, 북한에서 예측할 수 없는 사태가 발생하면 미국에는 아시아 진출의 좋은 구실이 되고 만다.

물론 남북이 통일하는 사태가 발생하면, 약 20만 명의 미군이 북중 국경인 압록강까지 진출할 가능성이 있다. 정예 부대인 미군에 대항하기 위해서, 중국 측은 전체 병력의 5분의 1에 해당하는 40만 명의 병력을 상시 북중 국경 부근 및 랴오둥반도遼東半島에 배치할 필요가 있다. 이 때문에 전체 국방비의 15% 이상이 여기에 쓰이게 된다.

그것과 비교하면 북한 정권이 안정을 유지함으로써 미군의 무기가 '천 리' 바깥(한국과 일본)에 배치된 상태에 머무르게 되면, 중국은 연간 500억~600억 위안 이상, 10년에 4000억 위안 이상의 군사비를 절약할 수 있다. 따라서 김정은 체제를 지탱하는 편이 이득이 되므로, 김정은 체제를 지지해야만 한다는 것이다.

이런 현실적인 계산을 기반으로, 중국은 북한 문제를 다루고 있다고 보아도 틀림이 없다.

중국에 대한 비판과 핵심 이익

중국의 외교정책은 최근 수년간 변화해왔다. 2005년 9월 15일, 중국의 후진타오 국가주석은 유엔 창설 62주년 특별 정상회담에서 '조화로운 세계 和諧世界'론을 제기했다.

그 내용에 대해 후진타오 주석은 "역사를 보면 명백하듯이, 상호 간에 군게 결속하고, 기회와 과제가 병존하는 역사상 중요한 시기에 여러 과제에 대처할 기회를 함께 잡는 것에 의해서만, 세계의 모든 나라가 인류 사회의 발전을 향해 밝은 미래를 만들어내고, 장기적인 평화 속에 공동으로 번영하는 조화로운 세계를 만들 수 있다"라고 설명하고 있다.

그러나 그 이후, 중국은 자체적으로 국제사회에서 비판받는 일이 많아지고 있다. 해양 권익과 자원에 대한 탐욕스러운 자세 때문이다.

예를 들어, 2010년에는 일본의 영토인 센카쿠 열도 尖閣列島 주변에서, 중국 어선이 일본의 해상보안청 순시선에 충돌해 선장이 체포되었다. 선장은 그 이후 중일 간의 전략적 호혜 관계의 관점에서 석방되었지만, 일본 국내에서 강한 반중 감정을 남겼다.

남중국해에서는 중국과 필리핀이 영유권 분쟁을 벌이고 있다. 중국 어선을 단속하려고 한 필리핀 해군 함선을 중국의 해양 감시선이 방해하는 사건도 일어나, 중국 정부와 필리핀 정부가 비난전을 벌였다.

남중국해를 둘러싸고 중국과 베트남 사이의 긴장도 높아지고 있다.

중국은 자주 '핵심 이익'이라는 용어를 사용한다. 이는 국가의 본질적인 이익과 직결된다고 간주되는 것으로 ① 기본 제도와 국가 안전의 유지, ② 국가 주권과 영토 보전, ③ 경제사회의 지속적이고 안정적인 발전을 의미한다.

타이완 문제, 그리고 2008년과 2009년에 여러 대규모 폭동이 발생한 티베트, 신장 新疆 위구르를 '핵심 이익'으로 규정하고 있다.

그러나 근년에 들어 중국은 해양자원을 확보하기 위해 해양 권익을 강하게 주장하기 시작했다. 센카쿠 열도와 남중국해를 '핵심 이익'의 범주에 포함시켰다는 의견도 제기되고 있다.

노예가 되지 말라

중국은 애초부터 티베트와 위구르, 몽골 등 주변에 위치한 민족도 편입한 청淸의 판도를 계승한 나라이다. 현재도 55개 소수민족을 품고 있다.

나라를 통합하기 위해서는 애국심이라는 추상적 개념에 의존할 수밖에 없다. 이에 더해 연 10% 가까이 성장을 이루어낸 것을 통해, 공산당 일당 지배에 대한 불만을 어떻게든 억누르고 있다.[6]

더욱이 우리가 잊지 말아야 할 것은, 과거에 반복적으로 대국의 침략을 당해 영토와 문화재를 침해받은 중국인의 고통스러운 경험이다.

올림픽에서 중국 선수가 금메달을 땄을 때, 중국의 국가國歌가 흘러나온다. 템포 좋은 그 곡의 가사는 다음과 같다.

일어나라, 노예가 되기를 원치 않는 자들이여!

우리의 피와 살로, 우리의 새 만리장성을 쌓자!

중화 민족에 닥쳐오는 가장 위험한 시기,

(억압받는 한 사람마다 마지막 함성이 터져 나오리.

일어나라! 일어나라!! 일어나라!!!)

---

6 중국 국가통계국에 의하면, 2013년 중국의 국내총생산 성장률은 전년 대비 7.7% 였다. _옮긴이 주

만인의 마음을 하나로 모아,

적군의 포화를 용감히 뚫고, 전진하자!

적군의 포화를 용감히 뚫고, 전진하자!

전진하자! 전진하자! 나가자![7]

다시는 열강에 예속되지 않는다. 적에게 맞서라고 격렬한 곡조로 부른다. 최근 중국이 주변국에 대해 보이고 있는 강경한 자세는, 이 국가國歌에 집약되어 있는 기분이 든다.

북한에 대한 영향력

강압적이고, 주변국의 일은 염두에 두지 않는다는 이미지를 가지고 있는 중국은 북한 문제에 관해서만은 어른스러운 조정역으로 표변한다.

중국은 북한의 핵 개발 문제와 관련해서, 자신이 의장 역할을 맡아 베이징에서 6자 회담을 열고 있다. 다만 북한이 과거의 합의를 지키지 않고 비밀리에 핵 개발을 진행하고 있던 것이 발각되어, 회담이 열리지 않는 상태가 지속되고 있다.

그러나 여전히 북한이 문제를 일으킬 때마다 중국은 6자 회담의 재개를 꺼내들며, 거기에서 문제 해결을 도모하려고 한다.

중국과 러시아가 중심이 되어 지역의 문제를 교섭하는 상하이협력기구SCO: Shanghai Cooperation Organization라는 국제기구가 있다. 북한 문제는 여기에서도 논의되고 있다. 중국, 러시아, 카자흐스탄, 키르기

---

7 중국어 원문을 참조해 옮겼으며, 괄호 안의 내용은 원서에서는 생략된 부분을 추가한 것이다. _옮긴이 주

스스탄, 타지키스탄, 우즈베키스탄의 6개국이 참가하고 있다.[8]

내부 고발 사이트인 위키리크스에서 북중 관계에 관련한 발언이 기록된 외교 전문을 폭로한 일이 있다.

2010년 2월, 캐슬린 스티븐스Kathleen Stephens 주한 미국 대사가 한국 외교통상부의 천영우 제2차관과 식사를 함께했을 때, 천 차관은 "중국의 북한에 대한 영향력은 사람들이 상상하는 만큼 크지 않고, 중국도 북한의 정책을 변경시킬 의지는 없다"라고 말했다.

또한 2009년 4월에 중국 외교부의 허야페이何亞非 부부장은 주중 미국 대사에게 북한에 대해 응석받이spoiled child라고 표현하는 한편, 같은 해 9월에 제임스 스타인버그James Steinberg 전 국무부 부장관과 회담했을 때에는 "그들을 좋아하지는 않지만, 그래도 이웃 나라이다"라고 말하고 있다.[9]

'진주 목걸이' 전략

북한은 중국에 폐를 끼치는 존재이지만, 북한이 지니고 있는 지정학적인 중요성은 중국 측에는 그보다도 더욱 중요한 것이다.

북한 동북부에 있는 라선 경제특구에 인접한 라진항의 부두는 계약

---

8 상하이협력기구에는 중국, 러시아, 카자흐스탄, 키르기스스탄, 타지키스탄, 우즈베키스탄이 회원국으로 참가하고 있고, 이밖에 몽골, 인도, 파키스탄, 아프가니스탄, 이란이 준회원국으로 참여하고 있다. _ 옮긴이 주

9 원문: He downplayed Premier Wen Jiabao's upcoming October 4-6 visit to Pyongyang, stating "we may not like them," but "they (the DPRK) are a neighbor," and the trip was part of the 60th anniversary of relations celebrations."(http://www.theguardian.com/world/us-embassy-cables-docum ents/231221) _ 옮긴이 주

에 의해 중국이 이용하고 있다. 이 일을 북한 급변 사태와 관련해 해석하는 견해도 있다. 북한에 무언가 사태가 일어날 때, 한국과 미국, 일본이 동해로 전개할 가능성에 대비하기 위해, 중국이 라선 경제특구에 관심을 가지고 있다는 분석이다.

예를 들어 중국은 인도에 대항하는 방책으로서 '진주 목걸이string of pearl 전략'으로 불리는 거점 만들기를 추진하고 있다. 중국에 인접하고 계속 정치적·경제적인 위협이 되고 있는 인도를 진주 목걸이처럼 둘러싸기 위해 인도양의 중요 항만에 거점을 두는 전략이다. 미얀마의 코코Coco 제도, 방글라데시의 치타공Chittagong, 스리랑카의 함반토타Hambantota 등이다. 그중에서도 페르시아 만의 입구에 면한, 전략적으로 매우 중요한 지점인 파키스탄의 과다르Gwadar에는 중국이 항구 건설을 진행하고 있으며, 군이 주둔할 계획이 있다고 한다.

옛 소련도 1980년대에 라진항을 군사기지로 활용한 적이 있다.

당시 부동항이 필요했던 소련은 북한에 대한 경제협력의 담보로서 대미 견제를 목적으로 한 군사기지를 요구했다.

중국의 딜레마

중국은 북한에 대한 비판적인 자세는 계속 보이면서도 마지막에는 북한을 감싸는 것이 기본자세이지만, 서서히 감싸는 강도를 약화시키고 있다. 중국 국내의 여론도 있고, 북한의 편만 들어서는 안 된다고 생각하고 있는 것으로 생각된다.

다만 북한의 행동을 완전히 부정하면, 한국전쟁에 중국이 참전한 일 자체가 잘못이었다는 것이 된다. 이런 딜레마에 중국은 빠져 있고, 이 때문에 동요하고 있는 것처럼 보이기도 한다.

이러한 동요를 가장 확실하게 살펴볼 수 있는 것이, 유엔에서 중국이 보이고 있는 대응이다.

북한의 도발 행동이 유엔안보리에서 본격적으로 문제되기 시작된 것은, 1998년 8월 31일에 행해진 대포동 미사일 발사였다.

북한은 9월 4일, 이 미사일에 대해 '인공위성'이라고 주장했지만, 유엔안보리가 소집되어 미국과 일본은 제재를 주장했다. 중국과 러시아가 난색을 표해, "로켓 추진체를 발사한 행위에 대해 유감의 뜻을 표한다"라는 내용을 결의보다 격이 낮은 보도 발표(의장 성명)로 발표했다. 발표는 9월 15일부로, 발사한 날로부터 실로 16일이 걸렸다.

두 번째는 2006년 7월 5일이었다. 미국의 독립기념일(4일)에 맞춘 것처럼 '대포동 2호'를 포함해 모두 일곱 발의 미사일이 발사되었다.

북한은 다음 날인 6일에는 미사일 발사가 성공했다고 공식적으로 인정했다. 미국과 일본은 비군사적인 경제 · 외교 제재를 규정한 유엔헌장 제7장을 결의안에 삽입하려고 관계국에 적극적으로 관여했지만, 중국과 러시아가 반대해 결국 교착상태가 되었다.

'비난 결의' 채택

미국은 중국에 북한을 상대로 사전에 설득을 할 수 있는 시간을 주고, 최종적으로는 중국을 배려해 군사행동을 가능하게 하는 유엔헌장 제7장과 관련된 기술記述을 제외했다. 이것으로 비로소 유엔안보리에서의 의견이 결정되었다. 발사한 날로부터 10일 후인 7월 15일, 북한을 비난하고 발사 동결을 재차 공약해줄 것을 요구하는 결의를 만장일치로 채택해, 1998년보다 한 걸음 더 나아간 대응이 되었다. 북한 외무성에서는 16일, "결의에 구속되지 않는다"라는 성명을 발표하고, 언제나 그랬듯 강하게 반발했다.

계속해서 북한은 2006년 10월 9일에는 지하 핵실험을 실시했다. 중국은 이때 외교부 성명을 발표해 "조선민주주의인민공화국은 국제사회의 반대를 무릅쓰고 무모하게도(중국어로는 '悍然') 핵실험을 했다"라고 드물게 강경한 어조로 비판했다. 이 '悍然hanran'이라는 표현은, 중국이 냉전 시대에 타국을 비난할 때 자주 사용했던 말이며, 후진타오 주석 자신이 집어넣은 것으로 알려져 있다.

핵실험에 대응해 유엔안보리는 다시 분주히 조정을 진행했다. 10월 14일, 북한 제재 결의 1718호를 만장일치로 채택했다. 북한에 대한 제재 결의는 북한이 1991년 유엔에 가입한 이래 처음이었다. 6일이 걸렸지만, 이전에 비하면 빠른 결정이었다.

결의 내용은 유엔헌장 제7장 제41조에 입각하고 있다. 북한에 추가적인 핵실험과 탄도미사일 발사를 하지 않도록 요구한 다음, 가맹국이 의무적으로 ① 핵·미사일·대량 살상 무기와 관련된 물자, 사치품의 북한에 대한 수출 금지, ② 북한의 대량 살상 무기 계획에 연관된 개인과 단체의 금융자산 동결 등을 의무 사항으로 했다. 북한에 출입하는 선박 등의 화물 검색inspection을 포함한 협조 행동cooperative action도 요청했다.

핵실험은 방사능오염 등으로 중국에도 직접 영향이 미치기 때문에, 국제사회의 움직임에 동조하지 않을 수 없었다.

제2차 핵실험

다음 움직임은 2009년 4월 5일이었다. 북한은 대포동 2호, 혹은 그 개량품이라고 하는 미사일을 발사하고 "인공위성을 쏘아 올렸다"라며,

스스로 발표했다.

다시 유엔안보리가 소집되어, 수면 아래의 격렬한 교섭이 전개되었다. 같은 달 13일, 발사를 비난하는 의장 성명을 만장일치로 채택했다. 이번에는 발사한 날로부터 9일 후였다. 북한은 여기에 강하게 반발하고, 다음 날인 14일에 핵 문제를 둘러싼 6자 회담으로부터의 이탈과 핵 개발 재개를 선언했다. 그리고 5월 25일에는 제2차 핵실험을 단행했다.

북한 외무성에서는 5월 29일에 외무성 대변인 성명을 발표했다. 유엔안보리, 그리고 동시에 "미국과 그에 아부, 추종한 세력"에 대해 "이런 나라들은 우리 앞에서는 위성 발사가 주권 국가의 자주적 권리라고 말해놓고 정작 위성이 발사된 후에는 유엔에서 그를 규탄하는 책동을 벌였다"라고 비난했다. 여기에서 지칭하고 있는 '이런 나라'는 결의에 동조한 중국과 러시아를 지칭하고 있는 것이 분명했다.

핵실험에 직면해 유엔안보리는 6월 12일, 사치품과 대량 살상 무기 관련 물자의 화물 검사 강화 등을 담은 추가 제재인 결의 1874호를 채택했다.

이 결의는 비군사 제재를 규정한 유엔헌장 제7장 제41조에 기반을 두어, 핵실험을 '가장 강한 표현으로 비난'[10]하고, 다시는 실험을 행하지 않도록 요구하는 내용이었다.

금지된 품목을 포함하고 있다고 믿을 만한 '합리적인 이유reasonable

---

10 원문: Condemns in the strongest terms the nuclear test conducted by the DPRK on 25 May 2009 (local time) in violation and flagrant disregard of its relevant resolutions, in particular resolutions 1695(2006) and 1718(2006), and the statement of its President of 13 April 2009(S/PRST/2009/7). _옮긴이 주

grounds to believe'가 있는 경우, 각국이 자국 영내에서 화물 검색을 할 것을 요청했다. 북한에 대한 무기 수출은 전면 금지되었다. 애초에 들어갔던 화물 검색 의무화가 중국의 반대로 엉클어지고, 가맹국에 대한 '요청calls upon'으로 약화되어 어쨌든 마무리를 했다. 발표까지 19일이나 걸렸지만, "포괄적이고 획기적인 내용"(유엔 관계자)이라는 평가를 받았다.

이에 대항하듯이, 유엔안보리의 제재 결의가 나온 6월 13일, 북한은 "추출한 플루토늄 전량의 무기화와 우라늄 농축 착수"를 발표했다.

중국이 결의 1874호에 찬성했으므로 북한에 강경한 자세로 임하고 있다고 보는 것은 잘못일 것이다. 왜냐하면 결의 실행을 감시하는 제재위원회인 전문가 패널이라는 조직이, 중국의 교묘한 저항으로 무력화되고 있기 때문이다.

전문가 패널

북한 제재 패널은, 북한의 제2차 핵실험 후에 채택된 결의 1874호에 의해, 1년간의 예정으로 설치되었다. 그 이후 설치 기간이 연장되어 지금까지 이어져오고 있다.

전문가 패널 멤버를 맡았던 교토대학京都大學 대학원 교수 아사다 마사히코浅田正彦가 안전보장무역정보센터 사이트(http://www.cistec.or.jp)에 기고한 글을 바탕으로 패널의 임무와 보고 내용에 대해 정리해보겠다. 전문가 패널은 1999년에 앙골라 제재와 관련해 설치된 전문가 패널이 첫 사례이다.

개인 자격으로 선임된 전문가들로 조직된 독립기관이라는 위치이다. 다만 현실적으로는 전문가의 출신국과는 항상 연락을 취하며, 출신국의 정치적 입장이 현저하게 반영된다.

유엔안보리의 5개 상임이사국과 한국 및 일본 출신, 이렇게 모두 7명의 위원으로 구성되어 있다. 그 임무는 ① 유엔안보리 결의 1718호로 설치된 1718 제재위원회의 임무 수행을 지원, ② 국가 및 유엔 관련 기관, 그 밖의 관계 당사자에게서 제재 위반 사항을 수집·심사·분석, ③ 제재위원회와 유엔 가맹국이 제재 조치의 시행을 개선하기 위해 취해야 할 행동에 대해 권고, ④ 패널의 소견과 권고를 포함한 중간 보고 및 최종 보고를 유엔안보리에 제출한다는 것이다.

패널이 작성한 최초의 실질적인 보고서는 2010년 5월 12일 유엔안보리에 제출되었다.

밀무역의 특색

이 보고서에 의하면, 북한은 제재가 발동되기 전에 약 28개국과 무역 관계가 있었고, 그중에서도 한국, 중국, 일본, 러시아, 독일, 이탈리아가 가장 중요한 무역 상대국이었다.

결의 1874호에 의해 제재가 강화된 이후, 이 나라들과 북한 간의 무역이 격감했다고 지적했다. 그리고 북한의 무역에는 북한의 외교관이 관여하고, 해외의 광범위한 무역 사무소 네트워크가 이용되고 있으며, "그 점이 부정한 활동의 은폐를 쉽게 하는 등, 문제를 복잡하게 만들고 있다고 생각된다"라고 아사다 마사히코는 말한다.

이에 더해 대량 살상 무기 및 그 관련 물자의 밀무역을 할 때의 방법으로서 다음과 같은 네 가지를 제시하고 있다.

① 적재된 화물의 허위 기재

② 다수의 페이퍼 컴퍼니(프론트 컴퍼니front company, 실체 없는 가공
   의 회사)를 경유해, 실제 거래를 하고 있는 회사를 알기 어렵게 한다.
③ 수송 루트를 복잡하게 하기
④ 부품을 이곳저곳에 수출한 이후, 수출 대상국에서 조립한다.

지금까지 선박에 의한 밀무역이 의심된 사례는 전부 중국의 다롄
항大連港이 이용되고 있다. 더욱이 사전에 부정 수출의 가능성이 지적
되어도, 중국은 적극적으로 움직이려 하지 않고 있다는 점도 보도되
고 있다.

예를 들어 2007년 11월에 미국 정부는 북한이 탄도미사일용 제트
터빈날개를 베이징에서 이란으로 공수하고 있다는 정보를 입수해 중
국 정부에 대처를 요구했는데, 같은 형태로 최소한 10회의 수송이 이
루어졌다고 한다.

핵 개발의 현재 상황

북한의 핵 개발은 주변국의 입장에서는 변함없는 위협이다.

미국의 정보기관을 총괄하는 제임스 클래퍼James Clapper 국가정보
국DNI: Director of National Intelligence 국장은 2012년 1월 31일 미 의회
상원의 정보위원회 공청회에서 북한 정보에 대해 "북한은 이란과 시
리아 등에 미사일과 그 관련 물자를 수출한 적이 있고, 후계 체제하에
서 이 자세가 변할 것이라고는 기대할 수 없다"라고 말해, 감시의 필요
성을 강조했다.

미국의 군축 관련 비정부기구NGO: Non-Governmental Organization인
핵위협이니셔티브NTI: Nuclear Threat Initiative에서는 같은 해 1월 11일

북한을 핵보유국으로 분류하면서, 북한의 '핵 물질 안전 지수'가 최하위라고 확인했다.

NTI에서 발표한 보고서에 의하면, 북한은 2008년 핵 계획 신고에서 38.5kg의 핵무기 제조용 플루토늄을 보유하고 있다고 신고했다.

그로부터 2년 후에는 영변의 우라늄 농축 시설을 공개하는 등 사실상 핵보유국이 되었지만, 핵을 안전하게 관리하지 못하고 있을 우려가 크다고 지적하고, 앞으로도 도발 행위를 할 가능성을 지적했다.

북한은 2012년 4월 15일에 행한 군사 퍼레이드를 통해, 자국의 무기 수준을 내외에 과시했다.

핵과 미사일의 연관

미사일에 대해서는 이전부터 중국이 개발에 협력했다는 지적을 받고 있지만, 이 퍼레이드에서는 생각지도 못했던 북한과 중국의 연관도 명확해졌다. 4월에 평양의 군사 퍼레이드에 등장한, 미사일을 실을 수 있는 특이한 짐받이를 구비한 장거리 탄도미사일 탑재 신형 특수차량이 중국제라는 지적을 받은 것이었다.

이 특수차량은 미사일 발사의 기능을 갖추고 있는 등, 장거리 탄도미사일을 이동할 수도 있다. 북한이 공개한 것 중에 최대급의 탄도미사일 수송 차량이었다.

영국의 잡지 ≪제인스 디펜스 위클리Jane's Defense Weekly≫의 한 전문가는 이 수송 차량의 창문 유리, 문, 손잡이, 앞부분의 완충장치, 운전실의 계단은 모두 중국의 디자인과 같다고 단정했다.

홍콩의 뉴스 사이트 ≪봉황망鳳凰網≫에서는 이 수송차를 북한에 수출한 것은 중국 국영 대기업 '중국항천과공그룹中國航天科工集團'이라고 보도하고 있는데, 북한의 군비 증강에 중국 기업이 관여하고 있다는 의혹이 짙다.

이 지적에 대해서 중국 외교부의 대변인은 4월 19일, "중국 정부는 대규모 살상 무기와 수송 설비의 확대에 일관되게 반대했다. 우리도 예전부터 유엔안보리의 관련 결의를 준수하고, 무기 수출제한에 관한 중국의 법률·법규를 확실히 집행하고 있으며, 매우 치밀한 관리 체제를 구축하고 있다"고 반론했다.

수출을 증명하는 자료가 일본에 기항한 배에서 발견되었는데, 중국이 핵·미사일 관련 물자의 북한에 대한 금수를 규정한 유엔안보리 결의를 위반한 혐의가 짙다. 중국 정부는 이와 관련해서 수출한 사실은 인정하고 있지만, 애시당초 '관련 물자'의 범위가 애매한 이상, 어디까지나 '민간용'이라고 우겨댈 경우에는 위반이라고 단정하기 어렵다.

영국의 잡지 ≪데일리 텔레그래프The Daily Telegraph≫에서도 2012년 6월, 북한이 중국 기업과 공모해 수출이 규제되어 있는 부품 및 미사일의 제조에 사용되는 바나듐vanadium 등을 다롄 항을 통해 수입하고 있다고 전하는 등, '중국의 은밀한 협력'에 대한 의심의 눈초리는 강해지고 있다.

난민 유입의 저지

2011년이 저물 무렵 김정일 국방위원장이 사망한 이후, 북중 간의 국경 지대는 강력하게 통제되었다. 북한 측에서는 김정은의 명령 아래 탈북자의 사살도 불사한 단속이 이루어졌다고 한다. 중국 측에서는 공식적인 보도는 없었지만, 이쪽도 상당히 긴장이 높아져 있었다.

김정일의 사망 후에는 북중 국경에서 활발히 무선 전파가 날아다니고, 트럭이 오고 갔다는 증언도 있다.

중국으로서는 '북한 붕괴 → 대량 난민의 유입'은 최악의 시나리오이다. 중국은 국내에도 소수민족문제를 안고 있다. 55개 소수민족 중에는 한반도에 고향을 둔 조선족 200만 명도 포함된다.

그들은 북한에 친척이 있으며, 북한에서 온 탈북자에 동정적이다. 중국의 법률상으로는 불법 입경자지만, 막상 일이 닥치면 그들을 자택에 숨겨줄 것임이 틀림없다. 그들이 비자도 없이 일한다면, 중국 동북부의 고용 체계가 붕괴하고, 사회불안을 초래할 가능성도 있다.

중국 지도부는 김정일 사망 이후 재빨리 김정은 신체제에 대한 지지를 공표했다. 이것은 양국 간의 친밀함을 연출하고, 북한 내부의 권력 이행을 측면 지원하는 일면도 있지만, 북한 사회에서 혼란이 발생하는 것에 대한 위기감이 반영된 것이기도 했다.

한국 통일부의 통계도 중국 측의 엄정한 대응을 증명한다. 2012년 1월부터 3월에 걸쳐 한국에 입국한 탈북자는 610명으로 전년 동기보다 43% 감소했다. 한국의 인권 단체는 이 숫자에 대해서 북중 국경의 통제 강화, 그리고 북한 측의 국경 경비대원이 북한 탈출을 묵인한 대가로 요구하는 뇌물의 액수가 올라갔기 때문이라고 말하고 있다.

최대 200만 명 탈북 예측과 중국의 준비

비상사태와 관련해서, 오래된 것으로는 '30일 계획'이라는 것이 있다. 김영삼 전 정권하에서 한국이 비밀리에 작성했다. 1997년 7월에 한국의 매체가 보도하면서 세상에 알려졌다.

이것에 따르면 난민 유출은 1개월간 한국으로 10만 명, 국경을 접하고 있는 중국과 러시아 등으로 20만 명, 합계 30만 명을 상정했다.

미국은 1990년대 말, 북한의 비상사태에 대한 관리의 기본적 틀을 포함한 '개념계획 5029'를 책정했다. '개념계획 5029'는 ① 대량 살상 무기의 관리 불능, ② 대량 난민의 발생, ③ 기아 등 인도적 문제의 발생, ④ 북한 내의 인질 사건의 발생, ⑤ 내전의 발생 등 다섯 가지 사례를 상정하고 있다.

정권 교체와 쿠데타가 북한에 일어날 경우, 어떠한 혼란이 일어나게 될까?

한국군 합동참모본부가 2009년 11월에 한국의 여당 의원에게 제출한 자료에 의하면, 최대 200만 명의 탈북자가 발생한다고 한다. 강력한 방지책을 취한다고 해도 10만 명이 된다고 말하고 있다.

2012년 1월 15일 자 홍콩 신문 ≪명보明報≫의 사설은 "수십만 명의 난민이 국경을 넘어서 밀려오는 것은 중국으로서는 최대의 악몽으로, 북한에서 정권의 붕괴와 내전의 발발이라는 사태가 발생하면 중국은 말려들게 된다. 후진타오가 김정일의 사망 직후에 즉각 김정은의 후계자 취임에 대해 지지 의사를 표명한 것은, 객관적으로 보면 북한의 정세가 통제를 잃을 것을 두려워하는 중국 자신의 안전을 위한 포석이었다"라고 해설했다.

중국의 인민해방군은 김정일의 사망에 따라 난민의 수가 최대 '40만 명 이상'이라고 보고, 은밀히 군을 북중 국경 지대에 배치해 대량의 난민을 수용하기 위한 텐트와 식량 등을 준비하고 있는 것으로 전해진다.

베를린의 전철을 밟게 될 것을 두려워한다

국가의 붕괴는 관계자의 상상을 초월해 시작되고, 확산된다. 동독의 경우에는 1989년 11월 4일 수도 베를린에서 대규모 반정부 시위가 일어났다. 그 대응에 내몰린 동독 정부는 충분히 검토하지 않은 채, "베를린 장벽을 포함해서, 모든 국경 통과점에서 출국이 인정된다"라고 발표했다.

관광 목적이라고 칭하며 동독을 탈출해, 폴란드와 체코에 들어가 체재지의 서독 대사관에 망명을 요청하는 시민이 늘어났고, 결국에는 9일에 벽을 무너뜨리는 움직임이 시작되었다. 서독의 헬무트 콜Helmut Kohl 총리조차 장벽이 붕괴되기 수주일 전에는 아직 "독일 통일은 다음 세기의 과제다"라고 말했으며, 장벽 붕괴를 예상하지 못했다.

중국은 잠시 한국을 화나게 만들더라도, 동독에서 일어난 것과 같은 사태를 철저히 봉쇄할 작정이었을 것이다.

2011년 말에 김정은이 조선인민군 최고사령관에 취임한 것이 발표되자, 후진타오 국가주석은 2012년 1월 31일 '중화인민공화국 중앙군사위원회 주석'의 이름으로 축전을 보내, "북중 양국의 인민 및 군 간에는 두터운 전통적 우정이 있다. 북중 간의 전통적 우호 협력 관계는 새로운 역사적 조건 아래에서 반드시 끊임없이 공고해지고 강화될 것이라고 믿고 있다"라고 표명했다.

중국 지도부가 재빨리 김정은 신체제에 대한 지지를 공표한 것은 양국 간의 친밀함을 내외에 호소하고 북한 내부의 권력 이행을 지지하는 일면도 있지만, 북한 사회에서 혼란이 발생하는 것에 대한 위기감의 발로라고도 말할 수 있다.[11]

---

11 한편 북한의 김정은 조선로동당 제1비서가 2014년 10월 1일 중국의 국경절을 맞이해 시진핑 중국 국가주석에게 축전을 보냈는데, 이 가운데 '조중(朝中, 북중)

기아인가?

식량 사정은 변하지 않는 것 같다.

2011년 10월에 식량 사정을 현지 조사하고자 북한을 방문한 유엔 인도주의업무조정국OCHA: Office for the Coordination of Humanitarian Affairs 의 발레리 에이머스Valerie Amos 사무차장은 한국에서의 회견에서 "(동해 측의 공업 도시인) 함흥의 병원에서는 영양실조인 아이가 작년보다 50% 이상 증가했다고 들었다"라고 보고했다. 또한 경작지가 충분하지 않아서 매년 필요한 식량 530만 톤 중 100만 톤이 부족한 상태라고 보고했다.

유엔이 2012년에 발표한 보고서에도, 북한에서는 약 1600만 명이 식량 부족 등의 문제에 직면해 있다고 했다. 영유아는 약 20%가 충분한 체중에 달하지 못하고 있으며, 32%가 만성적 영양실조 상태라고 한다.

북한을 지원하고 있는 한국의 단체도 황해남도 등의 지방에서 60년 만의 가뭄이 이어져 식량 사정이 심각해지고 있다고 전한다.

친선' 등의 표현이 생략되어 있었다("北 김정은, 시진핑에 국경절 축전…'북중친선' 생략", 연합뉴스, 2014년 10월 1일 자). 이에 대해 시진핑 중국 국가주석은 답신 형태로 "중화인민공화국 창건 65돌에 당신들이 축전을 보내준 데 대해 사의를 표하며, 조선민주주의인민공화국의 융성·번영과 조선 인민의 행복을 축원한다"라는 짧은 답전(答電)을 보낸 것으로 알려져 있다. 이는 이른바 북한의 정권 수립 기념일인 2014년 9월 9일을 맞아 김정은 조선로동당 제1비서에게 보낸 축전에서 북중 관계의 기본 원칙으로 알려진 '전통 계승·미래 지향·선린 우호·협조 강화'라는 '16자 방침'이 표현되지 않은 것과 일맥상통하는 것이어서 그 귀추가 주목된다(中시진핑, 축전 보낸 김정은에게 짧게 두줄 답전…北-中 역시 이상 기류", ≪조선일보≫, 2014년 10월 17일 자). _옮긴이 주

사회주의국가로서 자랑하고 있던 식량 배급제도 파탄 난 지 오래이다. 유엔 세계식량계획에 의하면 북한의 5세 이하 아동의 3분의 1이 만성적인 영양실조에 빠져 있고, 이대로 지원을 받지 못한다면 사망 위험이 높은 급성 영양실조가 될 것이라고 보고했다.

4월 15일의 배급

그런데 한편으로 2011년 10월 이래, 북한 당국은 일시적으로 주민에게 배급하는 식량의 양을 약간씩 늘리는 노력을 하고 있는 것 같다.

한국의 연합뉴스는 유엔 세계식량계획 북한 사무소를 인용해, 북한 주민 한 명분의 배급량이 2011년 4월 400g에서 5월에는 190g, 6월에는 150g으로 줄었고, 그 후 200g을 유지했지만, 10월에 355g이 되고, 12월까지 매월 10g씩 증가했다고 전했다.

배급량이 증가한 것은 이해 가을에 수확한 곡물의 양이 전년보다 30만~40만 톤 증가했기 때문으로 보인다. 북한은 그 전해에 중국에서 대량의 비료를 수입하고 곡물의 수확량 증대를 위해 노력을 기울였다고 한다.

그리고 2012년 4월 15일에 맞이한 김일성 주석의 탄생 100주년에는, 예년과는 비교되지 않을 정도의 배급이 시행되었다. 김정은의 위신을 걸고 해외에서 모아온 것으로 생각된다. 그 내용을 필자는 관계자에게서 상세히 들었다.

각 세대에는 식용유 2L, 병맥주(평양맥주) 5병, 사이다 500ml 2병, 백설탕 500g, 비스킷 500g, 사과맛 주스 500ml 2병, 중국제 조미료 1봉지 350g이 지급되었다. 이에 더해 돼지고기 1~2kg, 닭 1마리, 남성용 하의(바지와 속옷) 각 1벌, 여성용 하의(바지와 속옷) 각 1벌, 하얀 타월 1장, 남성용 양말과 여성용 양말 각 1켤레씩도 배급되었다.

각 기업체에는 식용유 5L, 중국제 조미료 2봉지, 병에 든 소주 5병, 돼지고기 2kg, 백설탕 2kg이 각각 배급되었다.

이 목록을 보고 있으면, 북한에서 부족한 것도 보인다. 이와 같은 정도의 진수성찬은 북한의 국력을 생각할 때, 더는 불가능할지도 모른다.

북한이 혼란에 빠져도 중국은 이권 확보

미국의 싱크탱크인 외교문제평의회CFR에서는 2009년 1월, 북한의 미래에 대한 보고서를 다음과 같은 내용으로 발표했다.[12]

① 관리된, 순조로운 권력 계승, ② 권력투쟁 → 사회 붕괴 → 한국과 중국으로 난민 유출, ③ 권력 계승 프로세스의 파탄 → 한국과 미국의 개입이라는 세 가지 패턴을 검토한 내용으로, 무력 행위가 일어나는 등 최악의 사태가 발생할 경우, 미국은 11만 5000~23만 명의 병력 파견이 필요해진다고 경고했다.

①은 아들에 대한 권력 계승은 모두 문제가 있고, 김정일 국방위원장의 매제 장성택 국방위원회 부위원장 등이 후견인으로서 책임지고 관리한다.

②는 실력자 간의 대립이 무력 충돌로 발전할 가능성도 배제할 수 없고, 군부 쿠데타도 있을 수 있다.

③은 권력의 공백이 발생해 한국에 의한 흡수통일로 향하게 되지

---

12 이 보고서의 제목은 「북한 급변 사태에 대비하기(Preparing for Sudden Change in North Korea)」이다. _ 옮긴이 주

만, 한국이 연방제 등의 단계를 거쳐 통일을 달성할 가능성이다.

이 보고서는 만일 북한에서 체제가 붕괴하는 사태가 일어날 경우 중국의 태도에 대해서도 다음과 같이 언급하고 있다.

중국은 한반도의 통일에 직면해 여러 수단에 진력하고, 한반도의 이 권을 지키고 추진할 방법으로 구조를 형성할 것이다. 무엇보다도 우선 미국이 일시적이라도 북한의 국경 근처에 군사기지를 설치하는 것과 군을 주둔시키는 것을 방해하고자 할 것이 틀림없다.

또한 "최종적으로, 중국의 대응은 국가의 장기적인 정치와 안전보장의 이해관계뿐만 아니라, 월경 무역과 투자, 특히 주요 인프라 개발 프로젝트를 대폭 확대하는 등의 중요한 경제적 목표도 염두에 두고 계획된다"라고 해, 중국의 대북 정책은 '실리'의 추구를 기조로 하고 있음을 갈파하고 있다.

비상시에는 북한 영내로 출병할까?

이런 비상사태를 맞이할 때에, 대체 중국은 어떤 대응을 취하게 될까? 그것은 중국의 최고 기밀 중 하나일 것이다. 북중 국경을 봉쇄하는 것과 북한 내 화교의 보호 등을 생각할 수 있지만, 중국은 더욱 앞을 내다보고 있는 것으로 생각된다.

그것은 중국군의 북한 파견이다.

한국전쟁에 이어, 다시 압록강을 넘는 것을 생각하고 있다.

2008년 1월에 미국의 싱크탱크인 전략국제문제연구소에서 발행한 보고서에는 북한 유사시에 중국의 대응이 포함되어 있었다. 동 보고서는 전략국제문제연구소 연구원들이 전년 6월에 중국을 방문해 중국의 연구 기관과 인민해방군의 북한 전문가들과 행한 토의를 기반으로 해서 정리한 것이다.

만일 북한 정세가 악화되고, 국제사회의 대응이 때늦은 경우, 중국은 질서를 회복하기 위해 인민해방군이 북한에 들어가 ① 인도적 지원을 하고, ② 민경民警 같은 역할을 다하며 질서 유지에 임하고, ③ 북중 국경에 있는 북한의 핵 시설이 공격받을 경우 발생한 핵 오염을 제거하고, 핵과 핵 물질의 안전을 지키는 것을 검토하고 있다고 밝혔다.

문제는 북한이 개발한 핵과 핵 물질의 취급이 된다.

한국은 북한이 붕괴하면 핵 시설은 자국이 관리한다고 주장할 것이다. 중국은 핵 시설이 반란군에 의해 악용되거나, 일부가 중국에서 밀매되거나, 테러 조직에 건네지는 일은 절대로 피하고 싶을 것이다. 할 수 있는 한 조속히 핵 시설을 자국의 관리 아래에 두고 싶을 터이다.

그전에 중국은, 북한이 불안정해지지 않도록 적극적으로 지원할 것이다. 이 때문에 중국은 한국과의 관계에서 긴장이 높아질 것이 틀림없다.

싱크탱크의 견해와 불안정화에 대한 대비

북한의 붕괴는 지금까지 수차례에 걸쳐서 미 정보기관 등에 의해 예측되어왔다.

1996년에 당시 미국 국가정보회의NIC: National Intelligence Council 국가정보관이었던 에즈라 보겔Ezra Vogel이 '2~3년 이내의 붕괴 가능성'을 언급했다고 보도되었다.

또한 미국의 민간 조사 기관인 국가안전보장공문서관이 정보공개

법을 통해서 입수한 미 중앙정보국CIA: Central Intelligence Agency 문서에서도, "북한에 위기 상황이 오는 것은 5년 이상 걸리지 않는다"라고 해서, 2002년 이전에 붕괴할 가능성이 예측되고 있었다.

그렇지만 현실에서는 2009년의 화폐개혁(화폐 호칭의 변경) 실패에 따른 경제 악화에도 김정일 정권은 존속했다. 북한은 핵 시설과 미사일 실험을 반복하고, 동아시아의 평화와 안전에 위협을 가해왔다. 뒤에서 다루게 되지만, 중국에서 많은 돈을 투자하는 등의 '생명 유지 장치'가 효과가 있었을 가능성도 있다.

≪아사히신문朝日新聞≫에 의하면, 중국인민해방군은 2007년 군의 싱크탱크인 군사과학원에 '한반도 위기관리연구반'을 설립했다. 세계 군사연구부의 리샤오둥李效東 대교大校(준장)[13]가 중심이 되어 연구를 진행했으며, 2010년에 비공개 보고서를 정리했다고 한다.[14]

동 보고서는 북한의 핵 개발은 "약간의 오해와 혼란, 도발을 하면 전면전으로 이어질 수 있다"라고 위기감을 표하고 있다고 한다. 북한 국내에서 사태가 유동화하면 "무엇보다도 신속히 핵 확산을 막는 것이 제1목표다"라고 언급하고 있다.

한편으로 △ "북한을 자극하지 않는" 것을 원칙으로 하고, △ 북한 내부의 정보를 할 수 있는 한 모아서 진위를 확실히 가린 후에 상층부에 보고하며, △ 국경을 접한 중국 동북부가 유언비어로 말미암아 혼

---

13 원문에서는 대좌로 표기했다. 리샤오둥에 관해서는 http://www.chinamil.com. cn/site1/2008a/2008-03/12/content_1160625.htm 참조. _옮긴이 주

14 이 보고서 내용의 일단은 다음을 통해 살펴볼 수 있다. 리샤오둥(李效東)·왕이성(王宜勝)·리루이(李銳), 『한반도 위기관리 연구(朝鮮半島危机管理研究)』(軍事科學出版社, 2010). _옮긴이 주

란스러워지지 않도록 매체와 인터넷 등의 여론 관리를 강화할 것도 요청했다.

김정일 국방위원장의 사망 이전인 2011년 가을에 발매된 미국 계간 지 《인터내셔널 시큐리티International Security》에 게재된 「북한의 붕괴」라는 연구 논문은 핵무기의 안전 확보를 과제로 내걸고 있다.[15]

북한 국내에 있는 대량 파괴 무기의 수색과 안전 확보에 필요한 미 군 특수부대의 수는, 북한 부대의 저항이 거의 없는 경우에는 2개 중 대 200명, 저항이 있을 경우에는 1개 대대에서 1개 여단 700~3500명 으로 추산하고 있다.

북한의 핵무기 보유는 4~7발(미 의회조사국)이라고도 하며, 핵 관련 시설은 모두 100개소에 달하고 있는 것으로 추정되고 있다. 미군 특수 부대의 수색 작업은 난항을 겪을 것이고, 그만큼 중국 측과 접촉할 가 능성이 높아질 것이다.

이 때문에 사전에 북한의 핵무기에 관해서 미중 간에 대화를 진전 시키고, 예측할 수 없는 사태를 방지하는 것을 약속으로 합의해야 하 지만, 중국은 이 화제에 대해서 거부감을 표시하고 있다고 한다.

노동력의 대량 수출

불안정화의 우려가 없어지지 않은 상태에서, 북한은 2012년이 되자 노동자를 대량으로 중국에 보내기 시작했다. 외화를 비축하기 위해서

---

15 Bruce W. Bennett and Jennifer Lind, "The Collapse of North Korea: Military Missions and Requirements," *International Security*, Vol. 2, Issue 36(2011), pp. 84~119. _ 옮긴이 주

이다.

북한 노동자들은 중국인들이 싫어하는 육체노동을 부담한다. 그 수는 500명이라는 말도 있다. 남성의 경우에는 고려 인삼 재배 농장, 목재 벌채장, 탄광 등에서 일하고, 여성의 경우에는 식당과 호텔의 종업원인 경우가 많다. 급료는 1개월 15달러 정도라고 한다.

북한의 노동자 월급은 중국 노동자의 10분의 1에 지나지 않는다. 북한의 노동자는 급료의 20% 정도를 받는 것뿐으로, 나머지는 충성금, 세금, 보호료 등의 명목으로 공제되어 외화 비축 부문인 '로동당 39호실'에 송금된다.

김정은이 "한두 놈 탈북해도 상관없으니 외화벌이 노동자를 최대한 파견하라"라는 지시를 내렸다고도 보도되고 있다.

《조선일보》에 따르면, 북한은 4만 명을 중국에 추가 파견한다고 한다. 여기에서 중국에 파견한 북한 노동자의 임금은 월 150달러 이상으로, 김정은 체제는 6000만 달러(약 48억 엔)를 번다는 계산이다.

중국 기업에서 "생산성은 중국의 노동자보다 30~40% 좋은데, 임금은 싸다"라며 주목하고 있다고 《조선일보》는 전한다. 중국에서도 3D 직장은 싫어한다. 이 때문에 북한인들이 비집고 들어갈 여지가 생기고 있다. 수요를 내다보고, 중국 측도 노동 비자를 완화하고 있는 것으로 보인다.

《조선일보》에 따르면, 북한은 이미 전 세계 약 40개국에 3만 명 정도의 노동자를 파견해서, 연간 1억 달러(약 80억 엔)를 벌어들이고 있다.[16]

---

16 이와 관련해 다음 기사를 참고하기 바란다. "北, 외화벌이 노동자 12만 명 내년까

중국의 동북 지방 개발에 불가결하다

중국은 지역개발의 중점을 주장 삼각지, 창장 삼각지의 2개 경제권과, 징진탕京津唐(베이징시, 톈진시, 탕산시唐山市) 경제권으로부터 동북 경제권으로 이동하기 시작했다. 중국의 동북 진흥 전략은 북한과 협력하지 않고서는 어렵다.

중국의 동북 지방은 천연자원의 보고로, 곡물 생산을 비롯한 농업과 긴설업, 기계 제조업, 석유화학공업 등의 공업이 발전되어 있다. 그렇지만 문제도 안고 있다.

중국의 국가발전개혁위원회에서는 「동북 3성 2010년 경제 형세 분석 보고」에서 '경제에 존재하는 문제'로서 다음과 같이 여섯 가지를 지적했다.

① 산업의 고도화가 여전히 곤란
② 농업 개발 기초가 여전히 불안정
③ 투자에 의한 경제성장 견인력에 과도하게 의존
④ 대외 개방 수준을 더욱 향상시킬 필요가 있음
⑤ 물가 상승 압력이 비교적 높음
⑥ 지린성 및 헤이룽장성의 도시지역 가계 수입의 증가 속도가 느림

수입 면의 격차를 상세히 보면, 2010년의 랴오닝성, 지린성, 헤이룽장성의 도시지역 1인당 가처분소득은 전국 평균 수준보다 낮은데, 전

지 중국에 보낸다", ≪조선일보≫, 2012년 6월 23일 자(http://news.chosun.com/site/data/html_dir/2012/06/23/2012062300211.html). _ 옮긴이 주

국 평균 수준 대비 각각 92.7%, 80.6%, 72.5%에 상당한다. 랴오닝성이 전국 평균 수준과 격차를 줄이고 있는 반면, 지린성 및 헤이룽장성은 격차가 확대되고 있다.

북한을 둘러싼 경제 재생이 과제로, 고속도로와 철도, 공항 등의 인프라 정비도 빠른 속도로 진행되고 있다. 북한은 실로 '중국 동북 지방의 제4의 성省'이 되어가고 있다.

북한의 지하자원

다음은 북한의 국가國歌 '애국가'[17]의 시작 부분이다.

아침은 빛나라 이 강산
은금에 자원도 가득한
삼천리 아름다운 내 조국

중국 동북 지방의 개발 촉진을 노리고, 2005년 6월에 발표한 국무원 판공실 36호 문서에 의해, 중국 기업의 북한 투자는 순식간에 확대되었다.

같은 해 10월에 방북한 후진타오 국가주석은 북한 측과 경제 무역 협력을 추진하기로 합의했다. 이것도 북한의 자원 개발을 염두에 둔 것이다. 김정일 국방위원장은 중국이 북한에 대한 영토적 야심이 없다는 것을 잘 알고 있으므로, 중국에 의한 엄청난 경제적 지배를 허락

---

17 북한의 이른바 '애국가'는 1947년 김일성의 지시에 의해 만들어진 것으로 알려져 있다. _ 옮긴이 주

한 것으로 여겨진다.

북한에 원유를 수출하고 있는 중국이지만, 중국 자신도 에너지 부족으로 고민하고 있다. 그 때문에 중국은 북한의 지하자원에 주목하고 있다. 북한은 국내의 에너지를 석탄에 의존하고 있다. 석탄의 수출을 금지한 시기도 있었지만, 현재는 대량으로 중국에 수출하고 있다.

2011년 1~9월 북한의 대중국 석탄 수출액은 8억 3000만 달러로 전년의 석탄 수출액보다 두 배 증가해, 2009년 수출액인 2억 달러의 네 배를 기록했다. 북한의 대중 수입액은 23억 7000만 달러, 수출액은 18억 2000만 달러이며, 수출액 중에 석탄 관련이 45.6%로, 전체의 절반 가까이를 차지했다.

「공화국의 광물자원」이라는 제목이 달린 재일본조선인총연합회(조총련)의 내부 자료에 의하면, 북한의 광물자원은 약 500종류가 있으며, 200여 종은 산업에 사용할 수 있는 유용한 광물로, 이 중 20종은 채굴하면 충분히 채산을 맞출 수 있다. 주된 광물의 추정 매장량은 텅스텐(세계 9위), 흑연(세계 8위), 무연탄(세계 2위)이라고 한다.

어느 관계자에 따르면, 북한은 "광산을 산째로 파는" 것을 조건으로 중국 기업에 투자를 요구하는 일도 있다고 한다.

한국 통일부 등의 추산으로는, 북한의 지하자원은 그 가치가 6984조 원에 달한다. 제철소의 용광로 등에서 사용되는 마그네슘은 세계 톱클래스의 매장량이라고 한다.

국경 개발

지금까지 기술했듯이, 북한과 중국은 중국 랴오닝성 단둥에 면한 압록강 안에 있는 북한령 섬인 황금평과 동북부의 라선항을 경제특구로 공동 개발하고 있다. 2011년 6월에는 현지에서 기공식도 가졌다.

이것을 구체화하기 위해, 북한과 중국은 「라선 경제 무역 지대와 황금평 경제 지대 공동 개발 계획 요강」을 정리해, 두 지역을 북한 대외 교류의 시험 지역, 강성대국의 선도 지역, 북중 경제협력의 시험 지역으로서 건설한다고 규정했다.

앞의 「요강」에 따르면, 라선 지대는 기초 시설, 공업단지, 물류망, 관광의 공동 개발 및 건설을 중점으로 원자재 공업, 장비 공업, 첨단 기술 공업, 경공업, 서비스업, 현대 고효율 농업 등의 6대 산업을 개발 시킨다. 황금평 지대는 '지식 집약형' 신흥 경제 구역으로서 개발하는 것으로 하고 정보, 관광 문화, 현대 시설 농업, 경공업 등의 4대 산업을 중점적으로 개발시킨다고 한다.

제5장에서 언급했듯이, 북중 경제협력의 기본 방침은 정부가 주도하고 기업이 참가하며, 시장 원리에 기반을 두어 운영하는 '정부 인도, 기업 참여, 시장 운작'이다. 그 특색은 인프라 정비를 함께 진행하고 있다는 점이다.

김정은 체제와 일본 외교

북한과 맞선다고 하는 것

북한과 일본은 외교 관계가 없다. 국제사회에서 나타나는 양국의 존재에서, 이러한 부자연스러움을 다시금 생각해본다.[1]

일본이 나라로 인정하고 있는 것은 194개국이다. 유엔 가입국이면서, 일본이 국교를 맺고 있지 않은 것은 북한뿐이다.

한편 북한은 162개국과 국교가 있다. 미국과 한국, 일본, 프랑스와는 아직 국교가 없지만, 독일과 이탈리아, 영국 등 주요국과는 외교 관계를 맺고 있다. 따라서 국가로서 상당히 널리 인지되어 있다고 할 수 있다.

일본 외무성 홈페이지에는 '북한으로 도항하는 것을 자숙해주십시오'라고 쓰여 있다.

간단히 말해서, 북한은 핵실험과 미사일 개발을 한 나라이며, 일본으로서는 위협이다. 일본인 납치 문제에 대해서도 성의 있는 대응이 보이고 있지 않다. 또한 국제사회도 북한에 대해서 강경한 대응을 취하고 있다. 그렇기에 "계속해서 목적 여하를 불문하고, (북한으로) 도항하는 것을 자숙해주십시오"라고 쓰고 있다.

예를 들어 인도적인 목적이 있어도, 북한으로 도항하는 것은 바람직하지 않은 행위인 것이다.

---

1 일본의 관점에서 북한에 대해 논하고 있는 최근의 연구로는 다음을 참고하기 바란다. 안토니오 이노키(アントニオ猪木)・변진일(辺真一),『북한과 일본인: 김정은 체제와 어떻게 함께 마주할 것인가?(北朝鮮と日本人 金正恩体制とどう向き合うか)』(角川書店, 2014). _옮긴이 주

일본의 제재

일본은 북한에 대해서 국제사회에 의한 제재에 더해, 독자적인 제재를 하고 있다.

2006년 7월에 탄도미사일을 발사한 것과 관련해, 북한과 일본을 연결하고 있던 '만경봉 92호'의 입항을 금지하고, 항공 전세 비행기charter 편이 일본으로 들어오는 것도 금지했다.

같은 해 10월, 북한은 제1차 핵실험을 했다. 이와 관련해서 일본 정부는 북한 선적 선박의 입항을 금지하고, 북한으로부터의 수입을 전면적으로 금지했다.

2009년 4월에 행해진 탄도미사일 발사 이후에는 대북한 송금의 보고 기준액을 3000만 엔 이상에서 1000만 엔으로 끌어내려 감시를 엄격히 했다. 또한 6개월 단위이던 이들 제재 기간을 1년 단위로 변경해서, 매년 4월에 연장을 결정하고 있다.

일본은 북한에 대해 보완적 수출규제, 통칭 캐치올catch-all 규제를 시행하고 있다. 대량 살상 무기의 개발 등을 규제하는 것이 목적으로, 일부 예외를 제외하고, 원칙적으로 모든 화물 및 기술을 규제 대상으로 하는 엄격한 내용이다. 2002년에 도입되어 2008년에 확대되고 강화되었다.

현재 북일 간의 무역은 거의 제로가 되어 있다. 인적 교류도 큰 폭으로 줄었고, 일본에서 북한으로 가는 관광객은 연간 수십 명 단위로 뚝 떨어졌다.

일본 외무성에서는 "일본은 북한에 대한 제재를 완벽히 수행하고 있다"(겐바 고이치로玄葉光一郎 전 외상)라고 자신 있는 태도를 취하는데, 한편으로 중국은 북한이 빠져나갈 구멍이 되고 있다.

일본의 재무성에 따르면, 김정일 국방위원장이 사망한 2011년 12월에서 다음 해 4월까지 일본에서 북한으로 가져간 현금은 3억 7760만 엔(348건)이었다. 이것은 신고된 것에 한정한 것이므로, 실제로는 더욱 많은 금액이 중국을 경유해 유입되고 있다고 보아야 할 것이다. 최근에 일본인 납치 피해자 가족으로부터는 "일본의 제재만으로는 아무것도 움직이지 않는다"라는 목소리도 나오고 있다.

일본 정부는 2012년의 미사일 발사 당시 일시적으로 제재 강화를 검토했지만, 결국 보류했다.

3대째를 읽어내는 핵심어

2012년 4월에 열린 일련의 회의에서, 북한의 젊은 지도자 김정은은 조선로동당 제1비서, 그리고 국방위원회 제1위원장이라는 자리에 취임했다.

제1이라는 이름이 붙어 있지만, 당 규약과 헌법의 개정에 의해 이 두 자리는 최고 권력을 의미하는 것이 되었다. 명실상부하게 29세의 새로운 지도자가 국가의 얼굴이 된 것이다.

공적인 자리에도 노출을 늘리고 있지만, 아직 수수께끼가 많은 그는 무엇을 목표로 삼고 있을까?

이와 관련해서 다음과 같이 다섯 개의 핵심어를 통해서 독해해보도록 하겠다.

그것은 ① 할아버지와 아버지의 위광을 빌린 후광 정치, ② 어린 것에 대한(나이) 콤플렉스, ③ 지기 싫어하는 마음, ④ 내부 대립, ⑤ 스위스 유학이다.

먼저 후광 정치이다. 이것은 앞에서 다뤘던 유훈 정치와 표리일체의 관계에 있다. 할아버지와 아버지의 가르침을 지킨다고 하는 것은, 실은 그들의 권위를 빌리고 있는 것이다.

김정은은 4월 15일 할아버지 김일성 주석 탄생 100주년에 맞춰 약 20분간 연설했다. 연설 스타일은 할아버지를 의식했다고 평가되었는데, 김정은은 각각 79회나 김일성·김정일 두 명의 이름을 언급하고 있다. 그 외에 혁명(46회), 인민군(22회), 군사 우선(11회) 등의 군사 관련 단어가 빈번하게 출현했다.

앞으로도 그의 부친 김정일이 만들어놓은 '군사 우선' 노선을 지켜갈 것은 틀림없다. 군사력으로 지킨 나라의 안전과 안정이 우선이고, 주민 생활은 뒤로 돌리는 것이 될 것으로 보인다.

아직 29세라고 하는 김정은은 틀림없이 자신이 아직 어리다는 것에 대한 콤플렉스를 갖고 있을 것이다. 주위에 있는 간부급들은 젊어도 60대이기 때문에, 아버지뻘의 연령 차이가 있다. 통치 경험도 없는 김정은은 주위에서 하라는 대로 해서 일을 진행시키고 있는 것은 아닌가하는 견해가 많았다.

그러나 현실은 그 반대인 것 같다.

한국 신문 ≪동아일보≫가 한국 정부 소식통의 이야기라고 하면서 전한 바에 따르면, 김정은이 현실을 고려하지 않는 제멋대로인 지시를 남발하고 있지만, 간부들은 통치 경험이 없는 김정은의 콤플렉스를 거슬리게 해서는 안 된다고 마음을 달래며, 섣불리 반대 의견을 낼 수 없다고 한다.

이기는 것에 대한 집착에 관해서는 13년간 김정일 국방위원장의 전속 요리사를 지냈던 후지모토 겐지藤本健二의 증언이 하나의 실마리가 된다.

후지모토는 "김정은은 농구를 할 때도 유별났다. 경기가 끝난 후에 형인 정철 씨는 친구들과 인사하고 그대로 그 장소를 떠났는데, 김정은은 코치처럼 친구들을 불러 모아서, 게임을 분석하고 있었다"라고 말했다. "야심에 가득 찬 단호한 성격"이라고 평가하기도 했다.

외교교섭에서도 항상 승리하는 것을 목표로 한다면 상당히 위험하다. 김정은은 자신의 희망을 실현하기 위해 여러 수단을 활용할 가능성이 있고, 이에 따라 방심할 수 없는 사태로 이어질 것이다.

자국의 군사력을 과시하기 위해 핵실험은 물론이고, 한국에 대해 제한적인 도발 등을 할 가능성도 높다.

내부 대립

김정일 국방위원장은 2008년 9월에 뇌졸중으로 쓰러진 것으로 알려졌다. 그 이후 공적인 자리에 모습을 드러낸 김정일 국방위원장은 좌반신左半身을 질질 끌고 다니는 것처럼 하고 있어, 이 보도의 근거가되었다.

그 이후 2009년 9월에 후계자 문제를 둘러싸고 김정일 국방위원장의 여동생 김경희와 그녀의 남편인 장성택 국방위원회 부위원장, 그리고 김정은이 참가한 가족회의를 열었다고 한다.

김경희가 김정은이 아직 어리다고 지적하자, 바로 그 직후에 김정은이 화가 나서 손에 들고 있던 젓가락을 던지고 나가버리고 말았다.

그런데 이 회의에는 더한 후일담이 있다고, 북한에 정통한 한국 정부의 관계자는 말한다.

김정은이 밖으로 나간 뒤에 군의 강경파 세력만이 모여서 회의에 대해 협의하고, 불온한 움직임을 보였다. 김경희 등의 온건파는 그들의 마음을 달래고 후계자를 김정은으로 하는 것을 인정했다고 한다. 여기에서 강경파란 2010년에 일어난 한국 초계함 천안함 침몰 사건의 주범으로 알려져 있는 김영철 정찰총국장이다.

이 말이 사실이라고 한다면, 김정은의 제1비서 취임을 둘러싸고 의견 대립이 있던 것이 된다. 김정은은 자신의 측근의 세대교체를 추진하고 있는데, 이것도 앞으로 내부적인 긴장을 높일 것이다.[2]

스위스 유학

김정은은 1996년에서 2001년까지 스위스의 베른에 있는 학교에 박운이라는 가명으로 다녔다고 전해지고 있다. 당시 동급생에 의하면, 그는 농구와 영화, 컴퓨터에 관심을 갖고 있었다고 한다.

최근에 스위스 신문은 김정은이 여덟 살이었던 1991년에 스위스에 입국해, 2001년 초까지 약 10년간 체재하고 있었다고 보도했다. 서류상 그의 '부친'인 외교관은 제네바의 북한 유엔 대표로 잠시 근무했다고 한다. 이것이 사실이라고 한다면, 상당히 오랫동안 평화의 나라 스위스에서의 생활을 만끽했을 가능성이 있다.

앞에 나온 후지모토의 말에 따르면, 평양에 돌아온 김정은이 17세 때, 북한의 원산에 있는 초대소에서 후지모토와 양주 워커를 마시고 있을 때였다.

"우리는 매일 이렇게 제트스키와 승마 등을 즐기고 있는데, 일반 인

---

2 북한 내부의 정치적 대립에 대한 최근의 연구로는 다음을 참고하기 바란다. 곤도 다이스케(近藤大介), 『김정은의 정체: 북한의 권력을 둘러싼 사투(金正恩の正體: 北朝鮮 権力をめぐる死鬪)』(平凡社, 2014). _옮긴이 주

민은 무엇을 하고 있는 걸까? 유럽과 일본에 가면 식량이 산처럼 쌓여 있는데, 북한에는 아무것도 없다"라고 걱정하고 있었다고 한다.

풍족했던 해외 생활로, 북한의 빈곤한 현실은 잘 알고 있을 터이다.

그 때문에 주민 가운데에는 "언젠가 김정은이 커다란 개혁을 하고, 경제를 다시 일으켜 세울 것이다"라는 기대감이 있다. 사실 2012년 4월 13일에 '인공위성'이 발사되어 실패로 끝난 지 불과 4시간 반 후에 그 사실을 인정했나. 이는 김정은 자신의 결단이었다고 전해진다.

또한 전국을 시찰할 때에도, 굳이 군인과 민중의 곁으로 다가가, 손을 잡으면서 기념사진을 찍는 등 개방적인 지도자를 지향하고 있는 것으로 보인다.

그의 부친 김정일 국방위원장은 공적인 자리에서 거의 발언하지 않아 '은둔 지도자' 등으로 불렸지만, 김정은은 자기 나름대로의 참신한 스타일을 내세우고 싶다고 생각하고 있는 것이 틀림없다.

중국을 개혁·개방으로 이끈 덩샤오핑도 젊었을 때 프랑스에 유학했다. 이 영향이 있었다는 말도 있다.

그러나 식량 사정도 좋지 않은 가운데, 정권의 안정이 우선적인 과제이므로 자기색을 강하게 드러내는 것은 당장은 어려울 것이다.

키스신의 허가

김정은이 2012년에 들어 평양의 조선중앙동물원을 시작으로 만경대 유희장, 능라인민유원지 등 주민이 많이 모이는 오락 시설을 빈번히 방문하고 있는 것이 눈길을 끈다. 서민 생활을 중시하고 있는 자세를 호소하려는 노림수일 것이다.

조총련의 기관지 ≪조선신보≫의 특파원으로서 평양에 체재하며 취재하고 있는 김지영 평양지국장이 잡지 ≪세카이≫에 기고한 글에서 다음과 같은 에피소드를 밝히고 있다. 2010년 6월, 평양에 개선청년공원이 문을 열었다. 놀이 기구는 이탈리아에서 들여와, 매일 저녁 긴 줄이 늘어서는 인기몰이를 했다. 이 공원을 관리하는 담당자는 그해 5월, 개장 전의 시설 시찰로 방문한 '김대장'을 자신이 담당하는 '절규머신'에 탑승시켰다. 아직 시운전을 하지 않고 있었지만, "상냥하게 말을 걸어주셨기에, 타고 싶다는 요청에 응하고 말았다"라고 한다.

김정은은 또한 "인터넷을 통해 타국의 선진적인 과학기술 데이터에 많이 접하도록 해야 한다"라고 해서 정보를 수집하고, 대표단을 파견해서 외국과의 인적 교류를 촉진했다.

더욱이 평양의 조선중앙동물원에서 김정은은 관계자에게 "기린 등 타국의 동물과 세계적으로 희귀한 동물을 늘려야 한다"라고 지시했다고 한다.

최근 북한에서 방송된 외국 영화에 키스신이 등장했다. 김정은이 "남녀의 자연스러운 감정을 숨겨서는 안 된다"라고 지시했기 때문이라고 전해진다.

이와 같은 지시는 부친의 시대와는 달리, 공적인 매체를 통해 상세히 보도되고 있다.

또 한 가지, 김정은 체제에서는 경제 운영의 체제가 재검토되고 있는 듯하다.

북한에서 경제를 담당하는 부서는 몇 개나 된다. 최고 권력기관인 국방위원회도 경제활동에 관여하고 있다고 하는데, 2012년에 들어 북한의 내각이 경제활동을 총괄하도록 기구 개혁이 이루어졌다. 상세한 내용은 명확하지 않지만, 이는 김정은의 지시라고 한다.

지금까지는 각 부문이 따로따로 하고 있던 외자의 도입과 북한의 경제정책에 대해서도 더욱 정합성을 띤 대응이 실현될지도 모른다. 김정은이 현지 시찰하는 곳도 경제 부문이 늘어나고 있다.

중산계급의 출현

역사적으로 볼 때, 사회와 국가의 민주화 과정에는 중산계급이 결정적인 역할을 해왔다. 예를 들어 옛 소련·동유럽 사회주의의 붕괴와 중국·베트남의 개혁·개방 뒤에는 사상적으로 자유로운 중산계급의 봉기와 희생이 있었다. 최근의 이집트와 아랍의 민중 혁명 때에도 조직적인 중산계급의 역량이 큰 역할을 했다.

2005년에 중국 전역에서 일어난 반일 운동은 정권 기반이 약했던 장쩌민 주석이 진행한 애국 교육 때문이라고 한다. 농촌 지역의 사람들이 중심이 되었던 것으로 여겨졌지만, 연구해보면 실제로는 중산계급이 중심이 되어 있었다고 한다.[3]

중국에서 중산계급은 2억 명이라고 한다. 중산계급은 '의식주' 문제는 어느 정도 충족하고 있다. 그들이 반反정부적이 되는 것은 먹을 것 때문이 아닌, 제도에 대한 불만이다.

반일 시위라는 형태가 되었지만, 실은 공산당 일당독재, 그리고 연안 지역과 내륙 지역의 격차에 대한 불만이 완곡하게 분출되었다고 생각된다. "그들이 언론·집회·결사·신앙의 자유를 요구하기 시작한다면, 공산당 지배도 요동치게 될 것이다"라고 우치다 다쓰루內田樹는 지적하고 있다.

---

3   內田樹, 『街場の中國論』(ミシマ社, 2007).

북한에서도 이러한 중산계급이 성장하고 있는 중이라는 견해가 퍼지고 있다.

휴대전화

그 상징이 휴대전화의 폭발적인 보급이다.

북한 당국과 관계가 깊은 이집트의 오라스콤 텔레콤에서 2008년에 '고려링크Koryolink'라는 이름의 서비스를 개시했다.

14개의 주요 도시와 72개의 소도시에 통신망이 구축되어, 전 인구의 92%가 망라될 정도가 되고 있다. 음성뿐만 아니라 문자 메시지도 보낼 수 있다. 음악의 다운로드 서비스 등도 있는 듯하다. 가입자는 이미 100만 명을 돌파했다. 북한의 인구는 2400만 명이라고 하므로 약 20분의 1 비율로 소유하고 있는 것이 된다.

2011년 9월 초순, 북한의 조선중앙TV에서 흥미로운 프로그램을 내보냈다. '공중도덕과 손전화'라는 제목이었다. '손전화'란 북한에서 휴대전화를 의미한다.

북한의 학자가 휴대전화의 매너에 대해 기자의 인터뷰에 답하는 내용으로, 버스와 극장 안에서는 휴대전화는 전원을 끄든지, 진동 모드로 전환해서 음이 나오지 않도록 해야만 하며, 큰 소리로 말하는 것은 매너 위반이라고, 실제로 버스와 극장에서 촬영한 영상을 교차하며 호소하고 있다.

덧붙여 말하자면, 프로그램의 앞부분에는 해당 기자가 이 학자에게 휴대전화로 통화해 만날 장소를 약속하는 장면scene도 일부러 끼워 넣고 있다.

휴대전화가 얼마나 북한의 일상생활에 깊숙이 파고들어가 있는지를 보여준 프로그램이다. 이와 같은 내용이라면 지금의 일본에서도 그대로 통용될 수 있을 것으로 보인다.

파카의 유행

2012년 6월, 중국의 시사 잡지 ≪세계박람世界博覽≫은 사업 목적으로 북한을 왕래하는 중국인의 체험담으로서, 젊은 사람들 사이에서 "파카(모자가 달린 셔츠)가 유행하고 있다. 한국 드라마와 영화를 보면 파카를 입은 사람이 많이 등장하는데, 이것과 관련되어 있는 것 같다"라고 전했다.

이 중국인은 "시장가격이 200원(약 2000엔) 정도로, 현지에서는 비싼 상품인데도 입고 있는 사람이 많아서, 공급이 따라가지 못한다"라거나, "젊은 여성은 하이힐을 신기 시작했다. 청바지와 반바지도 유행하고 있다"라고 말했다.

다른 중국인 사업가는, "평양에는 이미 노트북 컴퓨터가 보급되어 있는데, 아이패드iPad는 부유층의 상징이 되고 있어, 판매 가격이 중국보다 30% 비싸다"라거나, "평양 시내의 (요지인) 창광거리에서 아이패드를 사용하는 젊은이를 몇 번인가 보았는데, 제지하는 사람은 없었다. 젊은이도 주위를 의식하지 않는 분위기였다"라고 말했다. USB 메모리도 인기가 있고, 더욱이 "다른 사람들에게 잘 보이고 싶다는 일념으로, 식사를 거르더라도 휴대전화를 사려고 노력한다"라고 말했다.

자가용 차를 보유하고 싶어 하는 사람도 늘어나고 있다. 자가용 차를 가지고 있으면 취직에 유리하다는 것 같다. 또한 택시도 평양에서 400대가 운행되고 있다. 모두 북중 합작회사에서 운용하고 있는데, 그것으로도 부족하다. 기본 운임은 1달러로 어른의 1개월 급료에 상당하지만, 택시에 타는 것이 사람들의 허영심을 만족시켜주고 있는 측면도 있는 듯하다.

북한의 중산계급

한국의 야당 자유선진당의 박선영 의원은 행동파 여성 의원으로서 일본에서도 잘 알려져 있다. 북한 문제에도 정통하다. 그녀와 사단법인 북한민주화운동본부가 2011년 '북한 중산층 포럼'이라는 세미나를 한국의 서울에서 열었다.

그때의 자료를 기반으로, 북한에서 중산계급의 위치와 잠재적 가능성에 대해 검토해보도록 하겠다.

북한 중산계급에 대해서는 여러 가지 정의가 있다. 예를 들어 10만 달러 이상을 가진 사람으로, 4000여 명이라는 추정도 있다.

한국 통일연구원이 탈북자를 인터뷰해서 2010년에 발표한 분류에 따르면, 좀 더 구체적으로 다음과 같다.

• **상층계급**(전 인구의 10%): 주식은 백미白米이며, 고기, 과일, 나물, 아이스크림, 커피 등 기호 식품의 소비를 자유로이 즐길 수 있다. 한국제·일본제 옷을 계절마다 자유로이 구입할 수 있다. 취사, 난방, 이런저런 가전제품의 사용에 불편이 없고, 고급 주택에서 산다.

• **중산계급**(전 인구의 30~40%): 때때로 잡곡밥을 먹지만, 보통은 백미를 주식으로 한다. 일주일에 1~2회는 육식을 먹을 수 있다. 중국제의 새로운 옷과 한국제의 낡은 옷을 계절마다 구입해 입는다. 조리와 난방의 연료는 장작 등이다. 가전제품은 다양하게 갖추고 있지만, 전력 부족으로 말미암아 사용에 제약을 받는다.

• **하층계급**(전 인구의 50%): 옥수수밥이 주식으로, 세 끼를 먹는 것에 곤란을 겪고 있다. 김치와 된장류가 반찬으로, 육류는 경축일과 특별한 국가 행사 때에만 먹을 수 있다. 중국제의 낡은 옷과 다른 사람이 입었던 헌 옷을 입는다. 연료 부족으로 취사와 난방에 큰 제약이 있고, 가전제품은 거의 없다.

중산계급은 1990년대의 기아 시절을 꿋꿋이 살아가며, 지혜와 생활능력을 갖춘 사람들을 가리킨다고 생각하면 될 것이다. 그들은 북한 내부에서는 특권은 갖고 있지 않으므로, 잠재적인 반反체제성을 내포하고 있다.

북한에는 애당초 정치적 자세를 기반으로 당국이 정한 3계층 51출신 성분이 있다. 이른바 신분제도이다. 2002년 7월 1일에 시행된 일종의 경제개혁인 '경제관리개선조치'와 2009년의 화폐개혁에 의해 경제력의 격차가 생겨나, 현재 계급이 재편되고 있는 중이다.

조직화는 곤란하지만

그렇다면 앞으로 북한에서 중산계급의 존재와 힘이 유효하게 작용할 가능성이 있는 것일까? 전문가는 중산계급이 확대되고 있는 것은 인정해도, 조직화해서 정치적인 움직임이 일어나는 데까지는 시간이 걸릴 것으로 내다보고 있다.

북한 출신인 이윤걸 북한전략정보서비스센터 소장에 따르면, 중산계급은 자신의 힘으로 돈을 벌고, 자신의 재치로 살아남아 왔다고 한다. 그리고 국가는 아무것도 해주지 않을 뿐만 아니라, 뇌물을 바쳐야하는 경우도 많은 계층이므로, 정권에 대한 불평불만이 높고 충성심도 강하지 않다. 또한 외국 문화에 대한 관심이 높고, 개혁·개방의 필요성도 이해하고 있다.

그들은 소유한 재력에 비해, 자신들의 의견이 전달되는 경우가 적다. 그들의 머릿속에 있는 것은 돈벌이뿐이다. 정치에는 별로 관심이 없다.

그들에 대한 배급은 확실하지 않다. 배급을 받아도 생활 상태는 좋지 않고, 2009년에 시행된 화폐개혁의 최대 피해자였다. 그만큼 그들은 민중 혁명의 주인공이 될 잠재력이 가장 높다.

다만 능력적인 측면에서 혁명의 선봉대가 될 정도는 아직 아니며, 자본주의사회의 중산계급에 비한다면 불완전한 사회주의적 중산계급이다.

북한의 다른 계층보다 변화와 혁명에 대한 희망이 높은 편이지만, 그것을 모아 하나의 세력으로 만드는 것은 어렵다.

"북한은 선군先軍이라는 미명 아래 군사에 중점을 두고 있기에, 군사·안보 분야의 중산계급과 과학기술·경제 분야의 중산계급에게 힘이 있고 조직화할 수 있는 가능성이 있다"라고 이윤걸은 강조한다.

'평양의 봄'은 일어날 것인가?

2011년 초에서 2012년에 걸쳐, 중동의 각국에서 민중 봉기가 일어났다. 이것은 인터넷의 미니 블로그인 트위터와 교류 사이트인 페이스북에서 시작해, 휴대전화가 반反정부 운동 정보교환의 도구로서 활용되어, 운동의 확대에 일조했다.

그렇다면 폐쇄 국가인 북한에 휴대전화가 보급되면 어떤 상황이 일어날 것으로 상정할 수 있을까? 정권 전복으로 이어질까?

유감스럽지만 그 가능성은 낮다. 뉴욕대학교New York University의 클레이 셔키Clay Shirky 교수는 미국의 외교 전문 잡지인 ≪포린 어페어스Foreign Affairs≫ 기고문에서 디지털 툴digital tool이 민주화를 촉진하는 것은 "'인터넷상의 공공 공간에서 벌어지는 활동에 의해', '이미 정부가 (궁지에) 몰려 있는 지역에서'라는 조건이 붙는다"라고 지적하고 있다.[4]

즉, 인터넷상에서 정부 비판이 높아지고 있는 조건 아래에서만 휴대전화가 운동을 활성화시켜 체제 타도로 이어진다는 것이다.

북한은 통제가 엄격한 국가이다. 국외의 움직임은 물론, 국내의 정확한 정보도 전해지지 않고 있다. 인터넷은 국내만으로 접속이 한정되어 있고, 의견 교환도 없다.

더욱이 전화기 자체의 제한도 있다. 일반 시민이 사용하는 휴대전화는 북한에 거주하는 외국인의 전화와는 연결되지 않고, 해외로도 걸 수 없다. 휴대전화 사용의 역사도 짧고, 지금은 주로 약속 시간이나 장소를 정하는 용도로 쓰이고 있어, 휴대전화를 통해 복잡한 이야기를 하는 습관이 없다.

미국의 조지타운대학교Georgetown University의 연구자인 피터 네즈빗Peter Nesbitt은 2011년 8월에 워싱턴에서 열린 세미나에서 "북한은 휴대전화의 GPS 기능을 이용해 누가 어디에 있는지 위치 정보를 쉽게 입수할 수 있기 때문에, 휴대전화 소유자를 관리할 자신을 가지고 있

---

4 Clay Shirky, "The Political Power of Social Media: Technology, the Public Sphere, and Political Change," *Foreign Affairs*(January/February, 2011)(http://www.foreignaffairs.com/articles/67038/clay-shirky/the-political-power-of-social-media). _ 옮긴이 주

다"라고 지적했다.[5]

외부의 정보

북한 사람들은 정보화의 파도에 휩쓸리고 있다.

미국의 언론 조사 연구 업체인 인터미디어InterMedia에서 탈북자에게 청취한 내용을 「조용한 개막: 미디어 환경 변화 속에서의 북한 시민(A Quiet Opening: North Koreans in a Changing Media Environment)」이라는 제목을 달아 정리한 영문 보고서에 따르면, 약 2400만 명의 북한 국민 대다수가 인터넷에 접속할 수 없고, 라디오와 TV도 국영방송밖에 수신할 수 없다고 한다.[6]

하지만 조사 대상의 절반이 DVD를 본 적이 있고, 한국이나 중국과 접한 지역에서는 흘러나오는 전파를 이용해 이들 나라의 TV를 보는 것이 인기를 모으고 있다. 중국제 휴대전화와 컴퓨터, MP3 플레이어, USB 메모리 등의 매체도 북한의 엘리트층 사이에서 퍼지고 있다.

어떤 시대에도, 어떤 나라라도 젊은이들은 새로운 기술에 사족을 못 쓰고, 낡은 것에는 눈을 돌리지 않게 된다. 현재 일본에서는 인쇄된 활자를 읽는 사람이 줄고 휴대전화로 정보를 입수하는 사람이 늘

---

5 Peter Nesbitt, "North Koreans Have Cell Phones: Why Cell Phones Won't Lead to Revolution and How They Strengthen the Regime," *Joint US-Korea Academic Studies: Emerging Voices*, Vol. 22(2011)(http://keia.org/embeddedvideo/emerging-voices-korea-symposium-new-trends-north-korea). _ 옮긴이 주

6 Nat Kretchun and Jane Kim, "A Quiet Opening: North Koreans in a Changing Media Environment"(2012)(http://audiencescapes.org/sites/default/files/A_Quiet_Opening_FINAL_InterMedia.pdf). _ 옮긴이 주

고 있다. 음악도 CD를 듣는 대신 한 곡씩 내려받게 되어, 생활이 크게 변화하고 있다.

북한에 대해서 말하자면, 적어도 선군 사상이나 강성대국 등의 단어에는 관심이 옅어지고 있음이 틀림없다. 외국제의 휴대전화에 대한 흥미는 외부 세계에 대한 동경이 되어, 현 체제에 대한 비판으로 변할 가능성도 있다.

휴대전화가 100만 대나 보급되면, 일찍이 북한 정부가 했던 것 같은 강제 몰수는 할 수 없을 것이다. 손안에 들어가는 자그마한 전화가, 한방약漢方藥처럼 체제의 속 안 깊숙한 곳으로 차근차근 북한에 변화를 가져올지도 모른다.

납치 문제의 현황

북한과 일본이 국교를 수립하는 데에 최대 난관은 북한의 일본인 납치 문제이다. 그런데 원래 미국 병사였던, 소가 히토미曾我ひとみ의 남편인 찰스 로버트 젠킨스Charles Robert Jenkins[7]가 2004년에 일본에 망명한 이후, 큰 성과는 없다. 2008년 8월 12일, 중국 선양瀋陽에서 열린 북일 간의 실무자 협의에서 '재조사' 문제에 대해 합의한 주요 내용은 다음과 같다.

① 북한 측은 납치 피해자에 관한 전면적인 조사를 행한다.
② 권한을 부여받은 조사위원회를 세우고, 조사를 신속히 해서, 가능한

---

7 주한 미군으로 비무장지대에서 철책 근무를 하던 당시인 1965년에 입북했다. 남북 일본인인 소가 히토미와 결혼했으며, 2004년에 탈북했다. _옮긴이 주

한 2008년 가을에는 종료한다.

③ 조사의 추진 과정에 대해 일본 측에 수시로 통보하고 협의한다.

④ 일본 측이 관계자와 면담, 관련 자료의 공유, 관계 장소에 대한 방문 등을 통해 조사 결과를 직접 확인할 수 있도록 협력한다.

일본 측은 북한이 조사위원회를 세우고 조사를 개시한 것과 병행하는 형태로, 인적 왕래 및 항공 전세 비행기편에 관한 규제를 완화할 예정이었다.

그러나 그 이후 국내외의 정세로 말미암아 협의는 공중에 떠버린 상태이며, 해결의 실마리도 잡히지 않고 있다.

구체적으로 누군가가 움직이면, 거기에 반대되는 일종의 벡터가 움직인다. 매우 이상한 일이다.

유골 문제

북한을 상대로 한 화해의 실마리는, 말을 하지 않는 '뼈'에서 시작될 가능성이 있다.

일본 정부의 관계자가 2011년에 북한 측과 극비로 접촉을 하고, 종전終戰 후의 혼란 중에 현재의 북한에 남았다가 사망한 일본인의 유골 수집과 매장지 정비를 의제로 제기했다고 한다. 북한 측에서는 부정적인 반응은 나오지 않은 듯하다.

일본 정부 내부에서는 "북한에 대한 제재를 해제하고 있지 않은 단계에서 시기상조"라는 목소리도 있어, 실현은 내다볼 수 없지만, 북한의 송일호宋日昊 북일 국교 정상화 교섭 담당 대사는 종전 후의 혼란에서 잔류한 일본인의 것으로 보이는 많은 유골의 존재를 인정하고, 일본 측에서 수집과 반환의 요청이 있다면 응할 생각이 있음을 명확하게 밝혔다.

동해 연안의 북한 청진에서 귀국한 사람들의 단체 '전국청진회全國淸津會'(251인)는 북한으로 가서 묘소에 참배하기를 희망하고 있다. 사무국장인 마사키 사다오正木貞雄는 도쿄에 산다. 2011년부터 비자를 신청하고 있지만, 실현되지 않는다. 2012년 8월, 북한과 일본은 이 문제로 적십자 회담을 벌였다.

후생노동성厚生労働省에서는 전쟁 중과 전쟁 후를 포함해 북한 지역에서 전몰한 사람을 3만 4600명으로 추산하고 있다. 북한 측에서 밝힌, 유골이 발견되고 있는 장소로는 평양의 '용산龍山 묘지'가 알려져 있다. 이 묘지는 전후 장소를 이전했다. 이 밖에 정평定平, 풍평豊坪, 함흥, 흥남興南(모두 함경남도), 그리고 평양 교외의 삼합리三合里에서도 수천 구가 발견되고 있다(≪週刊金曜日≫, 2012. 6. 15.).

귀국자 단체의 요청에 관해서는 "북한에 대한 경제 제재의 일환으로서 일본인의 도항 자숙을 요구하고 있어, 현시점에서는 즉시 응할 수 없다"라는 것이 일본 외무성의 입장이다.

과거에 국교가 없던 나라끼리 국교를 회복하는 것에 즈음해, '유골 문제'가 이용된 사례가 있다. 오래된 사례로는 미국과 베트남이 있다. 양국은 베트남전쟁(1960~1975년)을 벌인 적이 있는 사이였다.

1978년에 베트남이 캄보디아를 침략하자 미국은 베트남에 경제 제재를 가했지만, 1991년부터 경제 제재를 해제하는 절차를 시작했다. 이것은 네 단계로 나누어져 있어, MIA Missing in Action(행방불명 미군 병사 문제)에 대한 협력(제1단계), 미국 기업 베이스의 상담商談 승인(제2단계), 인도적 안건에 대한 융자 지원(제3단계), 미국과 베트남의 국교 정상화와 경제원조의 본격 재개(제4단계) 순으로 진행되었다. 미국의 클린턴 정권은 1994년 2월 3일에 수출제한을 철폐해서, '도이 머이'[8] 정책에 한층 기세가 올랐다.

1989년경부터 '도이 머이'의 성과가 올라가기 시작해, 연간 300%대였던 인플레이션은 안정되고, 1995~1996년에는 9%대의 높은 경제성장을 지속했다. 2005년에도 8.4%의 높은 성과율을 달성했다. 2007년 1월 11일에는 세계무역기구WTO: World Trade Organization 정식 가입을 달성했다.

한국전쟁에서도 미국 병사 다수가 북한에서 행방불명되었다. 2012년 2월 말, 북한에 남겨진 채 있는 미국 병사의 유골 발굴 사업을 지원하기 위한 기재를 실은 미국 함선이 북한에 기항했다.

미 국방부에 의하면, 북한에서 행방불명된 미국 병사는 약 5500명으로 추정된다. 유골 발굴 사업은 2005년, 북한의 핵 보유 선언 등과 관련해 일단 중단되었지만, 2011년 10월에 양국이 재개에 합의했다.

'일본인 처'의 현황

북한으로의 귀환 사업은 1959년 12월 14일에 제1진의 배가 출항했다. 이 사업으로 재일 조선인 9만 3340명이 북한으로 건너갔다. 현재 대다수는 고령이 되어 있고, 몇 명이 생존해 있는지 분명하지 않다. 탈북해서 일본으로 돌아온 사람은 몇 명 정도 있는 것으로 보인다.

---

8 도이 머이(Đổi mới)는 쇄신을 의미하는 베트남어로서, 1986년 베트남 공산당 제6차 당대회에서 제기된 슬로건이다. 주로 경제와 금융 방면에서 새로운 방향의 전환을 달성하는 것을 목표로 하는 것을 지칭한다. _옮긴이 주

'일본인 처'의 일시 귀국(귀성)은 1997년에서 2000년에 걸쳐 세 차례 실현되었다. 당시의 교섭은 전년 말에 죽은 김정일 국방위원장의 매제 장성택 조선로동당 행정부장이 담당해, 일본 측과 총 500명의 귀국을 협의했다.

 장성택은 후계자가 된 김정은의 후견인 역할을 담당하고 있는 실력자가 되었다. 북일 관계의 타개를 위해, 장성택이 다시금 '일본인 처'의 귀국에 대한 지시를 내릴 가능성도 있다.

 문제는 일본 측의 수용이다. 북한에 건너가 오랜 나날을 지냈기 때문에, 양친과 형제의 행방을 알 수 없는 경우도 적지 않다. 이 때문에 2012년 1월, 도쿄에서 '일본인 처 등 정주 지원 센터'가 발족해, 귀국 이후를 대비한 주거 확보, 일본어 연수 등 지원 활동의 준비를 진행하고 있다.

국교 정상화 담당 대사의 목소리를 통해 살펴보는 북한의 속내

송일호 북일 국교 정상화 담당 대사는 2012년 4월 16일 평양에서 일본 대표단 19명과 간담했다. 이때 참석했던 사람이 기록한 메모를 필자가 입수했다. 이 메모는 북한의 주장을 아는 것에 일조한다. 일본 측에서 보자면 제멋대로인 주장으로밖에는 안 보여, 받아들일 수 없는 부분도 상당히 있지만, 북한 측의 속내가 드러나 있다. 괄호 안은 필자가 보충했다.

 지금 북일 관계는 매우 악화해 최악의 상황에 있다.
 공화국(북한)의 입장은 시종일관하다. 민주당 정권 이후에도 공화국 정부의 입장은 변하지 않는다. 확실히 해둘 것은 (북한이) 일본과 지리적으로 가깝고 역사적으로 깊은 관계를 맺고 있다는 점이다. 양국은 관계를 개선해 사이가 좋아지지 않으면 안 된다. 이는 북일 쌍방의 이익에 합치될 뿐만 아니라, 동북아시아의 안정과 발전에도 기여하는 것이다.

하지만 다른 나라와는 달리, 역사적인 문제가 남아 있다. 역사적인 문제는 좋았던 것은 아니다. 외교 관계를 맺는 것만으로는 양국의 관계 개선에 이르지 못한다. 과거를 청산해가면서, 외교 관계를 개선해야만 한다.

우리는 좋지 않은 과거를 청산한 이후에, 선린 우호를 해가고 싶다. 김정일 국방위원장이 2011년 8월 (해외 시찰지인) 러시아에서 취재를 받고 말한 "북일 관계는 청산하고, 정말로 개선하지 않으면 안 된다"라는 교시를 지켜나간다.

납치 문제 해결의 노력과 유골 문제(송일호 대사의 발언)

납치 문제는 언짢은 문제이다. 그러나 납치 문제는 북일 양국의 관계를 개선하고, 청산한 이후의 문제이다. 우리 측으로서는 최고 수준으로 납치 문제에 사죄하고 조사 활동을 했다.

할 수 있는 한 노력과 성의를 다했다. 일본에 돌려보낼 수 있는 사람은 모두 돌려보냈다. 그런데 일본에서는 계속해서 납치 피해자가 생존해 있다고 말하며, 납치 문제가 북일 문제의 중심인 것처럼 선전하고 있다.

북한과 일본의 관계 개선은 신뢰 관계가 필요하다. 일본에는 미국의 원자폭탄이 두 번 투하되었고, 또한 미국은 미사일을 다수 보유하고 있는 국가이다.

일본이 우리(공화국)에 대해서 (핵 폐기를) 말하는 것은 모순되어 있다. 미국의 미사일은 두려워하지 않고, 우리나라의 미사일만 두려워하는가?

일본이 미국을 보는 눈과 우리나라를 보는 눈이 달라서이다. 정부의 노력도 필요하지만, 민중적인 수준에서 문제 개선을 요구하는 목소리가 필요하다.

1945년, 일본은 패전하고 조선이 해방되었지만, 잔류한 일본인의 유골이 함경남도 주변에 매장되어 있다. 1999년 이래, 일본 측에서 수차례에 걸쳐 문제를 제기했다. 최근 평양에서도 토지 정비와 건설의 과정에서 묘가 많이 발굴되었다.

나는 "일본에도 유족이 있을 터이고, 개인적으로 북일 관계가 악화하고 있는 상황에서, 정치적인 목적과는 연결하지 않고 인도적인 차원에서 성묘라도 할 수 있게 되기를 바라고 있다. 유골 문제는 일본 적십자사 등과 상담해본다면 어떨까"라고 말했다.

유골 문제였음에도, 납치 문제에 관해 이야기한 것처럼 여론이 오도되었다. 그래서 2012년 4월에 몽골의 울란바토르에서 기자회견을 해서 공개적으로 "납치 이야기는 없었다"라고 말했다.

만약 유골 발굴 때, 유족의 성묘에 반대한다는 메시지를 일본 정부가 보내온다면, 우리는 건설 현장에서 발굴된 유골을 버려버린다. 평양 시내에서도 수천 구의 유골을 발굴했다. 일본의 '청진회'가 만든 자료를 통해서, 함경도의 수개 소에 매장되어 있다는 점을 확인했다.

'청진회'의 연령은 70~80세로, 죽기 전에 양친의 성묘를 하고 싶다고 신청하고 있는 것으로 알고 있다. 북일 관계 개선이 악화되고 있지만, 관계 개선을 인도적으로, 인간으로서 일본 정부에서 해결하고 싶다는 요망이 있다면 받아들일 용의가 있다.

'요도 호' 범인을 어떻게 생각하는가?(송일호 대사의 발언)

먼저 민주당의 나카이 히로시中井洽 의원과는 '요도ょと 호'[9] 이야기를
했다. 나카이 의원은 북일 국교 정상화를 위한 회담에서 '요도 호' 범인
에 대한 일본의 입장을 나타냈다. 내가 알고 있는 한에서는 일본에 「망
명법」은 없지만, 「난민법」은 있는 것으로 알고 있다.

일본에 망명을 신청한다면, 이를 일본 정부는 받아들일 수 없을 것이
다. 난민으로 신청해야 가능한 문제일 것이다. 우리나라에는 「망명법」
이 있다. '요도 호' 범인은 1971년 4월에 공화국에 망명을 신청했다. 공
화국으로서는 「망명법」에 기초해 그들을 보호하고 있다.

그들에 대해서 일본에 돌아가라고 말할 수는 없다. '요도 호' 범인을
추방하면, 공화국의 법률에 위반하는 것이 된다.

문제는 2006년에 일본은 공화국에 대해 제재를 시행했는데, 그중에
일본에 입국을 금지한다는 내용이 있다. 일본 여성은 공화국에 와서 공
화국의 국적을 취득하고 있다. 일본 스스로 일본인 여성의 입국을 거부
하고 있는 것과 같은 것이다. 우리로서는 내일이라도 귀성시키고 싶다.
만일 그 이야기가 있다면 앞장서서 찬성한다.

그것은 여기에 있는 선생 여러분의 운동에 플러스가 되는 것이다. 북
일 국교 정상화 교섭으로 국가 간의 배상 문제가 해결된다고 생각하지

---

9 일본항공(JAL: Japan Airlines) 소속 여객기로 1970년에 일본 적군파 요원들에게
공중에서 납치당했다. 범인들은 북한으로 가고자 했는데, 이타즈케(板付) 공항
과 김포 공항을 경유하는 과정에서 승객과 승무원 대부분이 풀려났다. 평양에 도
착한 후 범인들은 북한에 망명했으며, 요도 호는 일본에 반환되었다. _옮긴이 주

만, 개인에 대한 배상 문제에 대해서는 미해결이라는 것으로 좋은가. 「북일朝日평양선언」에서는 개인 및 국가의 청구권을 포기한다고 되어 있는데, 좀 더 정확히 말하자면 개인 및 국가의 재산 청구권이다.

상호 간에 재산 청구권은 포기하자. 그렇지만 타인이 나의 재산을 빼앗고, 때리고, 걷어차 상처 입혔던 재산에 대해서는 보장해야 한다. 지금도 아직 신체장애자로 남아 있으니까, 여기에 대해서는 보장해야 한다. 따라서 재산 청구권과는 다르다.

터무니없는 시비라는 주장(송일호 대사의 발언)

납치 문제에서는 "돌아가신 분들이 아직 살아 있다는 전제로 조사해서, 일본으로 돌려보내라"라는 답이었다. 나(송일호)는 말했다. 그것은 죽은 사람을 살려서 보내라는 것이 아니냐고 말이다. 나는 그러한 힘은 없으므로 (과거에 일본과 벌인 교섭은) 결렬되었다. 그러므로 일본에서는 지금이라도 납치 문제를 해결하기 위해서 모두 돌려보내라고 하는데, 그래서 우리가 생존자는 누구냐고 물어보면, 모두 대답이 다르다.

따라서 '특정特定 실종자'의 명부名簿는 수백 명이다. 일본 정부는 '특정 실종자'라는 것을 믿지 않고 있기 때문이다.

물론 납치 문제에 대해서 의문은 있다. 의문은 상호 신뢰가 생기면 사라진다. 따라서 평화적 관계를 구축하게 된다.

신뢰의 존재 양식, 신뢰 구축의 존재 양식으로는 정부 간 수준, 국가 간 수준, 또 민간 수준으로 여러 종류가 있다. 일본 정부, 관료, 정치가는 자주 국민의 감정에 대해서 입에 담고 있다. 일본의 국민감정은 이렇다고.

지금 모두 제멋대로 움직이고 있으며, 하나의 목표를 정해서 공동전선을 펴고자 하는 의식이 전혀 없다. (일본에서) 납치 문제가 상업화·정치화되어 있는 것이 문제이다.

애시당초 납치 문제는 북일 간에 생긴 문제로서, 북일 간에서 해결하지 않으면 안 된다. 그런데도 지금 세계 각국에 가지고 다니면서 여론화하고 있다. 따라서 납치 문제에 대해서 전혀 인식이 없는, 사정을 모르는 (미국의 오바마) 대통령과 이야기를 나누고, 납치 문제를 어떻게 하자고 하는 보도가 계속해서 나오고 있다.

지금 가장 더러운 것은 애국자라고 행세하면서 그 문제를 가지고 다니고 있는 것이다. 우리와 아직 한 번도 접촉하지 않은 인간, 그런 사람이 납치 문제를 부르짖고 있다.

마쓰바라 진松原仁 '납치 문제 담당상北朝鮮による拉致問題等に関する特別委員会長'에게 한 말씀 드린다. 납치 문제의 경위, 해결을 위한 방책을 알 수 없다. 나도 납치 문제의 해결을 큰 목소리로 부르짖고 있다.

약간의 기대감을 계속 갖고 있다. (문제 해결을 둘러싸고) 돈 봉투가 오가거나 하고 있는 것도 우리는 알고 있다. 국민도 기대감을 가지고 있다. 마쓰바라 납치 문제 담당상에게 해결해달라고 말이다.

미국이 (국교를 수립하고) 공화국(북한)에 영사관을 건설한다는 보도가 나오면, 일본에서는 (미국을 헤아려서) 납치에 관한 보도가 사라진다.

납치 문제에 관해 진실이든 거짓이든 그것이 크게 보도되면, 그것이 우리의 성과가 된다.

「북일평양선언」을 출발점으로

구태여 송일호 대사의 이야기를 길게 인용했다. 곳곳에 들어야만 할 점이 포함되어 있다. 예를 들어 납치 문제에서 공동전선을 펴지 않고, 각자가 따로따로 움직이고 있다는 지적은 일본의 현재 상황을 드러내고 있다.

또한 종군 위안부 문제로 한국이 개인 배상을 요구할 움직임도 보이고 있다. 일본은 이미 해결되었다고 하고 있지만, 한국과 북한이 보조를 맞춰 개인 배상을 요구할 생각이 있는 것 같다.

북한과의 관계 개선에 대해서, 일본의 외무성 수뇌부는 납치, 핵, 미사일을 동시에 해결한다고 하고 있다. 정말로 그렇게 된다면 이상적이지만, 현실적으로는 거의 불가능하다. 핵 보유는 최근 개정된 북한의 헌법 전문에 포함되어, 정식으로 국가의 기본 방침으로 격상되었다.

이 장에서 보았듯이, 문제 해결의 실마리(단서)는 있다. 거기로 눈을 돌리지 않고 같은 슬로건을 반복하며, 경제 제재만으로 충분하다고 생각하고 있다고 한다면, 책임 회피라고 말해도 할 말이 없을 것이다.

2002년 9월 17일, 북한을 첫 방문한 일본의 고이즈미 준이치로小泉純一郎 총리와 김정일 국방위원장 사이에서 열린 북일 정상회담 후에 「북일평양선언」이 서명되었다.

일본 측이 과거의 식민 지배에 대해 통절한 반성과 마음에서 나온 사과의 기분을 표명하고, 과거의 청산으로는 서로 청구권을 포기하는 대신 국교 정상화 후의 무상 자금을 비롯한 폭넓은 경제협력을 시행한다는 요지를 약속했다.

세대교체의 타이밍을 살려야 한다

북일 간의 관계 개선은 지금 이 문서, 즉 「북일평양선언」이 기본이 된다. 그런데 왜 북한은 이때에 일본에 양보했던 것일까?

정보기관의 하나인 북한 통일전선부[10]의 전임 간부로, 그 이후 탈북해 한국에 살고 있는 장철현張哲賢이 2011년 말에 일본에서 강연했다. 그 자리에서 장철현은 당시의 북한 측이 고이즈미의 방북을 받아들인 목적을 다음과 같이 분석했다. 강연 후에 필자는 그를 만나 식사를 함께했다.

① 고이즈미 총리의 방북으로 양국이 정치적·외교적 성과를 거둬, 북한이 정권 차원에서 감행한 납치 범죄를 축소시킴.

② 국교 정상화와 함께 일본이 제공하는 막대한 외자로, 북한의 경제난을 회복시킴.

③ 일본과 국교 정상화에 성공한 북한은 자주적인 독립국으로서 권위와 지위를 대외적으로 과시함.

④ 일본 국내에서의 조총련의 지위와 권위를 강화함.

⑤ 한국과 미국 내 반反북한 세력을 고립시켜, 유화적 대화를 이끌어냄.

현재의 북한을 둘러싼 환경은 2002년과 닮아 있다. 세계적으로 보

---

10 북한의 정보기관에 대한 연구로는 다음을 참고하기 바란다. 아오야마 겐키(靑山健熙),『북한이라고 하는 악마: 전 북한 공작원이 밝히는 경악의 대일 공작(北朝鮮という惡魔: 元北朝鮮工作員が明かす驚愕の對日工作)』(光文社, 2002); 시미즈 아쓰시(淸水惇),『북한 정보기관의 전모: 독재 정권을 밑받침하고 있는 거대 조직의 실태(北朝鮮情報機關の全貌: 獨裁政權を支える巨大組織の實態)』(光人社, 2004); 이소노 마사가쓰(磯野正勝)·우에노 마사루(上野勝),『북한 비밀공작 부대의 진실(北朝鮮秘密工作部隊の眞實)』(オークラ出版, 2014). _ 옮긴이 주

면 과거에 특정 국가에 대한 경제 제재가 가해졌던 사례는 있지만, 눈에 보이는 성과를 거두기는 어렵다.

북한을 변화시키기 위해서는 좀 더 유연한 자세로 임할 필요가 있다. 북한에서는 보수파인 리영호 총참모장이 해임되어, 경제개발을 위해 중국 등을 본뜬 개방 정책이 취해질 것이라는 견해가 강해지고 있다. 김정은은 부인을 대동하고 공개된 장소에 모습을 보이는 등, 할아버지와 아버지와는 다른 지도자를 목표로 삼고 있는 것 같다.[11]

그 가운데 예를 들어 문화, 교육, 스포츠를 포함한 상호 교류도 역할을 할 수 있다. 단순히 식량 등의 원조를 제공하는 것보다 정보, 교육 서비스 제공 등도 이후 생각해볼 수 있을 것이다. 식량난 극복을 위해서 토양 회복, 해충 박멸 등 선진 농업 기술을 전하는 것도 유효하다. 결핵 등의 질병 치료에 대한 원조도 필요하다.

미국 등의 비정부기구NGO에서는, 북미 간의 어려운 상황에서도 이런 지원 활동을 매우 끈질기게 계속하고 있다. 일본에서는 민간 교류를 하는 것이 매우 어려운 상황이 되고 있는 것이 유감이다.

김정은에게 북일 간의 최대 현안인 납치 문제는 "부친의 시대에 일어난 것이다. 나는 몰랐다"라고 해버리면, 이는 비교적 대처하기 쉬운 것이다. 일본 정부는 체제가 바뀐 지금의 기회를 잡아, 적극적으로 정보를 수집하고 움직여야 한다.

---

11 2013년 12월 12일 장성택 조선로동당 행정부장이 처형된 이후, 북한의 핵심 권력은 조선로동당 조직지도부의 수중으로 사실상 넘어갔으며, 김정은은 조선로동당 조직지도부가 써주는 각본대로 이른바 '수령 흉내 내기'를 하고 있다는 분석이 제기된 바가 있다. 「金正恩の權力強くない, 台本を書いているのは組織指導部」, ≪産經新聞≫, 2014年 9月 26日 字. _ 옮긴이 주

참고문헌

礒崎敦仁·澤田克己. 2010. 『LIVE講義 北朝鮮入門』. 東洋経済.

今村弘子. 2000. 『中国から見た北朝鮮経済事情』. 朝日新聞社.

_____. 2005. 『北朝鮮「虚構の経済」』. 集英社新書.

五味洋治. 2010. 『中国は北朝鮮を止められるか』. 晩聲社.

佐藤知也. 2009. 『平壌で過ごした十二年の日々』. 光陽出版社.

重村智計. 2012. 『金正恩: 謎だらけの指導者』. ベスト新書.

中川雅彦 編. 2011. 『朝鮮労働党の権力後継』. アジア経済研究所.

萩原遼. 2012. 『北朝鮮 金王朝の真実』. 祥伝社新書.

藤本健二. 2010. 『北の後継者キムジョンウン』. 中公新書.

堀田幸裕. 2011. 「中朝関係の緊密化とその実態」. 『北朝鮮体制への多層的アプ
ローチ: 政治·経済·外交·社会』. 日本国際問題研究所.

横田滋·横田早紀江·石高健次. 2012. 『めぐみへの遺言』. 幻冬舎.

荒木和博. 2011. 「「深化組事件」とは何だったのか」. 『海外事情』, 3月号.

石田聖. 2006. 「北朝鮮: 中国との石油共同開発合意でエネルギー事情はどうなる
のか?」. 獨立行政法人石油天然ガス·金属鉱物資源機構(OGMEC).

유현정. 2010. 「후진타오 시대 중국의 대북정책과 중·북 경제협력 평가」. ≪세종
정책연구≫, 제6권 제2호.

志村嘉一郎. 2011. 「北朝鮮の最新経済事情」. 東アジア総合研究所.

春名幹男. 2012. 「「北の崩壊」をめぐる米中韓の暗闘」. ≪Voice≫, 3月号.*
≪文藝春秋≫. 2012.2. "諸君! 北朝鮮を見よ!", 臨時増刊号.
Samuel S. Kim and Tai Hwan Lee. 2002. *North Korea and Northeast Asia*.
    Rowman & Littlefield Publishers.

- 이 책의 본문에서 언급된 문헌과 자료를 제외한 것이다.
- 이 밖에 ≪도쿄신문≫을 비롯한 일본의 각 신문, 한국과 북한, 일본의 보도, 라디오프레스, 북한 전문 사이트 ≪데일리NK≫, 한국의 북한 인권 단체 '좋은벗들' 등을 참고했다.

---

* 원문에는 4월호로 표기되어 있으나 실제로는 3월호이다(http://www.php.co.jp/magazine/voice/?unique_issue_id=12411). _옮긴이 주

「중조우호협력상호원조조약」 원문

〈국문〉

작성자: 저우언라이(周恩来), 김일성(金日成)

발표 시기: 1961년 7월 11일

출전: 中华人民共和国外交部 編. 1965. 『中华人民共和国友好条約汇編(中, 外文
本)』. 世界知識出版社.

중화 인민 공화국과 조선 민주주의 인민 공화국간의
우호, 협조 및 호상 원조에 관한 조약

　　중화 인민 공화국 주석과 조선 민주주의 인민 공화국 최고 인민 회의 상임 위원
회는 맑스-레닌주의와 프로레타리아 국제주의의 원칙에 립각하여 또한 국가 주권
과 령토 완정에 대한 호상 존중, 호상 불가침, 내정에 대한 호상 불간섭, 평등과 호
혜, 호상 원조 및 지지의 기초 우에서 중화 인민 공화국과 조선 민주주의 인민 공
화국간의 형제적 우호, 협조 및 호상 협조 관계를 가일층 강화 발전시키며 량국 인
민의 안전을 공동으로 보장하며 아세아와 세계 평화를 유지 공고화하기 위하여
모든 노력을 다 할 것을 결의한다. 또한 량국간의 우호, 협조 및 호상 원조 관계의
강화 발전은 량국 인민의 근본 리익에 부합될 뿐만 아니라 또한 세계 각국 인민의
리익에 부합된다고 확신한다. 이 목적을 위하여 본 조약을 체결하기로 결정하고

중화 인민 공화국 주석은 인민 공화국 국무원 총리 주 은래를;

조선 민주주의 인민 공화국 최고 인민 회의 상임 위원회는 조선 민주주의 인민 공화국 내각 수상 김 일성을 각각 자기의 전권 대표로 임명하였다.

쌍방 전권 대표는 전권 위임장이 정확하다는 것을 호상 확인하고 다음과 같은 조항들에 대하여 합의하였다.

제1조
체약 쌍방은 아세아 및 세계의 평화와 각국 인민의 안전을 수호하기 위하여 계속 모든 노력을 다 할 것이다.

제2조
체약 쌍방은 체약 쌍방 중 어느 일방에 대한 어떠한 국가로부터의 침략이라도 이를 방지하기 위하여 모든 조치를 공동으로 취할 의무를 지닌다. 체약 일방이 어떠한 한개의 국가 또는 몇개 국가들의 련합으로부터 무력 침공을 당함으로써 전쟁 상태에 처하게 되는 경우에 체약 상대방은 모든 힘을 다하여 지체없이 군사적 및 기타 원조를 제공한다.

제3조
체약 쌍방은 체약 상대방을 반대하는 어떠한 동맹도 체결하지 않으며 체약 상대방을 반대하는 어떠한 집단과 어떠한 행동 또는 조치에도 참가하지 않는다.

제4조
체약 쌍방은 량국의 공동 리익과 관련되는 일체 중요한 국제문제들에 대하여 계속 협의한다.

제5조
체약 쌍방은 주권에 대한 호상 존중, 내정에 대한 호상 불간섭, 평등과 호혜의 원칙 및 친선 협조의 정신에 계속 립각하여 량국의 사회주의 건설 사업에서 호상 가능한 모든 경제적 및 기술적 원조를 제공하여 량국의 경제, 문화 및 과학 기술적 협조를 계속 공고히 하며 발전시킨다.

제6조

체약 쌍방은 조선의 통일이 반드시 평화적이며 민주주의적인 기초 우에서 실현되여야 하며 그리고 이와 같은 해결이 곧 조선 인민의 민족적리익과 극동에서의 평화 유지에 부합된다고 인정한다.

제7조

본 조약은 비준을 받아야 하며 비준서를 교환한 날로부터 효력을 발생한다. 비준서는 평양에서 교환된다.

본 조약은 수정 또는 폐기할 데 대한 쌍방간의 합의가 않는 이상 계속 효력을 가진다.

본 조약은 1961년 7월 11일 베이징에서 조인되었으며 조선 문으로 각각 2통씩 작성된 이 두 원문은 동등한 효력을 가진다.

중화 인민 공화국   조선 민주주의 인민공화국
전권 대표   전권 대표
周 恩来   김 일성

中华人民共和国和朝鲜民主主义人民共和国友好合作互助条约

1961年 7月 11日

中华人民共和国主席和朝鲜民主主义人民共和国最高人民会议常任委员会. 根据马克思列宁主义和无产阶级国际主义的原则. 在互相尊重国家主权和领土完整, 互不侵犯, 互不干涉内政, 平等互利, 互相援助和支持的基础上. 决心尽一切努力. 进一步加强和发展中华人民共和国和朝鲜民主主义人民共和国之间的兄弟般的友好合作互助关系. 共同保障两国人民的安全. 维护和巩固亚洲和世界的和平. 并且深信. 两国之间的友好合作互助关系的发展和加强. 不仅符合两国人民的根本利益. 而且也符合世界各国人民的利益. 为此目的. 决定缔结本条约. 并各派全权代表如下:

中华人民共和国主席特派中华人民共和国国务院总理周恩来; 朝鲜民主主义人民共和国最高人民会议常任委员会特派朝鲜民主主义人民共和国内阁首相金日成.

双方全权代表互相校阅全权证书. 认为妥善后. 议定下列各条:

第一条

缔约双方将继续为维护亚洲和世界的和平和各国人民的安全而尽一切努力.

第二条

缔约双方保证共同采取一切措施. 防止任何国家对缔约双方的任何一方的侵略. 一旦缔约一方受到任何一个国家的或者几个国家联合的武装进攻. 因而处于战争状态时. 缔约另一方应立即尽其全力给予军事及其他援助.

第三条

缔约双方均不缔结反对缔约双方的任何同盟. 并且不参加反对缔约双方的任何集团和任何行动或措施.

第四条

缔约双方将继续对两国共同利益有关的一切重大国际问题进行协商.

第五条

缔约双方将继续本着互相尊重主权, 互不干涉内政, 平等互利的原则和友好合作的精神. 在两国的社会主义建设事业中. 彼此给予一切可能的经济和技术援助;继续巩固和发展两国的经济, 文化和科学技术合作.

第六条

缔约双方认为. 朝鲜的统一必须在和平民主的基础上实现. 而这种解决正符合朝鲜人民的民族利益和维护远东和平的目的.

第七条

本条约须经批准. 并自互换批准书之日起生效. 批准书在平壤互换.

本条约在未经双方就修改或者终止问题达成协议以前. 将一直有效.

本条约于一九六一年七月十一日在北京签订. 共两份. 每份都用中文和朝文写成. 两种文本具有同等效力.

<table>
<tr><td>中华人民共和国</td><td>朝鲜民主主义人民共和国</td></tr>
<tr><td>全权代表</td><td>全权代表</td></tr>
<tr><td>周恩来</td><td>金日成</td></tr>
<tr><td>(签字)</td><td>(签字)</td></tr>
</table>

Treaty of Friendship, Co-operation and Mutual Assistance Between the People's Republic of China and the Democratic People's Republic of Korea.

Source: *Peking Review*, Vol. 4, No. 28, p. 5.

Transcribed / HTML: Max, B. and Mike B.

July 11, 1961

THE Chairman of the People's Republic of China and the Presidium of the Supreme People's Assembly of the Democratic People's Republic of Korea, determined, in accordance with Marxism-Leninism and the principle of proletarian internationalism and on the basis of mutual respect for state sovereignty and territorial integrity, mutual non-aggression, non-interference in each other's internal affairs, equality and mutual benefit, and mutual assistance and support, to make every effort to further strengthen and develop the fraternal relations of friendship, co-operation and mutual assistance between the People's Republic of China and the Democratic People's Republic of Korea, to jointly guard the security of the two peoples, and to safeguard and consolidate the peace of Asia and the world, and deeply convinced that the development and strengthening of the relations of friendship, co-operation and mutual assistance between the two countries accord not only with the fundamental interests of the two peoples but also with the interests of the peoples all over the world, have decided for this purpose to conclude the present Treaty and appointed as their respective plenipotentiaries:

The Chairman of the People's Republic of China: Chou En-lai, Premier of the State Council of the People's Republic of China.

The Presidium of the Supreme People's Assembly of the Democratic People's Republic of Korea: Kim Il Sung, Premier of the Cabinet of the Democratic People's Republic of Korea,

Who, having examined each other's full powers and found them in good and due form, have agreed upon the the following:

Article I

The Contracting Parties will continue to make every effort to safeguard the peace of Asia and the world and the security of all peoples.

Article II

The Contracting Parties undertake jointly to adopt all measures to prevent aggression against either of the Contracting Parties by any state. In the event of one of the Contracting Parties being subjected to the armed attack by any state or several states jointly and thus being involved in a state of war, the other Contracting Party shall immediately render military and other assistance by all means at its disposal.

Article III

Neither Contracting Party shall conclude any alliance directed against the other Contracting Party or take part in any bloc or in any action or measure directed against the other Contracting Party .

Article IV

The Contracting Parties will continue to consult with each other on all important international questions of common interest to the two countries.

Article V

The Contracting Parties, on the principles of mutual respect for sovereignty, non-interference in each other's internal affairs, equality and mutual benefit and in the spirit of friendly co-operation, will continue to render each other every possible economic and technical aid in the cause of socialist construction of the two countries and will continue to consolidate and develop economic, cultural, and scientific and technical co-operation between the two countries.

Article VI

The Contracting Parties hold that the unification of Korea must be realized along peaceful and democratic lines and that such a solution accords exactly with the national interests of the Korean people and the aim of preserving peace in the Far East.

Article VII

The present Treaty is subject to ratification and shall come into force on the day of exchange of instruments of ratification, which will take place in Pyongyang. The present Treaty will remain in force until the Contracting Parties agree on its amendment or termination. Done in duplicate in Peking on the eleventh day of July, nineteen sixty-one, in the Chinese and Korean languages, both texts being equally authentic.

<table>
<tr><td>(Signed)</td><td>(Signed)</td></tr>
<tr><td>CHOU EN-LAI</td><td>KIM IL SUNG</td></tr>
<tr><td>Plenipotentiary of the</td><td>Plenipotentiary of the</td></tr>
<tr><td>People's Republic of China</td><td>Democratic People's Republic of Korea</td></tr>
</table>

〈일문〉

データベース『世界と日本』

日本政治・国際関係データベース

東京大学東洋文化研究所 田中明彦研究室

[文書名]

中朝友好協力相互援助条約

(中華人民共和国と朝鮮民主主義人民共和国との間の友好・協力及び相互援助条約)

[場所]

[年月日] 1961年7月11日作成. 1961年9月10日発効

[出典] 日本外交主要文書・年表(2). 354-357頁. 条約資料. 第254号.

[備考] 外務省仮訳

[全文]

　中華人民共和国主席及び朝鮮民主主義人民共和国最高人民会議常任委員会は，マルクス・レーニン主義及びプロレタリア国際主義の原則に基づき，かつ，国家主権及び領土保全の相互の尊重，相互不可侵，内政相互不干渉，平等互恵並びに相互の援助及び支持の基礎の上に，全力をあげて両国間の兄弟のような友好，協力及び相互援助関係を一層強化発展させ，両国人民の安全を共同で保障し，アジア及び全世界の平和を守り，かつ，強固にすることを決意し，また，両国間の友好，協力及び相互援助関係の発展強化が，両国人民の根本的利益に合致するのみでなく，世界各国人民の利益に合致するものであることを確信し，このために，この条約を締結することに決定し，それぞれ次のとおり全権代表を任命した．

　中華人民共和国主席は中華人民共和国国務院総理周恩来を特派し，朝鮮民主主義人民共和国最高人民会議常任委員会は，朝鮮民主主義人民共和国内閣首相金日成を特派した．

　これらの全権代表は，互いにその全権委任状を示し，それが良好妥当であると

認められた後, 次のとおり協定した.

第一条

両締約国は, アジア及び全世界の平和並びに各国人民の安全を守るため, 引き続きあらゆる努力を払う.

第二条

両締約国は, 共同ですべての措置を執りいずれの一方の締約国に対するいかなる国の侵略をも防止する. いずれか一方の締約国がいずれかの国又は同盟国家群から武力攻撃を受けて, それによって戦争状態に陥ったときは他方の締約国は, 直ちに全力をあげて軍事上その他の援助を与える.

第三条

いずれの締約国も, 他方の締約国に対するいかなる同盟をも結ばず, また, 他方の締約国に対するいかなるブロック, 行動又は措置にも参加しない.

第四条

両締約国は, 両国に共通の利害関係があるすべての重大な国際問題について, 引き続き互いに協議するものとする.

第五条

両締約国は, 主権の相互の尊重, 内政の相互不干渉及び平等互恵の原則並びに友好的協力の精神に基づき, 両国の社会主義建設事業において, 可能な経済上及び技術上の援助を引き続き相互に与え, かつ, 両国間の経済上, 文化上, 科学上及び技術上の協力を引き続き強化発展させる.

第六条

両締約国は, 朝鮮の統一は平和民主の基礎の上に実現されるべきであり, このような解決は朝鮮人民の民族利益及び極東における平和の擁護の目的に合致するものであることを認める.

第七条

　この条約は，批准されなければならない．この条約は，批准書の交換の日に効力を生ずる．批准書は，平壌で交換される．

　この条約は，両締約国が改正又は終了について合意しない限り，引き続き効力を有する．

　千九百六十一年七月十一日に北京で，ひとしく正文である中国語及び朝鮮語により本書二通を作成した．

　　　　中華人民共和国全権代表　　　　　朝鮮民主主義人民共和国全権代表

　　　　　　周恩来(署名)　　　　　　　　　　金日成(署名)

КИТАЙСКО-КОРЕЙСКИЙ ДОГОВОР 1961

(Договор о сотрудничестве и дружбе, Китай обязался немедл
енно оказать военную и иную помощь для своего союзника если
возникнет такая необходимость)

О дружбе, сотрудничестве и взаимной помощи - подписан ме
жду КНР и КНДР 11 июля в Пекине премьером Гос. совета КНР
Чжоу Энь-лаем и пред. Кабинета министров КНДР Ким Ир Сено
м. Стороны договорились продолжать прилагать все усилия дл
я защиты мира в Азии и во всем мире и безопасности народов вс
ех стран (ст. 1), обязались оказать взаимно немедленную воен. и
иную помощь всеми имеющимися средствами в случае вооруж.
нападения на одну из них (ст. 2), не заключать союзов и не учас
твовать в блоках, направленных против др. стороны (ст. 3), про
должать консультироваться по междунар. вопросам, касающимс
я их общих интересов (ст. 4), оказывать друг другу экономич. и
технич. помощь в строительстве социализма, укреплять и разв
ивать экономич., культурное и научно-технич. сотрудничество
(ст. 5). В договоре подчеркивается, что объединение Кореи долж
но быть проведено на мирной и демократич. основе (ст. 6). В за
ключит. части договора отмечается, что он останется в силе до
взаимного согласия сторон о его пересмотре или денонсации. Об
мен ратификац. грамотами состоялся в Пхеньяне 10 сент. 1961.

Публ.: "Новая Корея", 1961, No 15; "Жэньминь жибао", 1961, 11 се
нт., No 4812.

А. М. Малухин. Москва.

북중 관계사 연표(1945~2014년)*

1945년

8월 15일   제2차 세계대전 종료

1946년

11월 1일   중국국민당, 타이완으로 철수 개시

1947년

1월 1일   중화인민공화국(이하 '중국'), 신헌법 공포

1월 27일   북한·중국(이하 '북중') 인민 친선 교관 대회(평양시 주최)

2월 18일   체신국(遞信局)과 중국 동북행정위우전(郵電)관리총국 간 우편물 교환, 전보 연
            락에 관한 임시 협정 체결

1948년

8월 15일   대한민국(이하 '한국') 정부 수립, 이승만(李承晩)이 대통령으로 취임

9월 9일   조선민주주의인민공화국(이하 '북한') 정부 수립, 김일성이 내각 총리로 취임

9월 18일   소비에트사회주의공화국연방(이하 '소련'), 1948년 말까지 북한에 주둔하는 소
            련군 철수를 완료한다는 방침을 밝힘

---

* 특별히 언급이 없는 항목은 북한 관련 사항이다.

10월 12일 북한, 소련과 국교 수립

11월 6일 중국 동북 해방 기구 중국인으로부터 김일성종합대학 및 만경대학원에 선물

12월 26일 북한 주둔 소련군 철수 완료

1949년

1월 1일 미합중국(이하 '미국'), 한국을 승인

10월 1일 중국 정부 수립

10월 6일 북한, 중국과 국교 수립

12월 25일 북한과 중국 간 통상 우호 협정 체결
　　　　　제1차 의과학 대회, 평양에서 개최

1950년

1월 12일 딘 애치슨(Dean Acheson) 미 국무부 장관 연설, 한국과 타이완을 미국의 극동
　　　　　방위선에서 제외(애치슨 라인)

1월 19일 김일성, 평양 주재 소련 대사인 테렌티 스티코프(Terenti Fomitch Stykov)를 통
　　　　　해 이오시프 스탈린에게 대남 공격 허가를 요청

1월 21일 북한과 중국 간 우편물 교환 및 전신 전화 연락 협정 체결

2월 9일 스탈린, 북한에 대한 군사 장비 제공에 동의

5월 13일 김일성 방중, 마오쩌둥·저우언라이와 회담

6월 25일 한국전쟁(6·25전쟁) 발발

8월 13일 니즈량 초대 주북한 중국 대사 평양 도착

8월 14일 중국 인민 대표단[단장: 궈모뤄(郭沫若)] 북한 도착

8월 18일 북중 양 정부 간 물물교환 무역협정에 조인

8월 20일 북한군, 한국의 90% 이상 지역을 '해방'

8월 24일 중국 저우언라이, 한국 문제 평화적 해결에 관심 표명

9월 15일 유엔군, 인천 상륙 작전

9월 28일 유엔군, 서울 탈환

10월 1일 한국 제1군단, 38선을 넘어 북상

10월 25일 중국인민지원군, 한국전쟁에 참전

11월 4일 중국 각 정당 및 사회단체, 북한 인민을 지지하며 미국에 대항 투쟁할 것을 천명

12월 3일 김일성 방중, 북중 연합 사령부 설립에 관해 마오쩌둥·저우언라이와 회담

12월 12일 '조국전선' 산하 각 정당 및 사회단체, '중국인민지원군에 대한 감사 메시지'를 중

국의 여러 정당에 발송

1951년

1월 1일	북중군, 북위 38도선 돌파
1월 5일	북중군, 서울 점령
1월 17일	중화전국총공회, 국제 노동자 상호 원조 기금에 의해 북한 노동자에게 5억 위안의 원조를 결정
3월 14일	유엔군, 서울 재탈환
3월 19일	중국 적십자회 국제 의료 방역 복무대 일행 150명, 신의주 도착
3월 26일	중국의 의무대원 191명, 북한으로 파견
4월 3일	유엔군, 북위 38도선 재돌파
4월 10일	더글러스 맥아더(Douglas MacArthur) 해임
4월 11일	중국 인민 대표단 574명[단장: 랴오청즈(廖承志)]이 방북
4월 21일	김일성, 중국 인민 대표단 접견
6월 3일	김일성 방중, 마오쩌둥과 회담, 한국전쟁 휴전회담 방침을 협의
6월 23일	야코프 말리크(Yakov Malik) 유엔 주재 소련 대표, 한국전쟁 휴전 제안
6월 25일	해리 트루먼(Harry S. Truman), 평화 해결에 응한다는 성명
6월 25일	중국, 말리크안(案)에 찬성
7월 1일	김일성과 펑더화이(彭德懷), 유엔 측 휴전 제의에 동의
7월 10일	휴전회담 본회의 개시(장소: 개성)
10월 7일	김일성과 펑더화이, 정전 담판 회의 장소로 판문점 제의
10월 24일	중국인민지원군 참전 1주년 기념 평양시 경축 대회

1952년

3월 4일	주중국 북한 대사로 권오직(權五稷) 임명
3월 19일	중국, 미 제국주의 세균전 범행 조사단 일행 43명 북한 방문(4월 4일 평양 도착)
3월 31일	중국 문화 대표단 일행 평양 도착
8월 1일	김일성, 중국인민해방군 창건 25주년 즈음 마오쩌둥에게 축전
9월 3일	중국 지린성에 옌볜 조선족 자치구가 성립
9월 4일	저우언라이, 김일성, 스탈린이 모스크바에서 회담
10월 8일	휴전회담 무기 휴회
10월 23일	김일성, 중국인민지원군 항미원조 참전 2주년에 대해 마오쩌둥에 축전

10월 24일 중국인민지원군 조선 전선 참전 2주년 기념 평양시 경축 대회

10월 26일 김일성, 중국 인민 대표단 접견

1953년

2월 7일 김일성에 원수 칭호

3월 5일 스탈린 사망

7월 27일 한국전쟁 휴전협정에 조선인민군 최고사령관 김일성과 중국인민지원군 펑더화이가 서명

11월 3일 중국 인민 위원단 허룽(賀龍) 총단장, 당 및 정부 기관, 사회단체 인사를 초대해 연회

11월 10일 전후 복구 원조 요청차 김일성 방중(~11월 12일)

11월 12일 북중 간 경제 및 문화 협력에 관한 협정 조인

11월 13일 평양 복구 건설 지원차 중국 건축 기술자 770명 도착

11월 23일 북한·중국 정부 대표단 간 공동 코뮈니케 발표

북한·중국 간 10개년 경제 문화 협정 체결(김일성과 저우언라이가 서명)

12월 12일 주중국 신임 북한 대사, 마오쩌둥에게 신임장 제출

12월 20일 최고인민회의 제1기 제6차 회의(~12월 22일)

소련·중국·동유럽 국가 방문 대표단 귀국 보고

1954년

1월 1일 김일성, 인민군과 중국군에 축하문 발표

최고인민회의 상임위원 김두봉(金枓奉), 신년사 발표

1월 14일 북중 경제 및 문화 합작에 관한 협정 비준서 교환

2월 5일 북중 직통열차 운행 협정에 조인

4월 1일 베이징-평양 직통 화물열차가 개통

6월 3일 베이징-평양 직통 여객열차가 개통

6월 7일 북중 양국 간 철도, 교량 보호에 관한 임시 의정서에 조인

6월 8일 전후 경제 복구 건설에 협조할 중국 기술자 일행 평양 도착

9월 3일 중국, 진먼(金門)·마쭈(馬祖) 포격 개시(제1차 타이완해협 위기)

9월 4일 북한·중국 간, 1954년 화물 교환 의정서 베이징에서 조인

9월 6일 중국인민지원군 7개 사단 철수 예정 발표

9월 16일 중국인민지원군 제1기 제1차 철수(~10월 3일, 7개 사단)

9월 28일   김일성 방중(~10월 5일), 중국 건국 5주년 기념식에 참가

11월 26일 중국의 기술원조단이 북한에 도착

12월 31일 북한·중국 간 1955년 물자 및 현금 원조 의정서 조인 및 북한 무역성과 중국 무
역 부문 1955년 상품 교환에 대한 의정서 조인(장소: 베이징)

1955년

2월 11일   중국 부주석 주더(朱德) 평양 방문

3월 25일   중국군 사령부, 3~4월에 북한에서 6개 사단 철수 결정

3월 31일   중국인민지원군, 신의주를 거쳐 제1기 제2차 철수(~4월 20일, 6개 사단 5만 2192
명, 전차 67대, 각 총포 1758문)

4월 17일   북중 양국 정부가 압록강 수풍수력발전소에 관한 협정을 체결

5월 7일   북중 양국 정부가 북중 압록강 수풍수력발전회사에 관한 의정서에 조인

5월 22일   북중 1955년도 문화 교류에 관한 의정서 교환

6월 8일   중국 공안부·북한 내무성, 안둥(安東, 단둥)에서 신의주 구간의 압록강교 안전
에 관한 의정서에 조인

10월 10일 중국인민지원군 제1기 제3차 철수(~10월 26일, 6개 사단)

12월 28일 김일성 연설 "사상사업에서 교조주의와 형식주의를 배제하고 주체를 확립하는
것에 대하여"

1956년

1월 14일   북중 정부 간 압록강과 투먼(圖們, 두만) 강의 목재 운송에 관한 의정서에 조인

2월 14일   소련공산당 제20차 당대회(~2월 25일), 흐루쇼프가 스탈린을 비판

4월 16일   차오샤오광 주북한 신임 중국 대사, 신임장 제출

8월 30일   김일성, 당 중앙위원회 8월 전원회의 개최(~8월 31일), 소련·동유럽 국가 방문
단 사업 보고, 박창옥(朴昌玉)·최창익(崔昌益) 등 당 중앙위원에서 제명

9월   중국은 펑더화이 국방부장, 소련은 아나스타스 미코얀(Anastas Mikoyan) 제1부
총리를 파견, 8월 북한 전원회의에서의 결정을 철회할 것을 요구

9월 2일   북중 간 두만강 유역 치수 공정에 관한 의정서 교환

9월 23일   김일성, 당 중앙위원회 9월 전원회의 개최, 박창옥·최창익 등이 당 중앙위원으
로 복귀

11월 11일 ≪로동신문≫, 중국의 유엔 가입 지지

1957년

1월 18일   중국 무역 대표단 방북

1월 24일   북중 원조·통상협정서 조인

2월 4일   인민군·중국군 전사자들의 묘비 제막

4월 10일   북중 농작물 병충해에 대한 투쟁 및 검역 협정 조인(장소: 평양)

6월 21일   주중국 북한 대사 리영호(李永鎬) 신임장 제출

9월 18일   김두봉 숙청됨(최고인민회의 제2기 제1차 회의)

10월 17일   당 중앙위원회 10월 전원회의(~10월 19일), 당 대표자회 소집 문제

11월 4일   미오쩌둥과 김일성, 모스크바에서 중국인민지원군 철수에 합의

12월 30일   북중 문화 교류 계획서 조인(장소: 베이징)

12월 31일   북중 과학기술 협력 협정에 서명

1958년

1월 21일   북중 1958년 통상 의정서 조인

2월 5일   북한, 한반도에서 모든 외국군 철수를 요구하는 성명

2월 14일   저우언라이 방북(중국 총리로서 첫 방문), 지원군 철수에 관해 협의(~2월 21일).
김일성, 중국 정부 대표단 환영 평양시 군중대회에서 연설

2월 19일   북중 양국 정부 공동성명 발표, 중국군 철수 표명

2월 20일   북한 주둔 중국군 사령부, 1958년까지 중국인민지원군을 철수하며 1차 철수를 4
월 30일까지로 한다고 발표

3월 3일   조선로동당 제1차 대표자회(~3월 6일), ① 인민 경제 발전 5개년 계획에 대하여,
② 당의 통일단결 강화에 대하여

3월 15일   중국인민지원군 제2기 제1차 철수(~4월 25일, 6개 사단)

6월 24일   중국인민지원군 7월 11일~8월 30일까지 2차 철수 공포

7월 11일   중국인민지원군 제2기 제2차 철수(~8월 14일, 6개 사단 및 특수부대)

8월 23일   중국, 진먼다오 포격 개시(제2차 타이완해협 위기)

9월 7일   중국군, 9월 25일까지 3차 철수 공포

9월 26일   중국인민지원군 제2기 제3차 철수(~10월 26일, 3개 사단 및 지원군 총부, 후근
보초 부대)

9월 27일   북중 간 1959년~1962년간 무역협정과 차관 협정 체결

10월 2일   북중 간 과학기술 협조위원회 제1차 회의 개최

10월 3일   '북한·중국 친선 우호 협회' 창설(장소: 베이징)

10월 26일 중국인민지원군, 북한에서 전면 철수 완료

11월 19일 북중 간, 경제 및 문화 협조에 관한 협정 체결

11월 21일 김일성 방중, 마오쩌둥 및 저우언라이와 회담

12월 8일 북중 간, 공동성명 베이징에서 조인

12월 16일 북중 양국 국경 지역의 물물교환 무역에 관한 의정서에 조인

12월 27일 중국 인민은행 · 북한 중앙은행 간 변경된 화폐교환 의정서 조인

12월 29일 중국의 북한에 대한 무상 원조(8억 위안) 의정서에 조인

1959년

2월 18일 북중 항공 운수 협정 조인

2월 21일 북중 문화 협력 협정 조인

4월 1일 베이징 · 평양 간 민간항공 개통

6월 20일 소련, 중국 · 소련(이하 '중소') 국방 신기술 협정 파기

7월 김일성 방중, 마오쩌둥과 국제 공산주의 운동 등에 대해 회담

7월 3일 북중 어종 및 어란 교환에 관한 의정서 교환

8월 25일 북중 황해 어업 협정 조인(장소: 베이징)

9월 7일 북한 · 소련(이하 '북소') 원자력 평화 이용 협정 조인

9월 26일 김일성 방중, 중국 건국 10주년 기념식에 참석

9월 28일 김일성, 마오쩌둥과 회담, 중화인민공화국 창건 10주년 경축 대회에서 연설

9월 30일 중화인민공화국 창건 10주년 평양시 보고회 개최

10월 1일 김일성, 류샤오치(劉少奇) · 주더와 회견

1960년

4월 19일 한국 '학생 혁명', 이승만 대통령 하야

5월 김일성 방중, 마오쩌둥과 소련공산당과의 관계에 대해 협의

5월 23일 북중 국경 하천 운항 협력 협정 조인

8월 12일 윤보선(尹潽善), 한국 대통령으로 선출

10월 4일 중국 방문하는 경제 대표단 평양 출발(~10월 15일)

10월13일 북중 간 4억 2000만 루블 차관 협정, 소비재 플랜트 납입 · 기술원조 협정 체결
(장소: 베이징)

10월24일 중국인민지원군 참전 10주년 기념 평양시 보고인회 진행

1961년

3월 18일   북중 간 1961년도 상품 교류 의정서 조인(장소: 베이징)

3월 28일   북중 간 1961년도 문화 교류 계획서 조인

5월 30일   알렉세이 코시긴(Alexei Kosygin) 소련 제1부총리 방북(~6월 6일)

6월 29일   김일성, 소련 방문(~7월 10일), 북소 공동 코뮈니케(7월 10일)

7월 6일   북소 우호협력상호원조조약 체결

7월 10일   김일성, 중국 방문(~7월 15일), 북중 공동 코뮈니케(7월 15일)

7월 11일   북중 우호협력상호원조조약(군사동맹) 체결

8월 24일   최고인민회의 상임위원회, 북소 우호협력상호원조조약, 북중 우호협력상호원조조약 비준

9월 10일   북소 우호협력상호원조조약, 북중 우호협력상호원조조약 비준서 교환

9월 12일   덩샤오핑 방북, 조선로동당 제4회 전국대표대회에 참석

12월 7일   중국, 백두산 영유권 주장

1962년

1월 5일   중국 정부 통상 대표 평양 도착(~1월 10일)

1월 8일   북중 간 1962년도 상품 교류 의정서 조인(장소: 평양)

4월 23일   중국 전국인민대표회의 대표단[단장: 펑전(彭眞)] 방북(~5월 3일)

4월 24일   김일성, 중국 전국인민대표대회 대표단 접견

6월 15일   최고인민회의 대표단[단장: 박금철(朴金喆)] 중국 방문(~7월 2일)

6월 15일   북중 과학원 간의 과학 협조에 관한 계획서 조인

7월 10일   북중 우호협력상호원조조약 체결 1주년 평양시 기념 대회

9월 22일   북중 과학기술 협력 의정서 조인

9월 29일   북중 친선 협회 대표단 방중(~10월 19일)

10월 12일   저우언라이 방북, 북중 국경 조약을 체결

10월 12일   중국·인도(이하 '중인') 국경분쟁

10월 22일   쿠바 위기(미국, 쿠바를 해상 봉쇄)

11월 5일   북중 통상 항해 조약을 체결

11월 23일   북한 외무성, 중인 국경분쟁에서 중국을 지지하는 성명을 발표

12월 15일   북중 통상 및 항해에 관한 조약 비준

1963년

6월 4일	북중 과학기술 협조 위원회 제6차 회의에 참가할 중국 대표단, 평양 도착(~6월 22일)
6월 5일	최용건(崔庸健) 최고인민회의 상임위원장 방중(~6월 23일)
6월 7일	최용건·류사오치 회담
6월 16일	최용건·마오쩌둥 회견
6월 23일	최용건·류사오치 공동성명 발표(장소: 베이징)
9월 15일	류사오치 중국 국가주석 방북(~9월 27일), 반제국주의·반수정주의에 대해서 김일성과 협의

1964년

1월 1일	북중 국경 철도 협정 체결 10주년 기념행사에 참가할 북한 철도 대표단, 베이징으로 출발(~2월 5일)
3월 3일	북중 국경 의정서에 서명
5월 5일	북중 국경 하천의 공동 이용과 관리에 관한 상호 협력 협정에 조인
6월 16일	아시아 경제 토론회 개최(~6월 23일, 장소: 평양)
7월 21일	저우언라이 방북, 김일성과 중소 논쟁에 관해 회담
8월 18일	≪프라우다≫, 아시아 경제 토론을 비판
9월 7일	≪로동신문≫, ≪프라우다≫에 반론
9월 24일	북중 간 1965년도 통상 의정서 조인(장소: 베이징)
9월 27일	북중 과학기술 협조 위원회 제7차 회의 의정서 조인
10월 7일	최용건 최고인민회의 상임위원장 방중, 마오쩌둥과 회견
10월 14일	흐루쇼프 실각
10월 14일	북중 과학기술 협조 위원회 제7차 회의에 참가할 대표단 평양 출발(~10월 30일)
10월 18일	중국의 핵실험 성공에 북한이 축전
10월 27일	북중 과학기술 협조에 관한 의정서 조인(장소: 베이징)
12월 16일	중국 방문 전자 공학 및 전기 공학 부문 과학자들 평양 출발
12월 21일	≪로동신문≫ 논설 "위대한 마르크스·레닌주의자, 국제 공산주의 운동의 탁월한 활동가 이오시프 스탈린"
12월 27일	북중 라디오·TV 방송 협력 협정에 조인

1965년

1월 9일	북한, 한국의 베트남 파병(1월 8일 발표)을 규탄하는 성명
2월 11일	코시긴, 북한을 방문(~2월 14일)
2월 14일	북소 공동성명, 북소 우호협력상호원조조약의 유효성 확인
4월 10일	김일성, 인도네시아 방문(~4월 20일)
4월 14일	김일성, 인도네시아 알리 아르함 사회과학원에서 강의 "조선민주주의인민공화국에서의 사회주의 건설과 남조선 혁명에 대하여"(처음으로 '주체사상'이라는 문구를 사용)
4월 15일	김일성, 인도네시아종합대학으로부터 명예박사 수여받음
4월 19일	김일성과 저우언라이, 인도네시아에서 회담
6월 22일	한국·일본(이하 '한일'), 한일기본조약 부속 협정 정식 조인
6월 23일	북한, 한일기본조약의 무효를 주장하는 성명 발표
9월 30일	중화인민공화국 창건 16주년 평양시 기념회
10월 21일	중국 인민 대표단(단장: 양융(楊勇) 인민해방군 부참모장)이 방북
11월 1일	북중 간 과학기술 협조에 관한 의정서 조인(장소: 평양)
11월 9일	북중 1965~1966년도 보건 협조에 관한 계획서 조인(장소: 평양)
11월 19일	북중 위생 협력 협정에 조인
12월 14일	북중 간 1966년도 상품 교류에 관한 의정서 조인(장소: 평양)

1966년

1월 17일	북한, 대(對)북베트남 무상 원조 제공 협정 체결
2월 26일	북중 문화 협정 계획서 조인(장소: 평양)
3월 22일	중국, 소련공산당 제23차 대회 불참가 표명
3월 26일	조선로동당 대표단(단장: 최용건), 소련공산당 제23회 당대회 참가를 위해 소련으로 출발
5월 7일	마오쩌둥, 린뱌오에게 서한, '5·7지시' 사회의 '혁명화' 요구
5월 16일	중국, 문화혁명 소조 결성(펑전 비판)
6월 1일	북중 수의 방역 및 검역 상호 원조 협력 협정에 조인
8월 12일	≪로동신문≫ 논설 "자주성을 옹호하자"
10월 5일	조선로동당 제2차 당대표자회(~10월 12일), ① 김일성 보고 "현 정세와 우리 당의 임무", ② 사회주의경제 건설에 대한 당면 과제, ③ 제1차 7개년 계획의 3년 연장

12월 3일   북중 간 1967년 상품 유통에 관한 의정서 조인

12월 29일   북한의 대소 접근 저지 위해 중국이 국경에 1개 군단을 이동 배치

1967년

1월 27일   조선중앙통신, 중국 홍위병의 북한 공격에 대해 비난 성명을 발표

2월 19일   중국의 문화대혁명에서 김일성 공격 대자보

1968년

1월 1일   북중 1967~1968년도 보건 협조에 관한 집행 계획 조인(장소: 베이징)

1월 23일   푸에블로 호 사건(북한, 미 선박을 간첩선이라고 하며 나포)

1월 28일   중국, 푸에블로 호 나포를 지지

3월 4일   중국의 정부 통상단이 방북

1969년

1월 24일   북중 1969년도 상품 교류에 관한 의정서 조인(장소: 베이징)

3월 2일   중소 군사 충돌[전바오다오(珍寶島, 다만스키 섬) 사건]

3월 2일   북중 1970년도 화물 상호 납입에 관한 의정서 조인

9월 30일   북한 당·정부 대표단(단장: 최용건 최고인민회의 상임위원장)이 중국 국경절에
         방중, 마오쩌둥·저우언라이와 회담

1970년

2월 17일   주중국 북한 대사 현준극(玄峻極), 저우언라이 방문

3월 2일   북중 1970년도 화물 상호 납입에 관한 의정서 조인

4월 5일   저우언라이 방북(~4월 7일). 김일성과 회담, 공동 코뮈니케를 발표(4월 9일에 4
         월 7일 자로 발표)

7월 25일   북한 군사 대표단(단장: 오진우(吳振宇) 조선인민군 총참모장)이 방중

7월 26일   북중 군사 회담(장소: 베이징)

7월 29일   중국공산당 주석, 북한 군사 대표단 접견

8월 3일   중국군 총참모장 황용성(黃永勝), 북한군 총참모장 오진우와 회담

10월 8일   김일성 방중(~10월 11일), 마오쩌둥·저우언라이와 회담

10월 17일   북중 경제협력 협정 조인(중국이 북한에 경제 기술 원조 제공)

11월   북한, 과학기술 대표단 방중

12월 9일   북중 과학기술 협력 의정서 조인(장소: 베이징)

1971년

1월 22일   북중 국경 하천 운송 협정 조인

4월 23일   북중 과학원 간 과학 협조 계획서 조인

7월 9일   헨리 키신저(Henry Kissinger) 미 대통령 보좌관 중국 비밀 방문(~7월 11일)

7월 12일   북중 우호협력상호원조조약 체결 베이징 인민 대회

7월 15일   저우언라이, 북한을 방문해 김일성에게 닉슨 방중을 설명

7월 16일   닉슨 미 대통령, 1972년 5월까지 중국을 방문할 것을 발표

8월 8일   북한 경제 사절단[단장: 정준민(鄭準泯)] 중국 초청 방문

8월 15일   북중 상호 원조 및 경제협력을 위한 경제협정 조인

8월 18일   북한 군사 대표단(단장: 오진우) 중국 방문(~9월 7일), 15년 만에 중국의 대북
           군사 지원 협력 협정 체결(오진우·황융성)

9월   북한 사회주의노동청년동맹(사로청) 대표단 방중

9월 8일   북중 베이징에서 무상 군사 원조 협정 체결

10월 15일 북중 운송 및 TV 협정 조인(장소: 평양)

10월 17일 북중 국경 철도 공동 위원회 전기 회의(9월 27일~10월 17일) 의정서 조인

11월 1일   김일성 방중, 미국·중국(이하 '미중') 관계 등에 대해 마오쩌둥·저우언라이와
           회담

11월 17일 북중 선박 기술 검사와 선박 제정 사업 분야에서 상호 협조할 데에 대한 협정 체결

12월 29일 북중 1972년도 상품 교류에 관한 협정 조인

1972년

2월 21일   닉슨 미 대통령 방중

2월 27일   미중 공동성명

3월 7일   저우언라이 방북, 김일성에게 닉슨 방중을 설명

5월 1일   이후락(李厚洛) 한국 중앙정보부장 평양 방문

5월 2일   남북 당국자 회담(~5월 5일)

5월 29일   박성철(朴成哲) 북한 부총리 서울 방문, 남북 당국자 회담(~6월 1일)

7월 4일   남북 공동성명 발표

8월 23일   김일성 방중, 마오쩌둥·저우언라이와 회담

9월 29일   중국·일본(이하 '중일') 국교 정상화

10월 12일   남북 조절 위원회 제1차 회의 개최

10월 31일   김일성 방중, 저우언라이와 회담, 마오쩌둥과 회견

11월 14일   북중 과학원 간 1973~1974년도 과학 협조에 관한 사업 계획서 조인

12월 5일   북중 식물 검역 및 농작물 병해충과의 투쟁에 관한 협정 조인

12월   북한 정부 통상 대표단 방중

12월 22일   중국의 지펑페이(姬鵬飛) 외교부장이 방북, 김일성과 회담, 공동성명을 발표

1973년

1월 12일   북한 사로청 대표단 방중

2월 9일   허담(許錟) 북한 외무상 방중

2월 10일   허담·저우언라이 회담

3월 2일   평양시 행정 위원회 대표단 방중

6월 15일   북한 경제 사절단 베이징 방문

6월 18일   북중 경제·기술 협력에 관한 의정서 및 협정 조인(장소: 베이징)

8월 28일   북한, 김대중(金大中) 사건을 이유로 남북대화 중단을 선언

10월 6일   북한 철도 대표단 방중

10월   ≪인민일보≫ 대표단 방북

10월 19일   북중 양국 철도부의 국경 철도에 관한 협정에 조인

10월 21일   김일성 방중, 선양에서 저우언라이와 회담

11월 6일   북중 과학기술 협조 협정 의정서 조인

1974년

2월 4일   중국 외교부, 한일 대륙붕 공동 개발 협정에 반대 성명을 발표

3월 20일   최고인민회의 제5기 제3차 회의(~3월 25일), '미국 의회에 보내는 서한' 채택

9월 9일   ≪인민일보≫, 제26차 조선민주주의인민공화국 창건 기념 사설 게재, 북중 혈맹
관계 강조

10월 22일   북중 국경 철도 회의 의정서 조인

11월 4일   북중 1975~1976년도 과학 협조에 관한 사업 계획서 조인

12월 18일   북한 무역 사절단 베이징 방문, 1975년도 상품 교류 협정 체결

12월 21일   북중 1975년도 상호 상품 인도 협정 체결

12월   북한 무역 대표단 방중

12월 24일   북중 국경 하천 운수 협력 협정 조인

1975년

4월 18일	김일성 방중(~4월 26일), 공동성명 발표
4월 30일	베트남전쟁, 사이공 함락
5월 21일	김일성, 중국을 경유해 동유럽과 아프리카를 방문
7월	북한 군사 사절단(단장: 조명선 조선인민군 참모장) 베이징 방문, 리셴녠(중국 국방부장)과 회담
8월	북중 1975년 방송 협정 체결
9월 21일	중국 공산당 대표단(단장: 장춘차오(張春橋) 당 정치국 상무위원)이 방북
11월 2일	북중 국경 철도 회의 의정서 조인(장소: 선양)
12월 2일	북중 과학기술 협조 의정서 조인

1976년

1월 7일	북중 우의 유송관(파이프라인)이 개통
1월 8일	저우언라이 총리 사망
7월 10일	북중 우호협력상호원조조약 15주년 기념 축전 교환
7월 22일	북중 국경 철도 회의 의정서 조인(장소: 청진)
9월 9일	마오쩌둥 주석 사망
9월 10일	북한, 마오쩌둥 사망에 맞춰 애도 기간(~9월 18일)
9월 19일	최용건 부주석 사망
10월 24일	김일성, 중국공산당 화궈펑 주석 취임에 축전
12월 12일	북중 철도 관할 분계선 협정 의정서 조인
12월 17일	북한 무역 대표단, 방중
12월 19일	북중 과학원 간 1976~1978년도 과학 협조 계획서 조인(장소: 베이징)

1977년

2월 5일	주중 북한 대사에 서철(徐哲) 임명
2월 5일	북중 제17차 과학기술 협조 의정서 조인(장소: 베이징)
3월 2일	중국, 서철 대사의 아그레망 유보
3월 9일	북한 무역 대표단(단장: 계응태(桂應泰)] 방중(~13일)
3월 12일	북중 양 정부의 1977~1981년의 상호 제공할 주요 화물에 관한 협정을 체결
3월 23일	북한, 주중 대사에 전명수(全明洙) 임명
4월 13일	북중 압록강 및 두만강에서의 목재 수송에 관한 의정서 조인

| 9월 4일 | 북중 간 국경 철도 수송에 관한 새 의정서 조인 |
| 10월 22일 | 중국 방문 사절단, 덩샤오핑과 회담 |

1978년

1월 26일	북중 국경 하류 운송 협조 위원회 17차 회의 협의 조인(장소: 랴오닝성 선양시)
5월 5일	화궈펑 당 주석 방북(~5월 10일), 중국의 최고 지도자로서 첫 방문, 김일성과 회담
5월 13일	≪광명일보≫ 사설 "실천은 진리를 검증하는 유일한 기준이다"를 발표
6월 30일	북중 압록강·두만강 수문 사업 협조 협정 체결
7월 23일	북한 인민군 친선 대표단(단장: 오극렬) 방중
7월 24일	1978년 북중 국경 철도 회의 의정서 조인
9월 8일	덩샤오핑 부주석 방북, 김일성과 회담(9월 12일)
9월 16일	북한 재정 대표단 방중
9월 29일	김일성, 중화인민공화국 창건 29주년 즈음 화궈펑과 예젠잉(葉劍英)에게 축전
10월 24일	북중 과학원 1978~1979년도 과학 협조 협정 조인(장소: 평양)
11월 1일	북중 식물의 검역 및 농작물 병충해 퇴치에 관한 협정 조인(장소: 베이징)
12월 18일	중국 11기 3중전회(~12월 22일), '네 개의 현대화 노선' 채택. 개혁·개방 노선 확정
12월 23일	≪로동신문≫, 미중 국교 정상화 합의를 환영

1979년

1월 1일	미중 외교 관계 수립
2월 17일	중국, 베트남에 '징벌 전쟁'
4월 19일	김일성 방중, 덩샤오핑과 회담
5월 26일	중국의 덩잉차오(鄧穎超) 전국인대 상무위원회 부위원장이 방북
10월 22일	북중 과학기술 협조의 제19차 회의 의정서 조인(장소: 베이징)

1980년

1월 11일	김일(金一) 북한 총리가 남북 총리 회담 실시를 제안
1월 26일	북중 간의 압록강 수력발전 회사 이사회 제32차 정기 회의 베이징에서 개최
2월 6일	남북 실무 대표 접촉 9회에 걸쳐 실시(~6월 24일)
3월 11일	북한 재정 대표단(단장: 최재국) 방중
3월 14일	북중 1980년도 상품 교류에 관한 의정서가 평양에서 조인

3월 27일   직맹 대표단(단장: 김봉주) 중국 방문 중 화궈펑과 베이징 인민대회당에서 면담

5월 7일   김일성과 화궈펑, 베오그라드(티토 유고 대통령 장례식에 참석)에서 회담

5월 20일   백학림(白鶴林) 인민무력부 부부장, 베이징 방문 중 중국 국방부장 쉬샹첸(徐向
           前)과 면담

6월 6일   전력 공업 대표단, 북중 간의 압록강 발전 회사 설립 25주년 기념 행사 참가차
           베이징 방문

6월 10일   ≪로동신문≫ 대표단, ≪인민일보≫ 초청으로 베이징 방문

8월 13일   북중 정부 간 1980년도 문화 교류 계획서 조인

8월 30일   북중 과학기술 협조의 제20차 회의에서 양측 간의 해당 의정서 조인

9월 1일   한국, 전두환(全斗煥) 대통령 취임

9월 8일   북한 무역 대표단(단장: 이성록(李成祿) 대외무역부 부부장), 중국 부총리 구무(谷
           牧)와 베이징에서 면담

9월 24일   북한, 실무 접촉 중단 발표

9월 25일   북중 라디오·TV 방송 협조 협정 체결(장소: 평양)

10월 9일   리셴녠(중국공산당 부주석), 김일성과 평양에서 회담

10월 10일 조선로동당 제6차 대회(~10월 14일), ① 당 중앙위원회 사업 총괄 보고(김일성),
           ② 당 중앙검사위원회 사업 총괄 보고, ③ 당 규약 개정, ④ 당 중앙 지도 기관 선
           거(위원 145명, 위원 후보 103명), 모든 사회의 주체사상화 채택, 고려민주연방
           공화국 구상

10월 15일 리셴녠·김일성 2차 회담

10월 23일 오진우(인민무력부장), 중국군의 한국전쟁 참전 30주년 기념행사 참석차 방북
           중인 중국공산당 군사위 상무위원과 회담

10월 30일 김일성, 방북 중인 중국군 군사 대표단장 왕핑과 회담

11월 7일   북중 보건 협조 협정의 1980~1981년도 집행 계획서 평양에서 조인

11월 23일 서철(당 정치위원 겸 검열위원장), 조선로동당 대표단을 이끌고 베이징 방문 중
           화궈펑과 면담

12월 1일   북중 1981~1982년도 과학기술 협조에 관한 사업 계획서 조인(장소: 베이징)

12월 9일   북한과 중국, 평양에서 비무역 지불·청산 협정에 조인

1981년

1월 10일   리종옥 북한 총리, 중국을 공식 방문. 자오쯔양 중국 총리 등이 참석한 가운데
           천안문 광장 인민대회당에서 열린 환영 의식에 참석, 리종옥·자오쯔양 1차 회

	담이 인민대회당에서 진행. 다음 날 11일에 2차 회담.
2월 10일	압록강 지역의 태평만발전소 건설과 관련해 중국 측이 제안한 기초 설계 및 예산 준비 등을 주요 내용으로 한 결정서 채택
2월 18일	북중 간 1981년도 화물 교환 의정서 베이징에서 조인
4월 7일	북중 간 1981~1982년도 문화 교류 계획서 베이징에서 조인
4월 17일	김일성 방중, 덩샤오핑과 선양에서 회담
5월 11일	중국인민해방군 우호 참관단(단장: 우슈취안(伍修權) 부참모장) 방북 (~5월 26일), 오진우와 회담(5월 12일)
5월 25일	김영남(당 정치국원), 방북 중인 중국공산당 대표단(단장: 류신취안(劉新權) 당 대외연락부 부부장)과 회담
6월 24일	김일성종합대학 대표단, 방북 중인 베이징대학 대표단과 회담하고 북중 수학 및 과학 분야에 관한 협조 의정서 조인(장소: 평양)
6월 30일	김일성, 중국공산당 창건 60주년 즈음, 중국공산당 중앙위 주석 후야오방에게 축전
7월 9일	김일성, 북중 우호협력상호원조조약 20주년 즈음, 후야오방과 예젠잉에게 축전
7월 24일	중국공산당 친선 방문단 평양 도착(~8월 8일), 김일 부주석 면담(8월 7일)
9월 4일	《인민일보》 대표단, 방북차 평양 도착
10월 1일	김일성·리종옥(총리), 중화인민공화국 창건 32주년을 맞아 후야오방·예젠잉과 자오쯔양에게 각각 축전
10월 27일	후야오방·예젠잉, 중화인민공화국 창건 32주년과 관련한 김일성의 축전에 답전(10월 23일부)
11월 21일	조선로동당 대표단(단장: 김영남 정치국 위원, 당 국제부장 겸 비서) 방중. 지펑페이(姬鵬飛) 부총리·당 대외연락부장과 회담, 후야오방과 면담 및 연회(11월 27일)
12월 20일	중국공산당 정부 대표단(단장: 자오쯔양 총리) 북한을 공식 방문
12월 23일	중국공산당 정부 대표단 환영 평양시 군중 대회(2·8문화회관)

1982년

3월 4일	북중 간 1982년도 상품 교류 의정서 조인. 북한 총리, 방중 중인 중국 무역 대표단(정저빈(鄭拓彬) 대외무역부장)과 면담
3월 15일	중국언론인협회·북한기자동맹 간 친선 협조에 관한 합의를 베이징에서 조인
4월 8일	김일성, 70회 생일 관련 방북 중인 중국 대표단과 면담

4월 26일	후야오방 당 주석·덩샤오핑 당 중앙군사위원회 주석이 방북(~4월 30일), 김일성과 회담
4월 30일	조선중앙통신-신화통신 간 보도 및 협조 협정 조인
5월 12일	최고인민회의 대표단[단장: 부의장 허정숙(許貞淑)], 중국 방문 중 예젠잉(전인대상무위원장)과 만남
6월 14일	중국 군사 대표단(단장: 겅뱌오(耿彪) 국방부장)이 방북(~6월 22일)
9월 15일	김일성 방중(~9월 26일), 덩샤오핑·후야오방과 회담

1983년

5월 5일	중국 민항기 공중 납치 사건 발생, 그 해결을 위해 한국과 중국이 첫 접촉
5월 20일	중국의 우쉐첸(吳學謙) 외교부장 방북, 김일성과 회담
6월 1일	김정일 당 비서 방중, 덩샤오핑 등 중국 지도부와 회견
7월 7일	후야오방 당 총서기, 북한 최고인민회의 대표단과 회견. 김정일의 비공식 방중 언급
9월 7일	중국 당-정부 대표단(단장: 펑전 전국인대 상무위원장)이 북한 건국 35주년을 맞이해 방북
9월 22일	김일성 방중(~9월 26일), 다롄에서 덩샤오핑·후야오방과 회담
10월 9일	랑군(Rangoon) 테러 사건
10월 10일	평양-베이징 간 국제 열차 운행 개시

1984년

1월 10일	북한, 미국에 중국을 통해 비공식으로 '3자 회의' 제안
1월 11일	중국 외교부 대변인, 북한의 3자 회의 제안을 적극적으로 지지한다고 발표
2월 7일	김영남 북한 부총리 겸 외무상이 방중
5월 4일	후야오방 당 총서기, 북한을 공식 방문
5월 16일	김일성, 소련-동유럽 방문(~7월 1일)
8월 5일	강성산 북한 총리, 중국을 공식 방문, 후야오방 당 총서기와 회담
9월 8일	「합영법」 제정
11월 26일	김일성 방중, 덩샤오핑·후야오방과 베이징에서 회담

1985년

5월 4일	후야오방 당 총서기, 북한의 신의주를 방문, 김일성·김정일과 회담

10월 24일 중국인민지원군의 한국전쟁 참전 35주년 기념행사에 참가하고자 중국 당-정부
대표단(단장: 리펑 부총리)이 방북

11월 25일 김일성 방중, 덩샤오핑·후야오방 등과 회담

11월 26일 북중 영사조약에 조인

1986년

7월 9일 북한 당-정부 대표단(단장: 리종옥 국가부주석), 북중 우호협력상호원조조약 25
주년 행사 출석을 위해 방중

7월 10일 중국 당-정부 대표단(단장: 톈지윈(田紀雲) 정치국 위원 겸 부총리)이 방북

9월 1일 중국, 아시안게임(서울) 참가를 표명

10월 3일 리셴녠 국가주석이 북한을 공식 방문

1987년

1월 14일 중국 외교부 대변인, 북한의 남북 '고위급 정치 군사 회담' 언급, 한국의 적극적
인 호응을 호소

5월 21일 김일성 방중(~5월 26일), 덩샤오핑과 회담

8월 17일 북한 정부-군사 대표단(단장: 오극렬 총참모장)이 방중

10월 4일 북한 최고인민회의 대표단(단장: 양형섭(楊亨燮) 의장)이 방중

11월 9일 리근모 북한 총리가 방중

11월 29일 대한항공기 폭파 사건

12월 16일 한국 대통령 직접 선거[12월 17일, 노태우(盧泰愚) 당선]

1988년

1월 12일 북한, 서울올림픽 불참가 표명

1월 15일 중국, 서울올림픽 참가를 정식 발표

5월 16일 북한 군인 대표단(단장: 오진우 인민무력상)이 방중

7월 20일 북한 조선인민군 공군 대표단(단장: 조명록(趙明錄) 공군사령관)이 방중

9월 7일 중국 당-정부 대표단(단장: 양상쿤 국가주석), 북한 건국 40주년 경축 행사 참가
를 위해 방북

9월 17일 서울올림픽(~10월 2일)

9월 26일 첸치천(錢其琛) 중국 외교부장, 유엔총회 참가한 강석주(姜錫柱) 북한 외무성
제1부상과 회견, 남북한의 '유엔 단독 가입', '유엔 동시 가입'에 반대한다고 표명

11월 3일　김영남 북한 부총리 겸 외무상이 방중, 리펑 총리, "중국은 남조선과 어떠한 정치적 관계, 정치적 색채를 띠는 관계도 갖지 않겠다"고 강조(11월 4일)

1989년

3월 13일　북한 로동당 대표단(단장: 허담 정치국 위원 겸 비서)이 방중

4월 29일　자오쯔양 당 총서기 방북(당 총서기로서 첫 외국 방문)

6월 4일　천안문사건 발생, 북한은 중국 지지를 표명

8월 25일　북한 군사 대표단(단장: 최광(崔光) 정치국후보위원·조선인민군 총참모장)이 방중, 상쩌민 당 총서기와 회견

9월 30일　북한 당-정부 대표단(단장: 리종옥 당 정치국 위원·국가부주석)이 중국 건국 40주년 기념행사의 참석을 위해 방중

10월 3일　중국 군사 대표단[단장: 류화칭(劉華淸) 당 중앙군사위원회 부주석]이 방북

11월 5일　김일성, 중국을 비공식 방문, 중국의 '반혁명폭란 평정'을 지지

1990년

3월 14일　장쩌민 당 총서기 방북(~3월 16일, 당 총서기로서 첫 외국 방문)

5월 11일　북한 로동당 대표단(단장: 강성산 정치국 위원) 방중

8월 23일　중국 군사 친선 대표단[단장: 친지웨이(秦基偉) 국방위원 겸 국방부장] 방북(~8월 30일)

9월 12일　김일성 방중, 덩샤오핑·장쩌민과 선양에서 회담

9월 22일　북한 국가부주석 리종옥 방중, 아시안게임(베이징)에 참석

9월 30일　한국과 소련 국교 정상화

10월 3일　동독과 서독 통일

10월 6일　쑹핑(宋平) 중국 공산당 정치국 상무위원이 조선로동당 창건 45주년 행사 참석으로 방북

10월 20일　중국 국제상회와 대한민국무역진흥공사, 무역대표부 설치에 합의

10월 24일　중국 당-정부 대표단[단장: 리톄잉(李鐵映) 당 정치국 위원 겸 국무위원]이 방북, 중국인민지원군 한국전쟁 참전 40주년 기념행사에 참석

11월 2일　북한과 소련, 1991년도부터 무역을 외화 결제로 실시하는 협정에 조인

11월 23일　연형묵 북한 총리가 방중, 선전 경제특구에서 장쩌민 당 총서기와 회담

1991년

1월 15일	북한 당 대표단[단장: 김용순(金容淳) 조선로동당 중앙 비서] 방중
5월 3일	리펑 총리 방북(~5월 6일), 한국의 유엔 가입에 반대하지 않는다고 표명
5월 27일	북한 외무성 대변인, 유엔 동시 가입 방침 성명
6월 17일	첸치천 외교부장 방북, 남북한의 유엔 가입 등을 협의
9월 17일	남북한, 유엔에 동시 가입
10월 3일	김일성 주석, 39번째 방북(~10월 15일)
10월 14일	중국인민해방군 해군 대표단[단장: 장롄중(張連忠) 해군사령원]이 방북
11월 12일	첸치천 외교부장·리란칭(李嵐淸) 대외경제무역부장, 중국의 APEC 가입을 위해 서울을 방문, 노태우 대통령과 회견
12월 13일	한국과 북한, '남북 사이의 화해와 불가침 및 교류협력에 관한 합의서'에 조인
12월 31일	'한반도의 비핵화에 관한 공동선언' 초안의 가조인

1992년

1월 26일	북중 무역협정, 평양에서 조인, 바터 거래에서 현금 거래로의 이행을 규정
4월 13일	양상쿤 국가주석 방북(~4월 17일), 김일성 출생 80주년 기념식에 참석
4월 13일	한국 이상옥(李相玉) 외무 장관, 유엔 아시아 태평양 경제 사회 위원회(ESCAP) 제48회 총회 참석을 위해 한국의 외무 장관으로 첫 방중
5월 25일	딩관건(丁關根) 중국공산당 정치국 후보위원 겸 서기가 방북
6월 4일	양바이빙(楊白冰) 중앙군사위원회 서기장이 방북, 김일성과 김정일이 회견
8월 13일	첸치천 외교부장 방북, 한국·중국(이하 '한중') 국교 수립을 설명
8월 24일	이상옥 한국 외무 장관 방중, 한국과 중국이 국교를 수립
9월 27일	노태우 대통령, 한국 원수로서 첫 방중(~9월 30일)

1993년

1월 21일	게오르기 쿠나제(Georgy F. Kunadze) 러시아 외무 차관, 북한을 방문(~1월 29일), 기존 북소 우호협력상호원조조약의 '쇄신'을 제안
3월 12일	북한, 핵확산금지조약(NPT) 탈퇴 선언
3월 23일	중국, 대북 제재 반대를 표명
4월 7일	최고인민회의 제9기 제5차 회의(~4월 9일), '민족대단결 10대 강령', 1992년도 국가 예산 총괄과 1993년도 국가 예산 문제, 김정일 국방위원회 위원장으로 추대
5월	북한 로동당 대표단(단장: 강성산 정무원 총리) 방중

5월 23일 첸치천 중국 부총리 겸 외교부장, 한국을 공식 방문

6월 27일 북한 NPT 탈퇴를 둘러싼 북미 공동성명

7월 26일 중국 당-정부 대표단(단장: 후진타오 정치국 상무위원) 방북, 김일성 주석과 회견

9월 27일 리란칭 중국 부총리, 한국을 우호 방문

10월 28일 한승주(韓昇洲) 한국 외무 장관 방중, 첸치천 중국 외교부장과 회담

11월 중국 인민정치협상회의 대표단[단장: 홍쉐즈(洪學智) 전국정협 부주석] 방북
      북중 항공 운수 협정 체결

1994년

1월 15일 황장엽 북한 로동당 비서가 방중

2월 22일 리수정(李淑錚) 중국공산당 중앙대외연락부장이 방북

3월 27일 김영삼 대통령 방중, 장쩌민 국가주석과 회담(~3월 29일)

4월 28일 북한, 미국에 군사휴전위원회를 대신하는 신평화보장체계 수립을 위한 교섭을
          제안

5월 24일 북한, 조선인민군 판문점 대표부 설치를 미국에 통보(군사휴전위원회를 대신하
          는 새로운 교섭 기관)

6월 6일 북한 군사 대표단(단장: 최광 조선인민군 총참모장) 방중

6월 8일 한승주 한국 외무 장관 방중, 첸치천 중국 외교부장과 회담

6월 13일 북한, 국제원자력기구(IAEA) 탈퇴를 표명

6월 15일 카터 전 미국 대통령, 북한을 방문(~6월 18일)

7월 8일 김일성 사망, 중국 당-정부 조문단[딩관건 중공중앙정치국 위원·중공중앙선전
        부부장, 원자바오 중공중앙정치국후보위원 등 방북, 김정일 체제에 대한 지지를
        표명

8월 30일 북한 정부 특사로 송호경(宋浩京) 외무성 부상이 방중

9월 1일 중국, 군사휴전위원회로부터 대표단 철수를 결정

9월 27일 북한 국가부주석 리종옥, 중국 건국 45주년 경축 행사에 참석하기 위해 방중

10월 21일 북-미 '제네바 합의'

10월 31일 리펑 중국 총리, 한국을 공식 방문(~11월 4일)

12월 15일 조선군사휴전위원회의 중국인민지원군 대표단이 철수

1995년

2월 28일 중립국감시위원회 폴란드 대표, 강제 철수

3월 29일 리수정 중국공산당 중앙위 대외연락부장, 한국을 방문

4월 17일 차오스(喬石) 중국 전국인대 상무위원장, 한국을 공식 방문(~4월 22일)

5월 9일 이홍구(李洪九) 한국 총리, 중국을 공식 방문

6월 12일 탕자쉬안(唐家璇) 중국 외교부 부부장 방북, 김영남 북한 부총리 겸 외무상과 회담

10월 5일 중국, 수해를 입은 북한에 3000만 위안분의 구호물자를 보내기로 결정

10월 6일 장쩌민, 중국 주재 북한 대사관 주최 조선로동당 성립 50주년 기념 연회에 참석

11월 13일 장쩌민, 중국의 국가원수로서 첫 방한(~11월 17일)

1996년

2월 9일 다이빙궈 중국 외교부 부부장 방북, 김용순 북한 로동당 비서와 회담

3월 20일 공로명(孔魯明) 한국 외무 장관, 중국을 공식 방문

4월 16일 한국·미국(이하 '한미'), 4자 회의 제안

4월 18일 북한, '4자 회의에 대해 검토 중'이라는 외무성 성명

5월 21일 북한 정부 대표단[단장: 홍성남(洪成南) 부총리]이 방중(~5월 25일), '북중 경제기술협력협정'에 조인

7월 9일 북한 우호 대표단[단장: 김윤혁(金潤赫) 정무원 부총리] 방중(~7월 13일)

7월 10일 중국 친선 대표단[단장: 뤄간(羅幹) 국무위원 겸 국무원 비서장]이 방북(~7월 14일), 중국이 북한에 10만 톤의 식량을 무상 원조한다고 통지

12월 16일 쩌우자화(鄒家華) 중국 부총리가 방한

12월 30일 북한, 4자 회의 설명회 참가를 표명

1997년

2월 12일 황장엽 북한 로동당 비서, 베이징의 한국 영사관에서 한국 망명을 신청

2월 17일 북한, 황장엽에 대해 '변질자는 가라'라고 방송

3월 5일 4자 회의 설명회 참가

3월 18일 황장엽, 베이징에서 필리핀으로 이송

4월 12일 중국이 북한에 식량 7만 톤을 무상 원조할 것임을 완융상(萬永祥) 주북한 중국 대사가 김영남 외무상에게 전달

4월 20일 황장엽, 한국에 도착

5월 18일 유종하(柳宗夏) 한국 외무 장관 방중, 첸치천 외교부장과 회담

6월 27일 중국 정부가 북한 정부에 2000만 위안 상당의 물자 원조를 무상 제공하는 것에 관한 양 정부 간 문서 교환을 거행

7월 8일	북한, 복상이 끝났음을 선언
7월 8일	중국 공안부와 북한 국가안전보위부, 국경 지역의 국가 안전과 사회질서의 유지에 관한 상호협력협정에 조인, 북한에 대한 식량 8만 톤의 무상 원조를 결정
10월 8일	김정일, 조선로동당 총비서에 취임

1998년

4월 13일	중국 정부, 북한에 10만 톤의 식량과 2만 톤의 화학비료를 무상 원조할 것을 결정
4월 26일	후진타오 국가부주석, 한국을 공식 방문
6월 22일	중국 인민정치협상회의 전국위원회 대표단(단장: 자오난치(趙南起) 부주석]이 방북
7월 11일	박정수(朴定洙) 한국 외무 장관 방중
8월 3일	중국인민해방군 군사 친선 대표단(단장: 슝광카이(熊光楷) 부총참모장]이 방북
9월 5일	김정일, 국방위원회 위원장에 취임
10월 13일	중국, 북한에 대한 원유 8만 톤의 무상 공여를 결정
11월 4일	북한·중국·러시아, 두만강 수역 국경에 관한 협정을 평양에서 체결
11월 11일	김대중 대통령, 중국을 방문

1999년

4월 29일	중국 외교부 부보도국장, 정상급 북중 상호 방문이라는 전통은 양국 간 이해를 높이고 우호를 유지하는 데 매우 중요하다고 지적
5월 9일	리루이환(李瑞環) 중국 전국정치협상회의 주석, 한국을 공식 방문
5월 11일	북한 외무성, 북대서양조약기구(NATO)의 중국 대사관 폭격을 비난
6월 1일	북한, 주홍콩 영사관을 설치, 북중 정부 간 협정에 조인
6월 3일	김영남 최고인민회의 상임위원장을 단장으로 하는 북한 대표단이 중국을 공식 친선 방문
6월 7일	조선중앙통신, 중국 정부가 15만 톤의 식량과 40만 톤의 석탄을 북한에 원조할 것을 결정했다고 보도
6월 20일	≪로동신문≫이 사설에서 '북중 친선은 불패'라고 강조
8월 4일	북한 외무성 대변인, 타이완 문제에서 중국의 입장을 지지
10월 5일	탕자쉬안 중국 외교부장 방북, 백남순(白南淳) 북한 외무상과 회담
12월 10일	탕자쉬안, 한국을 공식 방문

2000년

3월 5일	김정일, 2000년 새해를 맞이해 중국의 완융샹 주북한 대사의 요청으로 중국 대사관을 방문
3월 18일	백남순 북한 외무상, 중국을 방문
4월 27일	이정빈(李廷彬) 한국 외무 장관 방중
5월 29일	김정일 방중, 장쩌민과 회담, 리펑 전국인대 상무위원장·주룽지(朱鎔基) 총리 등과 각각 회견
6월 13일	김대중 대통령 북한 방문(~6월 15일), 첫 남북 정상회담
6월 15일	남북 공동선언
6월 17일	김일철(金鎰喆) 북한 인민무력상 방중, 츠하오톈(遲浩田) 중국 국방부장과 회담
9월 12일	중국공산당 중앙대외연락부 대표단(단장: 다이빙궈 부장) 방북
10월 12일	츠하오톈 중국 국방부장 방북, 김정일과 회담
10월 17일	주룽지 중국 총리, 한국을 공식 방문
12월 13일	북한 최고인민회의 상임위원회, 중국 주재 대사로 최진수(崔鎭洙)를 임명

2001년

1월 15일	김정일 방중, 상하이시를 시찰, 장쩌민과 회담
2월 6일	중국공산당 중앙대외연락부 대표단(단장: 왕자루이 부부장)이 방북, 김정일과 회견
3월 20일	중국공산당 대표단(단장: 쩡칭훙(曾慶紅) 당 중앙조직부장)이 방북, 김정일과 회견, 중국 측이 1만 5000 톤의 경유를 북한에 무상 공여한다고 결정
5월 23일	리펑 중국 전국인대 상무위원장, 한국을 공식 방문
6월 19일	이한동(李漢東) 한국 총리, 중국을 공식 방문
7월 1일	김정일, 평양의 중국 대사관에서 개최된 중국공산당 창설 80주년 축하연 참석
7월 9일	중국 친선 대표단(단장: 장춘윈(姜春雲) 당 정치국 위원 겸 전국인대 상무부위원장)이 방북, 김정일과 회견
7월 10일	김윤혁 북한 최고인민회의 비서장 방중
9월 3일	장쩌민 방북(~9월 5일), 김정일과 회담, 중국 측, 북한에 식량 20만 톤 및 경유 3만 톤을 무상 공여한다고 표명
11월 24일	리자오싱 중국 외교부 부부장 방북, 북중 국경 통과 시점의 설정과 그 관리 제도에 관한 협정에 조인

2002년

2월 10일   김정일, 중국의 우둥허 주북한 신임 대사와 회견

3월 11일   북한 외무성 대표단(단장: 김영일 외무성 부상)이 방중

3월 28일   최성홍(崔成泓) 한국 외무 장관 방중

4월 14일   중국 정부, 북한에 500만 위안 상당의 무상 원조 제공을 결정

5월 6일   중국공산당 대표단(단장: 자칭린 당 정치국 위원 겸 베이징시 당 위원회 서기)이 방북, 김정일과 회담

6월 14일   북한과 중국의 '해상 운수에 관한 협정' 평양에서 조인

8월 28일   탕자쉬안 중국 외교부장, 한국을 공식 방문

9월 4일   중국, 북한 측에 경유 2만 톤을 무상 원조할 것을 통지

9월 17일   고이즈미 준이치로 일본 총리 방북

10월 4일   북한 방문 중인 제임스 켈리(James Kelly) 미 국무차관보에 대해 북한의 강석주 외무성 제1부상이 우라늄 고농축 계획의 존재를 인정함(제2차 핵 위기의 기점)

10월 4일   중국 정부, 북한 신의주 특별행정구 장관으로 임명된 양빈을 세금 체납 혐의 등으로 연행, 구속

10월 15일   북한 대표단(단장: 양형섭 최고인민회의 상임부위원장)이 방중, 리펑 전국인대 상무위원장·후진타오 당 총서기와 회견

2003년

1월 21일   북한 최고인민회의 대표단(단장: 최태복 의장) 방중

2월 19일   백남순 북한 외무상이 말레이시아를 방문하는 도중에 경유지인 베이징에서 왕이(王毅) 중국 외교부 부부장과 회담

2월 22일   김영남 최고인민회의 상임위원장, 제13회 비동맹 국가들 정상회의에 참석하기 위해 말레이시아를 방문하는 도중 경유지인 베이징에서 탕자쉬안 중국 외교부장과 회담

2월 24일   첸치천 중국 부총리, 한국을 우호 방문

3월 8일   첸치천 방북, 김정일과 회담

4월 10일   윤영관(尹永寬) 한국 외무 장관, 중국을 공식 방문

4월 12일   조명록 북한 국방위원회 제1부위원장 방중, 후진타오 국가주석 등과 회담

4월 23일   북한의 핵 문제를 논의하는 북한·미국·중국의 3개국 협의, 베이징에서 개최

5월 27일   중러 정상이 공동선언에서 북한의 핵 문제에 대해 "무력에 의한 북한 문제 해결은 받아들일 수 없다"라고 하는 한편, 북한에 핵 개발 중지를 요청

7월 7일	노무현(盧武鉉) 대통령, 중국을 공식 방문

7월 12일 중국 정부 특사인 다이빙궈 외교부 수석부부장이 방북, 강석주 외무성 제1부상과 회담하고 쌍방은 북미 간 핵 문제와 상호 관심사인 여러 문제에 대해 의견을 교환, 14일에는 김정일과 회견

7월 16일 조선중앙방송, 중국 정부가 최근 북한에 경유 1만 톤을 무상으로 제공할 것을 결정했다고 보도

8월 7일 왕이 중국 외교부 부부장이 핵 문제로 북한을 방문, 김영일 외무성 부상, 강석주 외무성 제1부상과 각각 6자 회담에 대해 의견 교환

8월 13일 리자오싱 중국 외교부장 방한

8월 18일 중국인민해방군 고위 군사 대표단[단장: 쉬차이허우(徐才厚) 총정치부 주임]이 방북, 김정일과 회견

8월 19일 중국공산당 중앙대외연락부 대표단[단장: 류훙차이 부부장]이 방북

8월 27일 북한의 핵 문제를 둘러싼 6자 회담, 베이징에서 개최(~8월 29일)

9월 3일 우방궈(吳邦國) 중국 전국인대 상무위원장 방한

9월 16일 쿵취안(孔泉) 중국 외교부 보도국장, 북중 국경의 경비가 무장경찰에서 인민해방군으로 이관되었음을 밝힘

10월 30일 우방궈 중국 전국인대 상무위원장, 북한을 공식 친선 방문, 김영남 최고인민회의 상임위원장과 회담하고 북한에 대한 무상 원조 제공을 통지. 김정일과 회담, 6자 회담 지속에 원칙적으로 합의

11월 6일 왕이 중국 외교부 부부장이 방미, 켈리 국무차관보, 콜린 파월(Colin Powell) 국무 장관 등과 6자 회담 재개와 북한에 대한 '안전의 보증'을 미국에 호소

11월 9일 다이빙궈 중국 외교부 수석부부장이 한국, 일본을 방문, 양국과 6자 회담 재개에 대해 사전 협의

11월 17일 북중 간 '민사 및 형사 사법 협력에 관한 조약' 베이징에서 조인식

11월 22일 김영일 북한 외무성 부상이 중국을 방문, 탕자쉬안 국무위원·리자오싱 외교부장·다이빙궈 외교부 수석부부장·왕이 외교부 부부장과 각각 회견

12월 25일 왕이 중국 외교부 부부장이 6자 회담의 조기 개최를 위한 재조정을 위해 방북

12월 27일 북한 외무성 보도관, 왕이의 방북으로 북중 쌍방은 제2차 6자 회담을 '내년 이른 시기'에 개최하도록 노력해나가는 데 의견 일치를 보았다고 밝힘

2004년

1월 17일 중국공산당 중앙대외연락부 대표단(단장: 왕자루이 부장)이 방북, 김정일과 회

견(~1월 20일)

2월 7일 김계관 북한 외무성 부상이 중국을 방문(~2월 10일), 6자 회담 등에 대해 협의. 북한 외무성 보도관, 중국이 김계관과의 회담에서 북한의 '동결 대 보상' 제안의 타당성을 인정했다고 지적

2월 25일 북한의 핵 문제를 둘러싼 제2차 6자 회담이 베이징에서 개최(~2월 28일), 작업 부회 설치 등에 합의

3월 13일 중국 외교부의 닝푸쿠이(寧賦魁) 한반도 핵 문제 담당 대사가 방북(~3월 16일)

3월 23일 리자오싱 중국 외교부장이 방북(~3월 25일), 백남순 외무상과 회담, 김정일·김영남 최고인민회의 상임위원장·강석주 외무성 제1부상과 회견

3월 28일 반기문(潘基文) 한국 외무 장관 방중

4월 3일 중국 정부로부터 1000만 위안 상당의 구호 물자가 열차 폭발 사고의 발생지인 룡천에 도착

4월 19일 김정일이 중국을 비공식 방문, 후진타오 총서기 등 중국 정상들과 회담(~4월 21일)

5월 12일 북한의 핵 문제를 둘러싼 6자 회담의 작업부회, 베이징에서 개최

5월 22일 고이즈미 일본 총리, 두 번째 방북

6월 23일 제3차 6자 회담이 베이징에서 개최(~6월 26일)

7월 1일 중국 정부의 무상 원조에 의한 대안우의유리공장의 착공식이 북한의 평안남도 대안군(大安郡)에서 거행

7월 15일 북한의 군사 대표단(단장: 김일철 국방위원회 위원 겸 인민무력상)이 방중, 차오강촨(曹剛川) 중국 국방부장과 회담

8월 26일 자칭린 중국 전국정치협상회의 주석 방한

9월 10일 리장춘(李長春) 중국공산당 정치국 상무위원을 단장으로 하는 중국 당-정부 대표단이 방북, 김정일과 회견. 박봉주(朴奉珠) 총리에게 무상 원조 제공을 통지

10월 18일 김영남 최고인민회의 상임위원장이 중국을 공식 방문, 우방궈 전국인대 상무위원장과 회담. 김영남 위원장은 6자 회담의 틀을 존중하는 자세를 보이고, 우방궈 위원장은 북한에 무상 원조 제공을 표명

10월 28일 후진타오 중국 국가주석 방북, 김정일이 회담에서 다음 6자 회담에 북한이 일정대로 참석한다고 밝힘. 북중 경제 기술 협정에 조인

11월 19일 노무현 대통령과 후진타오 주석이 칠레 산티아고에서 회담, 양 정상은 6자 회담의 가능한 한 이른 시기의 개최를 목표로 하는데 일치

2005년

2월 10일   북한, 6자 회담 참가의 무기한 중단을 표명, "자위를 위해 핵무기를 만들었다"라고 밝힘. 성명은 "대화와 협의를 통해 문제를 해결하려고 하는 우리의 원칙적 입장과 조선반도를 비핵화하려고 하는 최종 목표에는 변함이 없다"라고도 지적. 북한의 성명에 대해 중국 외교부의 쿵취안 보도국장은 "중국은 6자 회담의 지속을 희망한다"라고 말함

2월 19일   중국공산당 중앙대외연락부 대표단(단장: 왕자루이 부장)이 방북. 김정일이 회견에서 "향후 관계국들의 공동 노력으로 6자 회담의 조건이 갖추어지면 언제라도 협상 테이블로 돌아가고 싶다"라고 표명(2월 21일)

3월 22일   북한 박봉주 총리가 중국을 공식 방문, 중국의 원자바오 총리와 회담(~3월 27일) 북한과 중국의 투자 장려·보호에 관한 협정과 환경 협력에 관한 협정이 베이징에서 조인

4월 2일   강석주 북한 외무성 제1부상이 방중, 중국의 우다웨이(武大偉) 외교부 부부장 및 닝푸쿠이 한반도 핵 문제 담당 대사와 6자 회담의 재개 문제에 대해 회담(~4월 5일)

5월 8일   노무현 대통령과 후진타오 주석이 모스크바에서 회담, 북한의 핵 문제를 대화를 통해 평화적으로 해결해야 한다는 인식에 일치

6월 21일   이해찬(李海瓚) 한국 총리가 방중

7월 12일   탕자쉬안 중국 국무위원이 후진타오의 특사로 방북(~7월 14일), 김정일과 회담. 이 회담에서 김정일은 "조선반도의 비핵화는 위대한 수령 김일성 동지의 유훈이다"라고 하며 "핵 문제의 대화를 통한 평화적 해결은 우리의 일관된 입장"이라고 밝힘

7월 26일   제4차 6자 회담 제1라운드가 베이징에서 개최(~8월 7일)

8월 11일   반기문 한국 외무 장관 방중

8월 27일   우다웨이 중국 외교부 부부장이 방북

9월 13일   제4차 6자 회담 제2라운드 개시(~9월 19일). '9·19 공동성명'을 채택, 성명에서 북한은 모든 핵무기 및 핵 계획의 포기, 핵확산금지조약에 조기 복귀를 표명. 각국은 북한의 핵 평화 이용권을 존중하고 적당한 시기에 북한에 경수로를 공여하는 문제를 토의하는데 합의. 북미, 북일이 국교 정상화를 위한 조치를 취할 것도 표명

10월 8일   우이 부총리를 단장으로 하는 중국 정부 대표단이 방북, 김정일과 회견. 중국의 무상 원조에 의한 대안우의유리공장 완공식에 김정일과 함께 참석. 10일 북중이

정부 간 경제 기술 협력 협정에 조인

10월 28일 후진타오 주석이 방북(~10월 30일), 김정일과 회담, 북중 경제 기술 협력 협정에
　　　　　조인

11월 9일 제5차 6자 회담 제1라운드(~11월 11일), 베이징에서 개최. 전체 회합에서 북한
　　　　　의 김계관 외무성 부상이 단계적으로 핵을 포기하고 그 후에 핵확산금지조약 등
　　　　　에 복귀할 준비가 있다고 표명. 회담은 중국이 공동성명의 이행을 재확인하는
　　　　　의장성명을 발표

11월 16일 중국의 후진타오 주석이 한국을 공식 방문

12월 24일 노두철(盧斗哲) 부총리를 단장으로 하는 북한 정부 대표단이 방중, 북중 양 정부
　　　　　간 '해상의 원유 공동 개발에 관한 협정'이 베이징에서 조인

2006년

1월 10일 김정일이 중국을 비공식 방문(~1월 18일). 우한(武漢)·이창(宜昌)·광저우(廣
　　　　　州)·선전 등을 시찰. 김정일은 후진타오 주석과의 회담에서 "제4차 6자 회담에
　　　　　서 채택된 공동성명을 이행하고 대화를 통한 평화적 해결을 추구하는 우리(북
　　　　　한)의 기본적 입장에는 변함이 없다"라고 강조

3월 13일 리근(李根) 북한 외무성 미주국장이 베이징을 방문, 중국의 우다웨이 외교부 부
　　　　　부장과 회담

3월 18일 장성택 조선로동당 중앙위 제1부부장이 인솔하는 북한 당 대표단이 중국을 방
　　　　　문, 류치(劉淇) 베이징시 당 위원회 서기(당 정치국 위원)와 회담

4월 4일 차오강촨 중국 국방부장이 방북

4월 27일 탕자쉬안 중국 국무위원이 후진타오 국가주석의 특사로 방북, 김정일과 회담

5월 30일 백남순 북한 외무상이 방중, 원자바오 총리·리자오싱 외교부장·탕자쉬안 국무
　　　　　위원과 회담

6월 6일 중국 외교부 보도국장, 북중 양국이 황해의 석유 자원 공동 개발 협정을 체결했
　　　　　다고 밝힘

7월 5일 북한의 미사일 발사 실험, 중국 외교부 보도국장이 "중대한 관심(우려)" 표명

7월 10일 후이량위(回良玉) 부총리를 단장으로 하는 중국 친선 대표단이 북중 우호협력상
　　　　　호원조조약 체결 45주년 기념행사에 참석하기 위해 방북

7월 11일 북한 친선 대표단(단장: 양형섭 최고인민회의 상임부위원장), 북중 우호협력상
　　　　　호원조조약 체결 45주년 기념행사에 참석하기 위해 중국을 공식 친선 방문. 중
　　　　　국의 후진타오 국가주석이 대표단과 회담해 "중국은 한반도 정세를 악화시키는

모든 행동에 반대한다"라고 표명

7월 15일 유엔안보리가 북한 비난 결의를 만장일치로 채택, 중국도 찬성

8월 30일 중국 외교부, 북한의 수해에 대해 인도적 원조를 실시할 것을 이미 결정했다는 담화를 발표

9월 7일 중국 정부, 우둥허 주북한 대사의 후임으로 류샤오밍을 임명

9월 20일 조선중앙방송, 북한의 호우 피해에 대해 중국 정부가 식량과 경유를 비롯한 구호 물자를 무상 제공했다고 보도

10월 9일 중국 외교부, 북한의 핵실험에 대해 비난 성명을 발표

10월 13일 노무현 대통령 방중

10월 14일 유엔안보리, 북한에 대한 제재 결의안을 만장일치로 채택, 중국도 찬성

10월 17일 류젠차오(劉建超) 중국 외교부 보도국장, 북한에 대한 송금 금지 조치를 취한 것을 확인

10월 18일 탕자쉬안 중국 국무위원이 방북, 김정일과 회담

10월 24일 류젠차오 중국 외교부 보도국장, 김정일이 당면한 재실험 계획을 부정한 뒤 미국 등의 압력이 강화되면 "한 걸음 나아간 조치를 취하겠다"라고 했다고 밝힘

12월 18일 제5차 6자 회담 제2라운드가 베이징에서 개최(~12월 22일)

12월 29일 중국이 국방백서를 발표, 북한의 마사일 발사와 핵실험이 한반도 정세를 복잡하게 만들었다고 지적

2007년

1월 16일 북미 수석 대표 회합, 베를린에서 개최(~1월 18일)

2월 8일 제5차 6자 회담 제3라운드가 베이징에서 개최(~2월 13일)

2월 13일 '6자 회담 공동성명의 이행에 대한 초기 단계 조치'에 대한 합의 문서 채택

3월 4일 김정일이 주북한 류샤오밍 중국 대사 초청으로 중국 대사관 방문(음력 1월 15일)

3월 19일 제6차 6자 회담 제1라운드, 베이징에서 개최(~3월 22일)

4월 1일 원자바오 중국 총리 방한, 중국 총리로서 세 번째 방한

7월 2일 양제츠 중국 외교부장이 방북, 김정일과 회담

9월 18일 북한 외무성 대표단(단장: 김영일 부상) 방중

9월 27일 제6차 6자 회담 제2라운드가 베이징에서 개최(~9월 30일)

10월 3일 비핵화를 위한 '다음 단계'의 조치를 규정한 6자 회담의 합의 문서를 발표

10월 4일 노무현 대통령 방북, 김정일과 회담, '남북 관계 발전과 평화 번영을 위한 선언'을 발표

10월 29일 류윈산 중국공산당 중앙선전부장이 방북, 김정일과 회견

12월 17일 우다웨이 중국 외교부 부부장이 방북, 김계관 외무성 부상과 회담, 박의춘(朴宜
春) 외무상과 회견

2008년

1월 29일 중국공산당 중앙대외연락부 대표단(단장: 왕자루이 부장) 방북, 김정일과 회견

1월 31일 김정일 총비서가 후진타오 주석에게 폭설 피해에 대해 위문 전문을 보냄

3월 1일 김정일, 북한 주재 류샤오밍 중국 대사 초청으로 중국 대사관을 방문

4월 23일 북한 조선인민군 공군대표단(단장: 리병철(李秉哲) 상장] 방중, 량광례 중국 국
방부장과 회담

4월 26일 박의춘 북한 외무상 방중, 양제츠 중국 외교부장과 회담

4월 28일 베이징올림픽 성화 릴레이가 평양에서 실시되어 김영남 최고인민회의 상임위원
장과 김영일(金英逸) 총리, 40만 명의 평양 시민이 참가

5월 17일 북한 정부, 중국의 쓰촨(四川) 대지진에 10만 달러를 지원

5월 27일 이명박 대통령 방중, 후진타오 주석과 회담

6월 3일 북중 정부 간 세관 분야에서의 상호 협력에 관한 협정, 베이징에서 조인

6월 17일 시진핑 중국 국가부주석 방북, 김정일과 회담. 김정일 총서기는 회담에서 "6자
회담은 곡절이 있어도 많은 중요한 합의와 공동 인식을 달성했다. 중국은 의장
국으로 중요한 역할을 다했다"라고 평가. 북중 양 정부 간 경제 기술 협력에 관
한 협정, 항공 운수에 관한 협정, 자동차 운수에 관한 협정 등에 평양에서 조인

7월 10일 제6차 6자 회담에 관한 수석대표자 회합(~7월 12일)

7월 23일 6자 외무 장관에 의한 비공식 회합(장소: 싱가포르)

8월 7일 김영남 북한 최고인민회의 상임위원장, 베이징올림픽 개회식에 참석하기 위해
방중, 후진타오 주석 등과 회견(~8월 9일)
이명박 대통령, 베이징올림픽 개회식에 참석하기 위해 방중, 후진타오 등과 회견

8월 13일 양제츠 중국 외교부장이 한국을 공식 방문

8월 25일 후진타오 중국 국가주석이 한국을 공식 방문(~8월 26일)

9월 9일 북한 건국 60주년 경축 로농적위대 열병식. 김정일이 참석하지 않아 건강불화설
이 부상

10월 13일 중국 정부 경제·무역대표단 방북

12월 8일 제6차 6자 회담에 관한 수석대표 회합(~12월 11일) 핵 계획의 검증 문제에서 합
의하지 못하고 폐막

12월 12일 중국공산당 친선 대표단 방북(~12월 15일)

2009년

1월 13일 북한 외무성 성명에서 "미국이 한국에 대한 핵우산 제공을 그만두는 것이 핵 포기의 조건"이라고 주장

1월 21일 왕자루이 중국공산당 중앙대외연락부장 방북(~1월 24일), 김정일과 회담

2월 24일 북한, 인공위성 발사 실험을 실시한다고 예고, 국제사회는 이를 미사일 발사 실험으로 보고 자제를 촉구함

3월 17일 김영일 북한 총리 방중(~3월 21일). 후진타오 주석·원자바오 총리와 회담

3월 26일 북한, '인공위성' 발사 문제가 유엔안보리에서 의제가 되면 6자 회담은 없어지게 되어 "비핵화를 위해 진행해왔던 과정이 처음으로 돌아간다"라고 경고

4월 5일 북한, 미사일 발사 실험, 북한은 "인공위성 발사 실험은 성공"이라고 발표

4월 9일 최고인민회의 제12기 제1회 회의 개최. 김정일을 국방위원장으로 추대

4월 10일 후진타오 주석, 김정일 국방위원장 추대에 축전

4월 13일 중국 전국정협 대표단 북한 방문

4월 14일 유엔안보리, 북한의 행위를 2006년 핵실험 때 채택된 결의 1718호 위반이라는 내용을 포함한 의장성명을 만장일치로 채택

4월 18일 북한 조선인민군 해군 대표단 방중(~4월 25일)

4월 25일 박의춘 북한 외무상, 중국을 경유해 쿠바·중남미 방문. 중국에서는 중국 고관과 협의

5월 4일 북한, 5월 4일을 '중국의 날'로 제정, 김일성종합대학에서 친선 집회

5월 7일 북중 정부 간 과학기술 협력 위원회 의정서 조인

5월 25일 북한, 2006년 이래 두 번째 핵실험, 중국에는 사전 통보

6월 13일 유엔안보리 결의 1874호 채택

8월 17일 우다웨이 중국 외교부 부부장 방북(~8월 21일)

9월 1일 김영일 북한 외무성 부상 방중(~9월 5일)

9월 16일 다이빙궈 중국 국무위원, 후진타오 국가주석의 특사로서 방북(~9월 18일)

9월 17 일 중국인민해방군 외사(外事) 간부 대표단 방북(~9월 20일)

9월 22일 북한 조선인민군 군사 대표단 방중(~9월 26일)

10월 4일 원자바오 총리, 북중 국교 60주년 기념식전 참석 위해 방북(~10월 6일)

10월 27일 조선로동당 대표단(단장: 최태복 당 비서) 방중(~10월 31일)

11월 17일 북한 조선인민군 정치 간부 대표단(단장: 김정각 총정치국 제1부국장) 방중(~11

월 19일)

11월 22일 량광례 중국 국방부장 방북, 김정일과 회견(~11월 26일)

11월 30일 중국 전국인민대표대회 대표단[단장: 천즈리(陳至立) 상무위 부위원장] 방북(~12
월 4일)

12월 15일 주상성(朱相成) 북한 인민보안상 방중(~12월 19일), 북한 인민보안성·중국 공
안부 간 협력 물자 제공에 관한 문서에 조인(12월 16일)

2010년

1월 25일 김정일, 북중기계연합기업소 및 낙원기계연합기업소 현지 지도

2월 6일 왕자루이 부장을 단장으로 한 중국공산당 중앙대외연락부 대표단 평양 도착

2월 8일 김정일, 왕자루이 중국공산당 중앙대외연락부 대표단 접견 및 만찬

2월 23일 조선로동당 중앙위 국제부 대표단(단장: 김영일 부장), 방중차 평양 출발

3월 2일 박길연, 중독 외교 관계 설정 9주년 즈음 주북한 독일 대사 주최 연회 참석

3월 8일 김영남, 주북한 중국 신임대사 류훙차이에게 신임장 접수 및 담화

3월 16일 김영일, 주북한 중국 대사 류훙차이와 만수대의사당에서 담화

3월 18일 김양건, 주북한 중국 신임 대사 류훙차이와 담화

3월 26일 천안함 침몰

3월 29일 김정일, 주북한 중국 신임 대사 류훙차이와 담화 및 만찬

4월 3일 김정일, 당 중앙위·국방위 주최 류훙차이 주북한 중국 신임 대사 환영 연회 참석

5월 3일 김정일, 중국의 후진타오 주석 초청으로 중국 비공식 방문(~5월 7일), 강석주·
김기남·김양건·김영일·김영춘·리명수·장성택·주규창·최태복·태종수·현
철해가 수행

5월 7일 김정일, 중국의 후진타오 주석에게 방중 환대 등 사의 표명 전문 발송

5월 12일 북한, 자체 기술로 '핵융합반응 성공' 주장

7월 9일 북한 대외문화연락위·북중친선협회 중앙위, 옥류관에서 최창식(보건상) 및 류
훙차이(주북한 중국 대사) 등 초청 북중 우호협력상호원조조약 체결 49주년 연
회 개최

7월 22일 박의춘, 하노이에서 양제츠 중국 외교부장과 담화

7월 29일 김영일, 북한을 방문한 후정웨(胡正躍) 중국 외교부 부장조리(차관보급)와 담화

8월 11일 양형섭, 북한을 방문한 북중 우호 방문단과 담화

8월 12일 리영호 조선인민군 총참모장, 중국 공안 대표단 단장과 담화

8월 26일 김정일, 중국 비공식 방문 및 후진타오 중국 국가주석과 정상회담(~8월 30일)

8월 30일   평양예술단, '2010년 상해 세계박람회 조선의 날 행사' 참석차 중국을 향해 출발

8월 31일   김영춘 인민무력부장, 북한을 방문한 중국인민해방군 선양 군구 대표단의 장유사(張又俠) 중장과 담화

최병관(崔炳寬) 주중 북한 대사, 원자바오 중국 국무원 총리 의례 방문

9월 1일   김영남, 중국인민해방군 선양 군구 대표단과 담화

9월 8일   김정일, 후진타오 중국 주석의 홍수 피해 관련 위문 전문에 대한 답전 발송

9월 11일   북한 우표발행국, 중국인민지원군 조선 전선 참전 60주년 즈음 기념우표 발행

9월 24일   중국 사법 대표단, 평양 도착

9월 30일   김정일과 김영남·최영림, 중국 후진타오(국가 주석)·우방궈(전국인대 상무위원장)·원자바오(국무원 총리)에게 중국 정권 창건 61주년 축전

10월 1일   최태복, 중국의 류윈산 당 중앙정치국 위원과 담화(~10월 2일)

10월 2일   최태복, 중국의 후진타오 주석과 면담

10월 9일   김정일, 중국공산당 대표단(단장: 저우융캉)과 담화 및 후진타오 주석이 보낸 축하 편지 접수(김정은 배석)

10월 10일   김정일 위원장, 중국 후진타오 총서기 축하 편지 접수 및 저우융캉과 담화

10월 11일   김정일, 중국공산당 대표단(단장: 저우융캉)과 접견 및 오찬

10월 16일   북한 당 친선 대표댠단장: 문경덕(文京德) 당 비서 겸 평양시 당 책임비서], 중국 방문차 평양 출발 및 베이징 도착

10월 19일   문경덕(당 중앙위 비서), 조선로동당 친선 대표단 단장으로 중국 저우융캉(중국 공산당 중앙정치국 상무위원 겸 중앙정법위 서기) 접견

10월 20일   김기남(당 중앙위 비서), 중국 ≪인민일보≫ 대표단 단장과 담화

10월 21일   김영춘(인민무력부장), 중국인민지원군 노병 대표단과 담화

10월 23일   ≪로동신문≫·≪민주조선≫, 중국 지원군 조선 전선 참전 소개·중앙TV의 김정일 방중 보도·'양산백과 축영대' 공연·사진 전시회와 중국 영화 상영 주간 등 "평양시의 북중 친선 분위기 고조" 소개

10월 24일   김정일, 중국인민지원군 조선 전선(한국전쟁) 참전 60주년 즈음 중국인민지원군 열사묘(평안남도 회창군)에 화환 전달

10월 25일   김정일·김정은, 평양체육관에서 진행된 중국인민지원군 조선 전선(한국전쟁) 참전 60주년 기념 군중 대회 참석

김정일·김정은, 중국 고위 군사 대표단 및 여러 대표단을 만나 담화 및 만찬

10월 26일   최고인민회의 상임위 정령, 주중 북한 대사 지재룡(池在龍) 임명

북한 국방위와 중국 고위 군사 대표단 사이 회담, 평양에서 진행

11월   최영림 북한 내각총리 중국 방문

11월 23일 연평도 포격

11월 24일 중국 외교부, 홈페이지에 "사태가 매우 심각하고 전개가 우려돼"며, "가급적 이른 시일 내에 남북이 대화를 함으로서 사태 악화를 방지해야 한다"고 주장

11월 25일 김정일, 마오쩌둥 전 주석의 장남 마오안잉의 전사 60주년 추모 화환 발송
           김정일, 중국 무상 원조로 건설된 평양 부근 대안우의유리공장을 방문해 "북중 우호의 상징" 강조

11월 30일 최태복(최고인민회의 의장 겸 로동당 중앙위원회 비서), 우방궈 중국 전국인민대표대회(전국인대) 상무위원장 초청으로 방중

12월 9일   다이빙궈 중국 외교 담당 국무위원, 평양 방문 및 김정일 접견

12월 31일 신압록강대교(신의주~단둥 연결), 중국 단둥 랑터우(浪頭)에서 착공식

2011년

1월 4일   스티븐 보즈워스(Stephen W. Bosworth) 미국 국무부 대북 정책 특별 대표, 북핵 문제 협의차 방한

1월 7일   훙레이(洪磊) 중국 외교부 대변인, "북한 측의 남북대화 제의를 지지하고 환영한다"고 밝힘

1월 15일   북한, 경제개발 10개년 계획 수립

1월 19일   미중 정상회담 개최

2월 14일   멍젠주(孟建柱) 중국 공안부장, 김정일 국방위원장 접견 자리에서 "계승 문제 해결 축하"라고 발언

2월 23일   양제츠 중국 외교부장 방한

3월 29일   김성환 한국 외교통상부 장관, 북한 영변 핵 시설의 안전 문제에 대해 한국과 중국이 협의할 것을 제의

4월 7일   김계관 북한 외무성 제1부상과 커트 캠벨(Kurt Campbell) 미국 국무부 동아시아태평양 차관보, 동시에 방중

4월 27일   우다웨이 중국 한반도 사무 특별 대표, 김성환 한국 외교통상부 장관과 회담

5월 20일   북한 김정일 국방위원장 9개월 만에 방중

5월 21일   한중일 정상회의 개최

7월 22일   위성락(魏聖洛) 외교통상부 한반도평화교섭본부장과 북한 리용호 외무성 부상, 인도네시아 발리에서 회동

7월 27일   한중 국방 전략 대화 첫 개최

8월 21일 김정일 국방위원장, 9년 만에 러시아 방문

9월 21일 제2차 남북 비핵화 회담, 베이징에서 개최

10월 23일 리커창 중국 부총리, 북한 방문

10월 24일 제2차 북미 회담, 스위스에서 개최 (~10월 25일)

12월 13일 리근 북한 외무성 북미국장, 중국 방문

12월 17일 김정일 사망

12월 27일 훙레이 중국 외교부 대변인, "관련국들과 함께 한반도의 장기적 안정을 위해 부
단한 노력을 기울일 것"이라고 밝힘

2012년

1월 1일 후진타오 주석, 김정은 최고사령관 추대에 축전

1월 5일 중국 외교부, 북중 정상적 경제 및 무역 거래 강조

1월 11일 북한, 새로운 「경제특구법」이 중국에 부적격 판정 받음
중,국 북 접경 지역인 창바이현에 변경 경제 합작구 건설 추진

1월 17일 송일호 북일 국교 정상화 교섭 담당 대사 방중

2월 5일 중국 지린성, 북한과 교통·자원·관광 협력 강화 및 라선 경제 무역구 건설 가속
화 결정

2월 25일 김계관 북한 외무성 제1부상과 우다웨이 중국 외교부 한반도 사무 특별 대표 회동

3월 17일 리용호 6자 회담 북한 수석 대표 방중

3월 29일 리근 북한 외무성 미주국장 방중

4월 13일 중국, 북한 로켓 발사 시도 후 한반도 지역 평화 안정 촉구

4월 15일 북한, 리자오싱 중국 전 외교부장 4·15 행사 참석 제안 거부

4월 21일 북한 로동당, 중국공산당과 베이징에서 최고위급 회담인 전략 대화

4월 24일 류웨이민 중국 외교부 대변인, 북한에 도발 행위 자제 촉구. 김정은, 북중 전통
적 우호 관계 강조

4월 25일 김영일 북한 로동당 제1서기, 후진타오 주석과 회동

4월 26일 북한 인민보안부 방중

5월 2일 중국, 유엔안보리의 제재로 금융기관 등 북한 관련 3개 단체의 추가 자산 동결
수용

5월 8일 리자오싱 중국 전 외교부장 방북

5월 10일 북중, 만포-지안(集安) 국경 다리의 공동 건설과 관리 및 보호에 관한 협정 조인

5월 29일 중국, 두만강 지역 '훈춘(琿春) 국제 합작 시범구' 착공

6월 9일	북한 조선투자사무소, 중국 기업 베이징 바오위안평친에 국제무역유한공사와 북한 지역내 광산 합작 개발 계약
6월 13일	중국군, 중국 랴오닝성 단둥시 압록강변에서 부교 이용해 도하 훈련
7월 9일	베이징 주중 북한 대사관에서 '북중 우호협력상호원조조약 체결 51주년 기념연회' 개최
7월 11일	캄보디아 프놈펜에서 북중 외교 장관 회담 개최
7월 17일	중국, 북한군 탈출 대비 국경 경비 강화
7월 24일	리명수 북한 인민보안부장 방중
7월 30일	왕자루이 부상을 대표로 하는 중국공산당 중앙대외연락부 대표단 방북, 평양에서 북한 로동당 국제부 대표단과 회담
8월 13일	장성택 국방위원회 부위원장을 단장으로 하는 북한 대표단 방중, 황금평과 라선시 공동 개발을 위한 3차 회의 참석
8월 16일	박길연 북한 외무성 부상 방중
9월 7일	지린성 창춘에서 '북중 무역 투자 프로젝트 상담회' 행사 개최
9월 28일	북중, 백두산 관광 개발 추진 합작 의향서 체결
9월 30일	김정은, 후진타오 국가주석에게 중국의 정권 수립 63주년 축하하는 축전
10월 4일	북한 농업성·중국 농업부, 평양에서 농업 부문 협조에 관한 양해 각서 체결
10월 12일	중국 랴오닝성 단둥에서 '2012 북중 경제 무역 문화 여행 박람회' 개최
11월 3일	리젠궈(李建國) 중국 전국인대 부위원장 방북
11월 8일	북한 로동당 중앙위원회, 중국공산당의 제18차 전국대표대회에 축전
11월 15일	김정은, 시진핑 중국공산당 총서기에게 축전
11월 27일	중국, 북한의 장거리 로켓 발사 자제 요청

2013년

1월 9일	평양에서 구본태 북한 무역성 부상과 리진짜오(李金早) 중국 상무부 부부장이 '경제 기술 협조에 관한 협정' 조인식
1월 14일	북한 외무성의 김정은 정권 외교정책의 기조가 될 수 있는 비망록 발표: "유엔군 사령부"의 해체를 의제화함. 비핵화 또는 비핵 지대화가 생략된 채 유엔군사령부의 해체와 평화협정을 연계한 것
1월22일	유엔안보리가 북한의 인공위성 발사에 대해 대북 제재 결의 2087호를 채택하자, "세계의 비핵화가 실현되기 전에는 조선반도 비핵화도 불가능하다는 최종 결론"에 도달했고, "6자 회담 9·19 공동성명은 사멸되고 조선반도 비핵화는 종말"을

고했다는 성명을 발표

2월 12일   북한 제3차 핵실험 강행

3월 7일   유엔안보리, 대북 제재 결의안 2094호 채택, 3월 5일부터 시작된 한미 합동 군사 훈련에 대한 북한의 반발이 증폭되면서, 동북아의 불안정을 야기하는 '북미 갈등·한미 협력·남북 갈등'의 악순환이 다시 시작

남북한의 불가침과 비핵화에 관한 합의의 폐기를 선언했고, 판문점 연락 통로를 폐쇄, "핵 보유국 지위의 영구화"와 "정전협정 백지화"를 선언

3월 21일   로이터통신, "중국이 2월 한 달간 북한에 원유 수출은 전혀 하지 않았다"라고 보도

3월 30일   조선로동당 중앙위원회에서 "경제 건설과 핵 무력 건설을 병진"하는 노선을 공표

4월 1일   북한 최고인민회의는 "자위적 핵 보유국의 지위를 더욱 공고히 함에" 대한 법령을 채택

4월 10일   AFP(Agence France-Presse), "북한이 중국 단체 관광객 입국을 차단했다"라고 보도

4월 22일   우다웨이 중국 외교부 한반도 사무 특별 대표, 미국을 방문해 글린 데이비스 미국 국무부 대북 정책 특별 대표와 한반도 현안 논의

5월 5일   중국인 16명이 탑승한 어선 '랴오푸위 25222호', 북한군에 나포

5월 7일   중국은행, 북한의 조선무역은행과 거래 중단

5월 24일   베이징에서 김정은 국방위원회 제1위원장의 특사 최룡해와 시진핑 중국 국가주석이 만남, 2008년 12월 이후 중단된 6자 회담에 복귀하겠다는 의사를 밝힘

6월 7일   캘리포니아(California)주 란초미라지(Rancho Mirage)의 서니랜즈(Sunny lands)에서 미중 정상회담이 진행(~6월 8일)

6월 14일   박근혜 한국 대통령, 탕자쉬안 전 중국 국무위원 접견

6월 18일   김계관이 방중(~6월 22일)

6월 27일   한중 정상회담

7월 25일   북한, 인민군열사묘 준공식

김정일 제1위원장과 김영남 최고인민회의 상임위원장은 리위안차오(李源潮) 중국 국가부주석 겸 중국공산당 정치국 위원과 잇따라 면담

7월 25일   황해남도 신천군에서 미군을 규탄하는 '국제 성토 대회'

7월 27일   북한 정전협정 60주년

7월 29일   북한 김정은, 6·25 중공군 전사자 묘지 참배. 북한 김정은 국방위원회 제1위원장이 29일 평안남도 회창군에 있는 '중국인민지원군 열사릉원'을 방문

10월 29일   김형준(金亨峻) 북한 외무성 부상이 지난 29일 중국 류전민(劉振民) 외교부 부

부장과 회동

11월 하순 장성택의 핵심 측근인 리룡하(李龍河) 당 중앙위 행정부 제1부부장과 장수길(張
秀吉) 행정부 부부장이 관련 당 중앙위 간부들 앞에서 공개 처형

11월 20일 인민군 제2차 보위 일군 대회 지도

11월 26일 평양건축종합대학 현지 지도

11월 29일 삼지연군 사업 지도 및 인민군 항공 및 반항공군 제991군부대 방문

12월 4일 시진핑 중국 국가주석과 조 바이든(Joe Biden) 미국 부통령이 베이징에서 가진
회담에서 장성택 북한 국방위원회 부위원장의 실각설에 대해 논의

12월 8일 조선로동당 중앙위원회 정치국 확대회의를 열어 장성택 국방위원회 부위원장의
'반당·반혁명적 종파 행위와 관련한 문제'를 토의한 후 그를 모든 직무에서 해임
하고 출당·제명을 결정

정치국 확대회의: 북한과 중국은 '개성·평양·신의주'를 연결하는 고속철도와
고속도로 건설 계약을 체결

12월 9일 북한의 조선로동당 기관지 《로동신문》은 장성택 국방위원회 부위원장의 숙청
사실을 크게 보도

12월 12일 장성택 처형

2014년

1월 7일 미국 농구 선수 데니스 로드먼(Dennis Rodman), 친선 경기를 위해 재차 북한
방문

1월 16일 북한, 한국에 국방위원회 명의로 '중대 제안' 제시

1월 17일 중국, 외교부 정례 브리핑에서 '중대 제안'에 다소 유보적 입장 표명

1월 18일 현학봉(玄鶴峰) 주영국 북한 대사 베이징 방문

1월 27일 류훙차이 주북한 중국 대사, 북한 외무성 직원 초청 친선 모임 개최

1월 28일 중국, 외교부 정례 브리핑에서 남북 이산가족 상봉 추진에 적극 지지 입장 표명

2월 7일 김영남 최고인민회의 상임위원장, 소치 동계올림픽 개막식 참석, 시진핑 주석과
면담

2월 17일 류전민 중국 외교부 부부장 방북, 박의춘 북한 외무상과 담화, 이후 20일에 바로
서울을 방문해 한중 고위급 회담 개최

2월 20일 남북 이산가족 상봉(~2월 25일)

2월 21일 북한 외무성, 유엔 북한 인권 보고서 비난 기자회견

2월 27일 북한, 사거리 200km 이상 탄도미사일 4발 발사

3월 4일	박봉주 북한 내각총리, 리커창 중국 총리에게 '쿤밍 테러'에 대해 위로 전문
	신형 방사포 7발 발사
3월 8일	왕훙광(王洪光) 중국 전국인민정치협상회의 위원, 북한의 방사포 발사와 민항기
	위협 비판
3월 17일	중국의 6자 회담 수석대표 우다웨이 한반도 사무 특별 대표 방북, 6자 회담 재개
	논의
3월 20일	우다웨이, 김영대 최고인민회의 상임위원회 부위원장과 면담
3월 22일	북한, 동해상으로 단거리 로켓 30발 발사, 다음 날에는 16발 추가 발사
3월 26일	북한 노동 미사일 2발 발사(한미일 정상회담에 맞춤)
3월 28일	유엔 인권 이사회, 북한 인권 결의안 채택
4월 12일	한중 6자 수석, 한반도 정세·6자 재개 문제 논의
4월 16일	중국 지린성, 북한에 '백두산 자가용 관광' 제안
4월 28일	추궈홍(邱國洪) 주한 중국 대사, 주요 언론사 초청 간담회에서 "북한의 핵실험에
	결연히 반대한다"라며 "중국은 북한의 동선을 예의 주시하면서 북한을 설득하기
	위한 많은 노력을 기울이고 있다"라고 강조
5월 2일	중국 투먼-북한 온성 '자전거 관광' 개시
5월 6일	북한, 중국인 관광객 입국 수속 간소화
5월 17일	북한, 중국 지린성 창춘에서 열린 관광 전시회에 라선특별시 대표단을 파견해
	관광 자원과 산업 현황을 집중적으로 소개하며 자국의 대표적 경제특구인 라선
	특구 활성화를 위해 전문 투자 지원 기구를 설립
5월 18일	북한, 평양 아파트 붕괴 사고 공개 사과
5월 27일	중국 외교부, 왕이 중국 외교부장의 방한을 계기로 이뤄진 한중 간의 논의 결과
	를 발표하면서 한국 정부도 6자 회담의 중요성에 인식을 같이하고 중국과 함께
	노력해 6자 회담 재개 추진을 원한다는 입장을 밝혔다며 '6자 회담 재개' 쪽에 방
	점을 찍음.
6월 4일	북중, 백두산 국경 관광 2년 만에 재개
6월 13일	북중, 두만강에서 유람선 운항 추진
6월 17일	류젠차오 중국 외교부 부장조리, 북한과의 군사동맹 부인, 북핵 반대 입장 재확인
6월 29일	북한, 동해상으로 사거리 500km 스커드 미사일 2발 발사
7월 3일	시진핑 중국 주석, 북한에 앞서 한국을 먼저 방문(~7월 4일)
	류훙차이 북한 주재 중국 대사, 대표적인 북중 경제협력 프로젝트인 라선 경제
	특구를 방문해 양국 간 친선·협력 강화를 역설

7월 11일   북중 우호협력상호원조조약 체결 53주년, 행사·논설·기사 전무

7월 13일   북한, 개성 북쪽에서 동해로 단거리 미사일 2발 발사, 다음 날에는 동부 전선 군
           사분계선(MDL) 인근에서 북측 해상으로 방사포와 해안포 등 10여 발을 발사

7월 15일   박호용(朴浩勇) 북한 국토환경보호성 부상, 베이징에서 리간제(李干杰) 중국 환
           경보호부 부부장과 회담

7월 27일   정전 기념일, 북한, 중국과 친선 강조하는 기사·논설 이례적 전무

8월 5일   유엔안보리, '북한 미사일 논의' 북한 제재위 소집

8월 10일   6자 회담국 모두 참여한 아세안지역안보포럼(ARF) 개막, 한중 외교 장관 회담
           중국 발표분은 6자 회담 추진에 무게
           왕이 중국 외교부장과 리수용 북한 외무상이 아세안지역안보포럼이 열린 미얀
           마 네피도에서 양자 회담을 개최

8월 11일   중국과 라오스의 접경지에서 탈북자 11명이 중국 변방 부대에 검거됨. 북한이
           중국의 용인하에 중국으로 당국자를 보내 탈북자를 붙잡아가고 있다고 ≪아사
           히신문≫이 15일에 보도.
           로버트 킹(Robert King) 북한 인권 특사, 중국을 방문해 중국 고위 관리들과 만
           나 광범위한 북한 인권, 인도적 사안에 대해 논의(~8월 13일)

8월 13일   북한, ≪로동신문≫을 통해 북한의 단거리 미사일 발사를 규탄하는 언론 성명을
           낸 유엔 안보리가 미국의 이중 기준에 휘둘리고 있다고 비난하고, 중국에도 불
           만을 표출.

8월 17일   ≪중국신문망≫이 북중 간 지안-만포 당일 관광 코스가 11일에 개통했다고 보도
           함. 이로써 북중 간 관광 코스로 정식 개방된 북한의 국경 도시는 신의주시, 온
           성군, 회령시, 라선특별시 등 5곳으로 늘어남.

9월 3일   대한민국 합참·중국인민해방군 총참모부, 첫 소장급 실무회의 개최

9월 6일   북한, 사거리 210~220여 km인 신형 전술 미사일로 추정되는 단거리 발사체 3발
           을 동해상으로 발사

9월 9일   시진핑 중국 국가주석이 북한 정권 수립 66주년을 맞아 김정은 국방위원회 제1
           위원장에게 보낸 축전에서 북중 친선 관계의 기본 원칙을 담은 '전통 계승, 미래
           지향, 선린 우호, 협조 강화'라는 표현을 생략. 2007년을 제외하면 이 문구는 한
           번도 빠지지 않았음.
           중국 신화통신은 현재 북한의 김일성종합대학과 김형직사범대학에서 유학 중인
           중국인 학생이 120여 명으로 확인되었으며, 9월 8일 류홍차이 북한 주재 중국
           대사가 부인과 함께 자국 학생들을 위문한 사실을 보도함

9월 10일	김영남 북한 최고인민회의 상임위원장 평양에서 진행한 일본 교도통신과의 인터뷰에서 북중 우호 변화 없다고 주장
9월 14일	북중 접경 지역 소식통들에 따르면, 지난해 북한의 3차 핵실험 강행과 장성택 전 국방위원회 부위원장 처형 여파로 중국 내 대북 투자가 극도로 위축된 가운데, 북한 접경 중국 도시들에서는 북한 근로자 도입과 위탁 가공 무역 확대 움직임이 빨라지고 있다고 전해짐
	일본 교도통신은 9월 14일 중국 소식통을 인용해 중국이 올해 북한에 대한 원유 수출을 중단하면서, 수출 재개 조건으로 핵 개발 중단이나 6자 회담 복귀 의사를 표명할 것을 제시했다고 보도함
9월 17일	추궈훙 주한 중국 대사는 9월 17일 오전 서울 시내 한 호텔에서 열린 고려대학교 언론정보대학원 최고위과정 교우회 초청 조찬 간담회에서, 김정은 북한 국방위원회 제1위원장의 중국 방문 가능성에 대해 "북중 간에는 줄곧 정상적인 양자 관계를 유지했고 이전에 양국 지도자 간의 정상적 왕래가 있었다"라면서, 향후 김정은 위원장의 방중이 실현될 것이라고 밝힘
	≪연변일보≫는 9월 17일, 두만강 유역의 북중 간 최대 교역·관광 루트인 지린성 훈춘시 취안허(圈河) 통상구의 통행량이 꾸준히 증가하고 있다고 보도했는데, 앞서 지난 9월 10일 취안허 통상구를 거쳐 북한을 오간 차량이 총 945대로, 해당 통상구가 문을 연 이래 1일 최다 차량 통관 기록을 경신했다고 전한 바 있음
9월 18일	중국 관영 매체는 9월 17일, 다음 달 중순 단둥에서 열리는 북중 경제무역문화관광 박람회의 내용과 준비 상황을 소개하는 기사에서, 북한 신의주와 중국 단둥을 연결하는 국경 교량인 신압록강대교가 올해 10월 개통할 예정이라고 보도함
9월 23일	중국 해관총서 자료를 토대로 작성한 한국무역협회의 중국 무역 통계에 따르면, 올해 8월 북한에 수출한 원유(분류코드 HS 2709)의 규모는 '제로(0)'로 확인되었고, 이로써 8개월 연속 통계상 '제로'를 기록함
9월 26일	중국 민정부, 외교부, 재정부, 인민해방군 총정치부 관계자들로 구성된 대표단은 9월 26일 평양을 통해 방북해 9월 29일 황해북도 개성시에서 중국인민지원군 열사 기념 시설 개보수 공정 착공식을 가짐
	대한민국 산업통상자원부 우태희 통상교섭실장은 9월 26일 정부 세종청사에서 브리핑을 열고 9월 22일부터 닷새간 중국 베이징에서 열린 제13차 한중 FTA 협상 결과를 설명하며, 우리나라와 중국 정부가 투자 분야를 놓고 협상에 진전을 이루었지만 핵심 쟁점인 상품 분야에서는 이견을 좁히지 못한다고 전함
9월 30일	중국신문사는 북한이 9월 30일 중국 허베이성 스자좡시(石家庄市)에서 개막한

국제 애니메이션 박람회에 참가해, 자국의 애니메이션 제작 능력과 국가 이미지를 홍보했다고 보도함

10월 1일   북한 김정은, 시진핑에게 중국 국경절을 맞이해 축전을 보내면서 '북중 친선' 표현을 생략함

10월 9일   주북한 무관단(武官團, 단장: 장평 주중 북한 대사관 국방무관), 10월 9일 현영철 북한 인민부력부장을 통해 김정은에게 꽃바구니 및 축하 편지를 전달함

중국의 관영 매체는 10월 9일 "평양 역시 자신의 이익을 위해서는 기꺼이 주변국들의 갈등을 이용하고 있다"라며 "이는 (북한) 문제를 더욱 꼬이게 만들었다"리고 주장함. 중국공산당의 기관지 ≪인민일보≫의 자매지 ≪환구시보≫는 이날 "조선(북한)이 고립에서 탈피하는 것은 매우 어려운 임무다"라는 제목의 사설에서 현재 동북아시아에는 진지하게 북한 문제를 해결하려는 국가 간 협력 상태가 존재하지 않는다는 점을 지적하며 이 같이 밝힘

10월 10일   중국 정부는 10월 10일 '냉기류'에 휩싸여 있다는 관측이 나오는 북중 관계와 관련, "중국과 북한 사이에는 각 계층 간에 우호적인 왕래가 유지되고 있다"라고 밝힘. 그러나 '잠행' 중인 김정은 북한 국방위원회 제1위원장의 동향을 묻는 말에는 "조선(북한) 지도자에 대한 부분은 조선의 내부 사무에 해당하는 것으로 우리는 평가하지 않겠다"라고 밝힘

10월 11일   북한과 중국이 중국인 관광객 유치를 위해 백두산에 양국을 오가는 관광 루트를 추가로 개통했다고 중국의 ≪창춘일보(長春日報)≫가 11일 보도함

주중 북한대사관의 문성혁 공보참사관은 국제사회가 자국의 반인권 행위 관련자를 국제형사재판소(ICC: International Criminal Court)에 회부하는 내용을 담은 유엔 북한 인권 결의안을 채택하려는 움직임을 보이자 이를 맹비난하고 나섬

10월 14일   권영세 주중 한국 대사는 14일 중국의 대(對)한반도 정책과 관련, "중국은 북중 관계가 국가 대 국가 간의 정상적 관계라는 입장을 표명하고 있고 북한의 핵 포기를 설득하는 것으로 관찰하고 있다"라고 밝힘

중국 언론들은 10월 14일 북한 김정은 국방위원회 제1위원장이 40일 만에 공개 석상에 재등장했다는 보도를 긴급 속보 형식으로 전하며 큰 관심을 나타냄

10월 15일   한반도 실무를 담당하는 류젠차오 중국 외교부 부장조리는 15일 북한이 경제 발전과 민생 개선을 위해 새로운 조치들을 취하고 있다고 말함

김정은 국방위원회 제1위원장이 40일 만에 공개 활동을 재개한 가운데 북한 정세에 민감하게 반응하는 북중 국경 밀무역이 여전해, 북한 내부에 특별한 변동이 없는 것으로 보인다고 중국의 ≪환구시보≫가 10월 15일 보도함

10월 중국 톈진시 빈하이 신구(濱海新區)에서 10월 15과 16일 이틀 동안 동북아시아 6개국 전·현직 관료, 정치인들과 외교·안보 및 경제 전문가 등 400명 안팎이 참석한 가운데 '동북아의 평화·발전 빈하이 콘퍼런스'가 열렸으나, 북한의 외교·안보, 경제 전문가들이 예정된 국제회의에 전원 불참하면서 이 행사를 주최한 중국 측이 당혹해하는 상황이 빚어짐

10월 16일 북한, 중국 매체의 보도 사항을 통해 서방의 '인권 지적'을 반박함

제3회 북중 종합 박람회 랴오닝성 단둥에서 개막됨

북중 양국은 10월 16일 중국 랴오닝성 단둥시에서 북한 '신의주시·동림군 이틀 관광 코스' 개통 기념식을 개최했고, 이날 행사에는 북한 측에서 홍길남 평안북도 인민위원회 부위원장이, 중국 측에서 판솽(潘爽) 단둥시 부시장이 대표로 참석함

10월 17일 연합뉴스의 10월 17일 자 보도에 따르면, 시진핑 중국 국가주석이 신중국 건립 기념일(10월 1일)을 맞아, 김정은 국방위원회 제1위원장이 보낸 축전에 "중화인민공화국 창건 65주년에 즈음해 당신들이 축전을 보내준 데 대해 사의를 표한다"라며 "조선민주주의인민공화국의 융성번영과 조선 인민의 행복을 축원한다"라는 두 문장짜리 짧은 답전을 보냈다고 밝힘. 또한 시진핑 국가주석의 올해 답전에는 '전통적인 중조(북중) 친선' 등의 표현이 없어 최근 악화된 양측 관계 분위기를 반영한 것이라는 분석이 제기되고 있다고 전함

10월 21일 한중 제5차 대테러 협의회가 부산에서 개최됨. 한중 양국은 지난 2010년부터 대테러 협의회를 연례 개최하고 있으며 4차 협의회는 지난해 11월 중국 칭다오(靑島)에서 열렸음

박근혜 대통령은 21일 오후 청와대에서 제14차 한중 지도자 포럼 참석차 방한한 탕자쉬안 전 중국 외교 담당 국무위원을 접견함

중국 《환구시보》의 영문판인 《글로벌타임스(Global Times)》는 21일 "두 세계 사이에서"라는 기사에서 탈북 여성에 대한 강제 북송과 그로 말미암은 비극적 실례들을 거론하며, "중국의 조선족 입장에서 탈북자 문제는 가족의 문제"라고 주장함

연합뉴스의 보도에 따르면, 10월 16일부터 20일까지 개최된 바 있는 북한과 중국 간 유일한 종합 박람회인 '제3회 북중 경제무역문화관광박람회'에서 체결된 무역·투자의향서(LOI) 규모가 지난해보다 10% 이상 줄어든 것으로 나타남

10월 22일 연합뉴스의 보도에 따르면, 한중 지도자 포럼 참석차 방한한 탕자쉬안 중국 전 외교 담당 국무위원이 지난 10월 21일 청와대에서 박근혜 대통령을 예방한 자리

에서 '아시아인프라개발은행(AIIB: Asian Infrastructure Investment Bank)'에 한국의 참여를 거듭 요청한 것으로 알려짐

10월 23일 중국 정부는 인권 문제로 북한을 국제형사재판소에 회부하는 데 대해 23일 반대한다는 입장을 밝힘

10월 26일 중국의 국영통신 신화사의 10월 26일 자 보도에 따르면, 중국의 동북 지역을 관할하고 있는 중국인민해방군 '선양 군구'가 10월 25일부터 약 2만 명의 병력을 동원하고 전차 및 항공기를 활용해 대규모의 실탄 군사훈련을 시작했다는 사실을 보도함. 이에 따라 북중 국경 지역에서의 북한 난민 유입 등을 상정하고 진행되었을 가능성이 제기됨

• 자료: 『북조선민주주의인민공화국과 중화인민공화국(北朝鮮民主主義人民共和國과 中華人民共和國)』(2012); ≪주간통일정세≫; 연합뉴스; ≪산케이신문(産經新聞)≫; ≪로동신문(勞動新聞)≫ 등을 참조해 작성함.

한국어판 후기

이 책이 출간된 이후, 북한과 중국 사이에는 다양한 왕래와 사건이 있었다. 그 가운데에서도 최대의 사건으로 생각되는 것은, 북한에서 3대째가 되는 김정은 조선로동당 제1비서가 권력을 장악하고, 서서히 자신의 색깔을 드러내고 있는 것이다.

그의 조부 김일성 및 부친 김정일의 시대와 달리, 김정은은 중국과의 관계를 별로 중시하지 않고 있는 것처럼 보인다. 예를 들자면, 김정은 자신은 2014년 1월 현재에 이르기까지 아직 중국을 방문하지 않고 있다.

2013년 2월, 북한은 제3차 핵실험을 강행했다. 또한 한국과 일본에 대한 공격적인 자세를 드러내면서, 위기가 고조되었다. 이것은 주변국과 안정을 도모하면서 자국의 경제성장을 실현한다는 중국의 정책과 정면으로 충돌하는 것이다. 이에 따라 전문가 중에는 북중 양국 사이의 관계가 악화될 것이라고 전망하는 사람도 적지 않다.

또한 북중 양국 관계에 커다란 타격을 주었던 사건이 2013년 말에 일어났다. 그것은 바로 중국과의 '중개자 역할'을 맡아왔던 북한의 장성택이 '국가 반역죄'의 죄명 아래 사형에 처해진 것이다.

장성택은 북중 국경의 북한 측에 있는 북부의 라진·선봉과 압록강 하구에 가까운 황금평·위화도威化島 등 두 곳의 '경제특구'에 대한 개발 책임자였다.

2012년 8월 장성택은 중국을 방문해, 당시 후진타오 중국 국가주석과 회담했다. 중국 측도 북한 측의 파트너로서 장성택에게 신뢰를 보냈던 것만으로도, 장성택의 처형은 북한과 중국의 관계를 갈수록 소원해지게 만들었다.

김정은이라는 새로운 지도자 아래에서 불투명성과 불안정감을 증가시키기고 있는 북한에 대해서 시진핑 중국공산당 총서기 체제하의 중국은 어떻게 대응할 것인가? 또한 한국과 미국은 중국 측에 무엇을 요구하게 될 것인가? 어쨌든 앞으로도 중국이 북한 문제에 대해서 열쇠를 갖게 될 것이라는 점은 틀림이 없어 보인다.

2014년 1월
고미 요지

옮긴이 후기

누차 말한 바이나, 오늘은 어제는 아니로되 또 어제 없는 오늘도 없고, 오늘 없는 내일도 없다. 국제정치의 지니고 있는 권력정치權力政治의 불가피한 변화과정이 그 정치질서·경제상황·지역통합을 통하여 점차로 이루어지는 것은 숨길 수 없는 사실이거니와 그러나 그 과정은 지지遲遲하고 또 곡절이 심할 것이다. …… 빈곤과 국제적인 생활수준의 불균형이 지배하고 있다는 말은 곧 다시 말하자면 빈곤을 밟고 선 낡은 정치지배가 있단 말이요 또 국제적인 권력정치가 용허容許될 소지가 있다는 것을 의미한다. 빈곤 위에 선 후진적 정치가 지배적인 한 그 지역은 끊임없이 정치 동요動搖가 계속될 것이며 또 그것은 이것을 틈탄 국제 권력정치가 개입할 가능성을 의미한다.[1]

이러한 우리의 입장에 비추어 보아 우리의 국가이익國家利益이란 민족국가 형성을 위한 민족의 존속survival이 가장 절실한 내용을 이룬다고 아니할 수 없는 것이다.[2]

---

1 李東洲, 『國際政治原論』(章旺社, 1955), 390쪽.
2 盧在鳳, 『思想과 實踐 : 現實政治認識의 基礎』(녹두, 1985), 113쪽.

북한의 '김정은 체제'[3] 이후 북중 관계[4]를 다루고 있는 이 책은 학술적·정책적·연구사研究史적 측면에서 매우 중요한 함의를 가진다고 할 것이다. 특히 이 책의 지은이가 △ 북한과 중국 지역을 중심으로

---

3 북한 '김정은 체제'의 형성 과정에 대해서는 다음 책을 참고하기 바란다. 히라이 히사시(平井久志), 『김정은 체제: 북한의 권력구조와 후계』, 백계문·이용빈 옮김(도서출판 한울, 2012).

4 북중 관계에 대한 중화권(中華圈: 중국 대륙, 타이완, 홍콩)의 포괄적인 연구에 대해서는 다음을 참고하기 바란다. 인민출판사(人民出版社) 엮음, 『화귀펑 주석 북한 방문(華國鋒主席訪問朝鮮)』(人民出版社, 1978); 가오충원(高崇雲), 『중공과 남북한 관계 연구(中共與南北韓關係的研究)』(正中書局, 1989); 쑹청유(宋成有) 외, 『중한 관계사(中韓關係史)』, 現代卷(中國社會科學文獻出版社, 1997); 류진즈(劉金質) 외, 『중북·중한 관계 문건 자료 회편, 1919-1949년(中朝中韓關係文件資料匯編 1919-1949)』(中國社會科學出版社, 2000); 양자오취안(楊昭全)·허퉁메이(何彤梅), 『중국-북한·한국 관계사(中國-朝鮮·韓國關係史)』, 上下卷(天津人民出版社, 2001); 쑨쿠(孫庫)·차이서우더(柴壽德)·푸위민(傅玉民) 엮음, 『중북 변경의 역사적 변화(中朝邊界的歷史演變)』(軍內讀物, 2002); 왕둥푸(王東福), 『한반도와 동북아 국가 국제관계 연구(朝鮮半島與東北亞國家國際關係研究)』(延邊大學出版社, 2002); 천평쥔(陳峰君), 『아시아·태평양 대국과 한반도(亞太大國與朝鮮半島)』(北京大學出版社, 2002); 천룽산(陳龍山), 「현재 북한 대외정책의 특징 및 그 추세 분석(當前朝鮮對外政策的特點及走向分析)」, ≪東北亞論壇≫, 第7期(2003); 류진즈(劉金質) 외, 『중국과 한반도 국가 관계 문건 자료 회편, 1991-2006년(中國與朝鮮半島國家關係文件資料匯編 1991-2006)』(世界知識出版社, 2006); 마쥔웨이(馬軍偉), 『중국의 한반도에 대한 연구(中國對朝鮮半島的研究)』(民族出版社, 2006); 예융례(葉永烈), 『진실의 북한(眞實的朝鮮)』(天津教育出版社, 2008); 장후이즈(張慧智)·리둔추(李敦球), 『북한: 신비한 동방의 국가(北韓: 神秘的東方晨曦之國)』(香港城市大學出版社, 2008); 한셴둥(韓獻棟), 『한반도의 안보 구조(朝鮮半島的安全結構)』(中國社會科學出版社, 2009); 리샤오둥(李效東)·왕이성(王宜勝)·리루이(李銳), 『한반도 위기관리 연구(朝鮮半島危机管理研究)』(軍事科學出版社, 2010); 장쉰(江迅), 『북한은 하나의 수수께끼이다(朝鮮是個謎)』(明報出版社, 2012).

장기간 특파원 생활을 해왔고, △ 다양한 인적人的 네트워크와 정보망을 지니고 있으며, △ 북중 관계에 대해 한국 연구자나 중국 연구자가 자칫 놓칠 수도 있는 여러 가지 사항을 제3자의 입장에서 냉정하게 평가하고 심도 있게 분석할 수 있다는 측면에서 매우 큰 의미가 있다고 할 수 있다.[5]

이 책을 옮기는 작업은 다음과 같이 머리말~제3장(이용빈), 제4장~제5장(박준상), 제6장~종장(김동욱)으로 각각 분담해 이루어졌으며, 여러 차례의 상호 검토 및 교차 확인을 통해서 표기 방식의 일원화와 함께 가독성可讀性을 높이고자 노력했다. 이와 함께 본문 중의 생소한 용어나 개념에 대해서는 '옮긴이 주'를 별도로 부기附記해 독자 여러분께서 명료히 이해하실 수 있게 돕고자 최대한 노력을 기울였다.

또한 이 책의 한국어판에는 「중조우호협력상호원조조약」 원문, 「북중 관계사 연표(1945~2014년)」를 부록에 추가해서 북중 관계에 대해 구체적인 이해를 할 수 있게 함은 물론, 유용한 자료집의 기능도 할 수 있도록 기획했다. 이것이 가능할 수 있도록 허락해주신 이 책의 저자분께 이 지면을 빌려 감사의 말씀을 전해드리고자 한다.

---

5 북중 관계에 대한 일본의 최근 연구로는 다음을 참고하기 바란다. 히라이와 슌지(平岩俊司), 『조선민주주의인민공화국과 중화인민공화국: '순치의 관계'의 구조와 변용(朝鮮民主主義人民共和國と中華人民共和國: '脣齒の關係'の構造と變容)』(世織書房, 2010); 구로다 가쓰히로(黑田勝弘)·다케사다 히데시(武貞秀士), 『김정은의 북한, 독재의 심층(金正恩の北朝鮮 獨裁の深層)』(角川學藝出版, 2013); 이즈미 하지메(伊豆見元), 『북한에서 무슨 일이 일어나고 있는가?: 김정은 체제의 실상(北朝鮮で何が起きているのか: 金正恩體制の實相)』(筑摩書房, 2013), 곤도 다이스케(近藤大介), 『김정은의 정체: 북한 권력을 둘러싼 사투(金正恩の正體: 北朝鮮 權力をめぐる死鬪)』(平凡社, 2014).

무엇보다 어려운 여건 속에서도 이 책이 세상에 나올 수 있도록 물심양면으로 지원해주신 도서출판 한울의 김종수 사장님을 비롯한 모든 분께 진심으로 감사의 말씀을 전하고 싶다. 아울러 이 책의 번역·출간 과정에서 많은 조언과 '격려의 글'을 보내주신 중국 상하이사회과학원 上海社會科學院, SASS: Shanghai Academy of Social Sciences의 왕청즈 王成至 박사님, 타이완 국립정치대학 國立政治大學, NCCU: National Chengchi University의 리밍 李明 교수님, 홍콩중문대학 香港中文大學, CUHK: Chinese University of Hong Kong의 선쉬후이 沈旭暉[6] 교수님께도 감사의 말씀을 전해드리고자 한다.

또한 「중조우호협력상호원조조약」 원문을 최종적으로 확보하는 데에 중요한 도움을 준 이동건(서울대 법학전문대학원 석사과정, 서울대 한반도문제연구회 전임 회장) 후배에게 이 지면을 빌려 사의 謝意를 표하고자 한다. 그리고 「북중 관계사 연표(1945~2014년)」를 작성하는 과정에서 한반도아시아국제관계연구회(韓亞會, KPAIR) 정강민 연구원에게 일부 도움을 받았는데, 매우 감사하게 생각한다.

이 책이 나오기까지 바쁜 시간을 아껴가며 소중한 도움을 준 이중구(서울대 정치외교학부 외교학전공 박사과정 수료), 옥창준(서울대 정치외교학부 외교학전공 석사과정) 두 후배들에게도 고마움을 전하고자 한다. 아울러 「북중 관계사 연표(1945~2014년)」를 만드는 데에 귀중한 도움을 준 김현기(서울대 정치외교학부 정치학전공 석사과정), 김동욱(서울대 정치외교학부 정치학전공), 김윤진(서울대 정치외교학부 정치학전공), 안

---

6   Simon Xu-Hui Shen, ed., *North Korea and Northeast Asian Regional Security*(Routledge, 2014, *forthcoming*).

교원(서울대 국어교육과), 오범관(서울대 정치외교학부 정치학전공), 윤준형(서울대 정치외교학부 외교학전공 교환학생, 미국 터프츠대학교Tufts University 국제관계전공), 장나윤(서울대 정치외교학부 외교학전공), 혼모 유카리本望由香里(서울대 언어학과 교환학생, 일본 도쿄외국어대 한국어전공), 홍주표(서울대 노어노문학과), 황윤희(서울대 정치외교학부 정치학전공) 열 후배들에게 감사의 말을 전하고자 한다.

마지막으로 일반 독자의 입장에서 바쁜 가운데에도 번역 초고의 내용을 분담해 읽고 소중한 조언을 해주었던 강춘영(서울대 자유전공), 김민환(서울대 정치외교학부 정치학전공), 김은열(서울대 사회교육과), 김지현(서울대 정치외교학부 정치학전공), 김형준(서울대 정치외교학부 정치학전공), 박재연(서울대 중어중문학과, 서울대 한반도문제연구회 회장), 서치원(서울대 경제학부), 이가람(서울대 정치외교학부 외교학전공), 이석원(서울대 정치외교학부 정치학전공), 허상우(서울대 정치외교학부 외교학전공, 서울대 한반도문제연구회 부회장) 열 후배들에게도 옮긴이 전체를 대신해 고마움을 전하고자 한다.

2014년 10월 10일
'봉건 왕조'를 타도한 신해혁명辛亥革命 기념일에 즈음하여
서울대 중앙도서관에서
이용빈

지은이 고미 요지(五味洋治)

1958년 일본 나가노 현(長野縣) 출생. 1982년 와세다대학(早稻田大學) 제1문학부 졸업. 1997년 한국 연세대학교에서 어학 공부를 위해 유학. 1983년 ≪주니치신문(中日新聞)≫ 도쿄 본사 입사, 이후 사회부와 정치부(총리 관저, 야당 담당) 등을 거침. 1999~2002년 ≪도쿄신문(東京新聞)≫ 한국 서울 지국장, 2003~2006년 중국 총국 근무를 함. 주로 한반도 정세에 관해 취재. 2008~2009년 미국 조지워싱턴대학교에서 풀브라이트 펠로우 객원연구원으로 재직. 현재 ≪도쿄신문≫ 편집위원(외교·안보 담당).

주요 저서: 『중국은 북한을 막을 수 있는가(中国は北朝鮮を止められるか 中朝愛憎の60年を追う)』(晩聲社, 2010), 『아버지 김정일과 나: 김정남 독점 고백(父·金正日と私: 金正男独占告白)』(文藝春秋, 2012), 『누가 김정은을 조정하고 있는가?: 북한의 폭주를 일으키고 있는 원흉(金正恩を誰が操っているのか 北朝鮮の暴走を引き起こす元凶)』(德間書店, 2013) 외

옮긴이 김동욱

서울대 정치외교학부 정치학전공 재학

서울대 한반도문제연구회(SNU KOA) 전임 회장

미국 하버드대 HPAIR 연례 학술대회 참석(국제개발 분과)

한반도아시아국제관계연구회(韓亞會, KPAIR) 연구원

역서: 『사회주의 중국은 행복한가』(공역, 2014)

옮긴이 박준상

미국 브라운대 정치학전공 재학

서울대 정치외교학부 교환학생

서울대 한반도문제연구회(SNU KOA) 총괄팀장

동아시아연구원(EAI: East Asia Institute) 전(前) 인턴

ISR(Institute for Strategy and Reconciliation) 전(前) 리서치 인턴

옮긴이 이용빈

한국지도자육성장학생, 통일부 통일연수원 「통일연수과정」 이수

중국 베이징대 국제정치학과 대학원 수학, 서울대 외교학과 대학원 수료

미국 하버드대 HPAIR 연례 학술대회 참석(서울대 대표: 안보 분과)

국회 정무위원회 수습연구원, 인도 방위문제연구소(IDSA) 객원연구원 역임

이스라엘 국회(크네세트), 미국 국무부, 중국국민당, 일본 게이오대 초청방문

중국공산당 중앙당교, 중국공산당 중앙대외연락부(中聯部), 중국외교대학 학술방문

현대중국연구소 연구원, 한림대만연구소(HITS) 연구원, 홍콩국제문제연구소 연구원

역서: 『시진핑』(2011), 『중국의 당과 국가』(2012), 『중국외교 150년사』(2012), 『현대 중국 정치』(제3판, 2013), 『중국인민해방군의 실력』(근간, 2014) 외

주요 연구: "朝鮮半島に対する中国ネット民族主義の台頭とその変容," *ICCS Journal of Modern Chinese Studies*, Vol. 4, No. 1(2011); "Chasing the Rising Red Crescent: Sino-Shi'a Relations in the Post-Cold War Era," in Brannon Wheeler and Anchi Hoh, eds., *East by Mid-East: Studies in Cultural, Historical and Strategic Connectivities*(Sheffield, UK and Bristol, US: Equinox Publishing, 2013) 외

한울아카데미 1736

북한과 중국
이해타산으로 맺어진 동맹국은 충돌할 것인가?

지은이 ㅣ 고미 요지
옮긴이 ㅣ 김동욱·박준상·이용빈
펴낸이 ㅣ 김종수
펴낸곳 ㅣ 도서출판 한울
편집책임 ㅣ 이교혜
편집 ㅣ 이황재

초판 1쇄 인쇄 ㅣ 2014년 12월 15일
초판 1쇄 발행 ㅣ 2014년 12월 30일

주소 ㅣ 413-120 경기도 파주시 광인사길 153 한울시소빌딩 3층
전화 ㅣ 031-955-0655
팩스 ㅣ 031-955-0656
홈페이지 ㅣ www.hanulbooks.co.kr
등록번호 ㅣ 제406-2003-000051호

Printed in Korea.
ISBN 978-89-460-5736-4 03340

* 책값은 겉표지에 표시되어 있습니다.